LA
FRANCE HÉRALDIQUE

2652 — BOULOGNE (SEINE). — IMP. JULES BOYER ET Cⁱᵉ

LA
FRANCE HÉRALDIQUE

PAR

Ch. POPLIMONT

Chevalier de l'ordre des saints Maurice et Lazare

TOME IV

FABRE — HORDAIN

PARIS
IMPRIMERIE JULES BOYER & Cie
11, RUE NEUVE-SAINT-AUGUSTIN, 11

1874

F

FABRE. *Provence, Languedoc.*

PROVENCE. De gueules à une tête de bœuf d'or. — D'azur à un bras armé d'or, mouvant du côté senestre de l'écu et sortant d'une nuée d'argent, tenant une épée du même, dont la pointe semble supporter une couronne fleurdelisée d'or, accompagnée au côté senestre d'un lion couronné d'or, lampassé et armé de gueules, supportant d'une de ses pattes une fleur de lis d'or; et en pointe d'un casque aussi d'or, duquel sortent quelques plumes d'argent. — FABRE DE MONTVAILLANT ET DE LAVALETTE. Écartelé : aux 1 et 4 comme aux armes précédentes, qui sont les armes données par Henri II; aux 2 et 3 d'or à deux palmes de sinople en sautoir; à la fasce de gueules brochante sur le tout, qui est de Saunier.

LANGUEDOC. D'azur à une tour d'argent renversée et surmontée d'un pélican d'or avec ses petits.

Fabre est originaire de Provence. La famille de ce nom, qui porte des gueules à une tête de bœuf d'or, est originaire de Riez. Elle obtint du roi René la permission de posséder une partie de cette ville et d'autres terres par lettres patentes du 23 mai 1470.

Fabre de Montvaillant et de Lavalette, originaire de Provence également, établi en Languedoc, descend de Gaspard de Fabre, mestre de camp des bandes provençales et capitaine de vaisseau, armé chevalier par Henri II en présence de toute sa cour, le 15 juillet 1555.

Cette famille est représentée par Félix de Fabre de Lavalette.

Le nom de Fabre de Salmiech remonte au moins au douzième siècle, puisque nous trouvons dans un des *Cartulaires de Bonnecombe*, riche abbaye des environs, conservés à la Bibliothèque nationale, et écrit en latin, suivant l'usage de l'époque, le nom de *Petrus Faber* qui signe comme témoin avec les principaux du pays, en 1183, l'acte de donation que le seigneur Guy consentit à Ranulfe, abbé de Bonnecombe, du droit de *rachapt*, pour deux cent cinquante sols, des deux villages de *Brès*.

Bien longtemps après, nous trouvons encore à Salmiech même le nom des Fabre reproduit dans la famille *de Seignorel*. Le dernier représentant direct de cette famille, qui avait nom Pierre Fabre de Seignorel, est mort, il y a près de quarante ans, connu populairement dans le pays sous le nom, en langue provençale ou patois, de *Fabré Pierré dé Seignour*. Les Fabre de Salmiech actuels étaient les cousins de ce Pierre Fabre de Seignorel, branche collatérale.

Du mariage de François Fabre de Salmiech avec Eugénie Brassat, fille de feu A. Brassat, officier supérieur du premier empire et de dame Marie-Anne Donzac de Ginouilhac, sont nés plusieurs enfants :

Eugène, Marcelin, Eléonore, Emile, Victorin, Elodie, Aglaé et Léon, tous vivants.

Les autres représentants du nom sont : de Fabre de Salmiech, grand inspecteur des pharmacies, à Villefranche, département de l'Aveyron, et l'abbé de Fabre de Salmiech, à Rodez, même département.

Fabre compte encore d'autres représentants : Fabre de la Bénodière, avocat général, à Bordeaux ; Fabre de Cœuret, procureur de la République, à Perpignan ; Fabre de Cœuret, conseiller de Cour, à Montpellier ; François de Fabre de la Maurelle, commandeur de la Légion d'honneur, contre-amiral ; Fabre de Rieunègre, juge, à Bordeaux ; Fabre de Rieunègre, avocat, à Bordeaux.

FABRE DE MAZAN. *Provence.*

De gueules à une rencontre de bœuf d'or. Couronne : de marquis.

La filiation de cette famille est établie depuis l'an 1450, époque à laquelle Honoré de Fabre épousa Marguerite de Paget. Elle se divise en deux branches. La première a pour chef Auguste, marquis de Fabre de Mazan, sans alliance. La seconde est représentée par Charles, marquis de Fabre de Mazan, à Aix, département des Bouches-du-Rhône, qui a deux fils.

FABRON. *Provence.*

D'or au lion de sable surmonté d'un lambel d'azur, ou, selon quelques auteurs, d'un lambel de gueules.

Cette famille est originaire de Marseille. Jean-Baptiste Fabron, secrétaire du roi en 1724, a laissé postérité.

FABRY. *Provence, Languedoc, France.*

Provence, Languedoc. Fabry, comtes d'Autrey ;

Fabry, marquis de Moncoult. D'or au lion de sable, armé et lampassé de gueules. — Fabry de Fabrègues. D'argent au pal d'azur; au chef de gueules chargé de trois écussons d'or.

France. Fabry du Celars. De gueules à trois annelets d'argent; au chef de même, chargé d'un lion passant de sable.

Fabry-Autrey et Fabry-Moncoult, deux branches des Fabry de Toscane, où cette famille a rempli les plus grandes charges de l'Etat, ne comptent plus aujourd'hui qu'un seul représentant : Henri-Paul de Fabry, à Tain, département de la Drôme.

Les autres familles du nom de Fabry ont plusieurs représentants : Georges, baron de Fabry, ancien sous-officier aux zouaves pontificaux ; Edmond de Fabry, son frère, à Paris ; Alphonse, Léopold et Justin de Fabry, leurs oncles : le premier, inspecteur des douanes à Montbéliard; le second, officier d'artillerie en retraite à Aix, département des Bouches-du-Rhône; le troisième à Brignoles, département du Var; de Fabry de Fabrègues, au château de Fabrègues, par Aups, département du Var; de Fabry, à Lyon; de Fabry était en 1870 receveur des douanes, à Kembs, département du Haut-Rhin.

FADATE DE SAINT-GEORGES. *Champagne.*

D'or au chevron de gueules, accompagné de trois tourteaux de même; au chef d'azur chargé de deux fleurs de lis d'or.

Cette famille a pour unique représentant de Fadate de Saint-Georges, au château de Rêche, par Ile-Bouchard, département d'Indre-et-Loire.

FAGE (de la). *Auvergne.*

D'argent à deux lances éclatées de gueules, passées

en sautoir, sur lesquelles broche un chevron de sable accompagné en chef de deux palmes de sinople.

L'unique représentant du nom, baron de La Fage, réside au château de Las-Neous, par Leguevin, département de la Haute-Garonne.

FAGES DE CHAULNES. *France.*

D'or à la bande d'azur au chef de France.

Cette famille est aujourd'hui représentée par deux branches : la première a pour chef de nom et d'armes Charles de Fages de la Tour, comte de Rochemure, chevalier de la Légion d'honneur, député de l'Ardèche, à l'Argentière, département de l'Ardèche ; la seconde branche a quatre représentants : Alexandre de Fages de Chaulnes, ancien magistrat, au Puy, département de la Haute-Loire. Il a trois fils mariés : Jules de Fages de Chaulnes ; Gabriel de Fages de Chaulnes ; Adolphe de Fages de Chaulnes. Ils ont postérité.

FAGET. *Béarn. Languedoc.*

BÉARN. D'azur à trois poissons d'argent posés en bande ; au chef de..., chargé de trois étoiles de...

LANGUEDOC. D'argent au hêtre terrassé de sinople, senestré d'une fontaine à deux jets du même ; au chef d'azur, chargé d'un croissant d'or entre deux étoiles du même.

Faget, en Béarn, a donné Paul Faget, conseiller au grand conseil, le 22 décembre 1714.

Ce nom compte aujourd'hui quatre représentants : de Faget, officier de la Légion d'honneur, capitaine en retraite, à Paris ; de Faget de Baure, conseiller de cour, à Paris ; de Faget de Casteljau, receveur des domaines, à Douéra (Algérie) ; de Faget de Quennefer, au château de Belleroche, à Marmande, département de Lot-et-Garonne.

FAILLONNET. *Lorraine.*

D'azur à la rose d'argent; au chef d'or, chargé de trois fleurs de lis du champ.

Cette famille a deux représentants : de Faillonnet, inspecteur des forêts, à Mulhouse; de Failhonnet, au château de Saint-Baussant, par Thiancourt, département de la Meurthe.

FAILLY. *Picardie, Champagne.*

De gueules à la fasce d'argent accompagnée de trois doloires ou haches d'armes en fasce du même.

Ce nom, qui a acquis de la célébrité dans les fastes militaires du second Empire, a cinq représentants : le comte de Failly, chef de nom et d'armes, au château de Beauchamp, par Mortain, département de la Manche; le vicomte de Failly, conseiller général, à Barenton, même département; le baron de Failly, au château de Tussigny, par Sapagne, département des Ardennes; l'abbé de Failly; le général de division de Failly, grand-officier de la Légion d'honneur, à Paris.

FAIN. *France.*

D'azur à la fasce vairée de sable et d'argent; à la plume d'or, barbelée d'argent, posée en barre, brochante sur le tout.

Cette famille a pour unique représentant : Edmond, baron de Fain, secrétaire général de la Société de Saint-Gobain, à Paris.

FAIRE (DE LA). *Poitou, Bourbonnais, Limousin.*

De gueules à la bande d'argent.

Cette famille, d'après Lachesnaye-Desbois, descend de Jacques de La Faire, seigneur de Pont, en 1476.

Elle a pour unique représentant de La Faire, sans fonctions et sans titre, à Poitiers.

FAIVRE. *Bourgogne.*

D'or à trois boîtes couvertes de gueules, posées 2 et 1.

Cette famille a deux représentants : Faivre d'Esmans, à son château, par Beaume-les-Dames, département du Doubs ; Faivre de Loidet, à l'école d'état-major.

FAIX-CAUDALE. *Bourgogne.*

D'azur à trois têtes de léopard d'or posées 2 et 1.

Cette famille n'a qu'un représentant : de Faix-Caudale, qui vit éloigné de toute fonction publique, à son château de Donzit, par Saint-Sever, département des Landes.

FALAIZEAU. *Normandie, Bretagne.*

D'azur, à trois lions d'or.

Cette ancienne famille a deux représentants : le marquis de Falaizeau, au château d'Escrigneulles, département du Loiret; la comtesse de Falaizeau, à Paris.

FALCON. *France.*

D'azur à un faucon d'or.

Le nom de Falcon, en noblesse, compte neuf représentants : huit portent le nom de Falcon de Longevialle, et parmi eux sept frères : Philippe, au château de Longevialle, à Chaliers, département du Cantal; Victor ; Augustin-Philibert, au château de Bois-Noir, par Pinois, département de la Haute-Loire ; Louis-Joseph-Augustin, au château de la Beaume ; Marie-Augustin-Jules, au château de Saint-Privas, même département; Augustin-Théodore, au château de Fort, département de la Lozère; Maurice-Louis-Simon-Augustin, au château de Vaurenard-Gleizé, département du Rhône; de Falcon de Longevialle, professeur au collége, à Oran, Algérie; de Falcon de Cimier, ancien préfet du département des Basses-Alpes, à Digne.

FALETANS. *Franche-Comté.*

De gueules à l'aigle d'argent au vol déployé; l'écu timbré d'une aigle naissante d'argent.

Devise : *Une foy Faletans.*

Supports : deux griffons d'argent.

Cette grande famille prouve par un extrait authentique d'un nécrologe de l'abbaye de Saint-Paul de Besançon que son nom est connu dès le onzième siècle.

En 1088, Guillaume de Phaletans fit une donation à l'abbaye de Saint-Paul de Besançon, et environ un siècle après, en 1182, Thiébauld de Phaletans confirma cette même donation.

Estévenin de Phaletans, fils de Thiébauld, fit, en 1259, le 15 avril, donation de sa terre de Phaletans à Régnaud son fils. (Époque vers laquelle la lettre F fut substituée au *Ph.*)

Cette seigneurie sortit de la maison vers la fin du seizième siècle; elle y rentra par la restitution qu'en fit Louis XV à Jean Prosper, marquis de Faletans, l'an 1760, le 10 mai.

Marie-Nicolas de Faletans, marquis de Faletans, comte de Faletans, en Bavière, seigneur de Thieffrans, etc., etc., maréchal des camps et armées du roi Louis XVIII, chevalier des ordres de Saint-Georges, de Saint-Louis et de la Légion d'honneur, etc., descendant en ligne directe de Thiébauld de Phaletans, était à l'armée de Condé, où il fut blessé. Il épousa, en 1786, Christine Andrault de Laugeron, et mourut en 1848, veuf et sans enfants, testant en faveur de son neveu Constantin, fils de Henriette de Faletans, sa sœur, et de Gaspard de Thierry, colonel, etc., etc. Constant de Thierry de Faletans, aujourd'hui marquis de Faletans, succéda à son oncle maternel le marquis Marie-Nicolas de Faletans et fut maintenu et confirmé dans le titre de marquis de Faletans par décrets impériaux des 14 juillet 1860 et 21 janvier 1863.

Une famille Garnier, originaire de Gray, et dont une branche s'établit à Dôle, ayant acquis des démembrements de l'ancien domaine de Faletans, sans aucun des droits seigneuriaux, puisque Louis XV les avait rendus à Jean-Prosper, marquis de Faletans, continua à adjoindre à son nom patronymique la qualification de de Faletans, malgré un arrêt du conseil qui fait défense à tous les cofermiers, engagistes ou autres, de prendre, à l'avenir, cette qualification de de Faletans. — (Pièce dont on peut prendre copie aux Archives publiques.) — Le marquis Marie-Nicolas de Faletans prenant ombrage de voir son nom porté par une famille qui lui était totalement étrangère, attaqua les sieurs Garnier. Ceux-ci déclarèrent ne pas appartenir à la famille de leur adversaire. Il résulte de ce procès que la famille Garnier ne peut porter, isolément même, la qualification de *de Faletans*, mais seulement précédée de son nom patronymique, qui est Garnier.

FALLOIS. *Lorraine.*

D'or au chevron d'azur chargé d'une étoile d'argent, et accompagnée en pointe d'une étoile du second.

Cette famille a pour unique représentant de Fallois,

président de la Société de secours mutuels, à Sommedieu, département de la Meuse.

FALLOUX. *Touraine, Anjou, Poitou.*

D'argent au chevron de gueules surmonté de trois étoiles de sable rangées en chef et accompagnées en pointe d'une rose de gueules.

Saint-Allais qualifie ainsi cette famille : « Ancienne, originaire d'Anjou, dont les membres ont toujours rempli d'une manière distinguée des emplois honorables, tant dans la magistrature que dans l'armée. On trouve un Falloux, sergent d'armes, sous Henri IV, qui se rendit recommandable sous ce règne par plusieurs faits d'armes. »

Elle est représentée par Alfred, comte de Falloux, membre de l'Académie française, qui réside alternativement à Angers et à Paris.

FALRET DE TUITE. *Quercy, Normandie.*

Écartelé : aux 1 et 4 de sable, à un chevron d'or et une faulx de gueules brochant sur le tout, qui est de Falret ; aux 2 et 3 écartelé d'argent et de gueules, qui est de Tuite.

Devise : *Falce Lauros meto.* Cri : *Alleluia.*

Cette famille, originaire de Quercy, où elle a possédé des seigneuries pendant plusieurs siècles, n'est plus représentée que par substitution de nom.

FALVART. *France.*

D'argent à l'arbre de sinople surmonté d'une corneille de sable et accompagnée de trois merlettes de gueules posées 2 et 1.

L'unique représentant du nom de Falvart réside au

château de Baissad, par Maringues, département du Puy-de-Dôme.

FAMIN DE SAINTE-REINE. *Paris.*

D'or à un pélican avec six petits dans son aire, de sable ; au chef d'argent soutenu de sable et chargé de trois étoiles d'azur.

L'unique représentant du nom de Famin de Sainte-Reine réside à Paris.

FARAMONT. *Toulouse, Montauban.*

De sable à trois moutons d'argent posés 2 et 1.

Cette famille a quatre représentants : de Faramont, à Toulouse ; de Faramont, professeur au Séminaire de Lavaur, département du Tarn ; de Faramont à Labarthe-Bleys, département du Tarn ; Faramont de la Fajolle, à Toulouse.

FARCY. *Normandie, Bretagne, Maine, Anjou.*

D'or fretté d'azur de six pièces ; au chef de gueules. Supports : deux lions. Couronne : de marquis.

Cette famille, originaire de Normandie, établie en Anjou, en Bretagne, dans le Maine et anciennement en Picardie, a formé plusieurs branches. Elle remonte à Jean de Farcy, écuyer, mentionné dans le testament de son fils, Pierre de Farcy, écuyer, en date du 18 septembre 1468.

Elle compte encore quatre représentants : le comte de Farcy de La Villedubois, à Rennes ; de Farcy, au château de Santepoutre, à Jublains, département de la Mayenne ; de Farcy de Beaumont, à Rennes ; de Farcy de Malnoé, à son château, par Vitré, département d'Ille-et-Vilaine.

FARE (DE LA). *Languedoc.*

D'azur à trois flambeaux d'or allumés de gueules posés en pal. Couronne : de marquis.

Devise : *Lux nostri hostibus ignis.*

Cette famille, dont la généalogie, dressée par d'Hozier, remonte au douzième siècle et dont les preuves faites en Languedoc par le marquis de La Fare sont rapportées depuis l'an 1440, est représentée par Adolphe-Raymond-Abel, comte de la Fare, au château de la Fertilité, à Adon, département du Loiret. Il a épousé Clotilde de Nettancourt, dont postérité.

FARELLE. *Languedoc.*

D'azur à une tour d'argent surmontée de trois petites tours maçonnées de sable.

Cette famille remonte à Bertrand de La Farelle, qui fit un codicile le 7 juillet 1320. Elle a trois représentants : de La Farelle, au château de Charmette, par Anduze, département du Gard ; de La Farelle, au château de Rebourgueil, par Balmont, département de l'Aveyron ; de La Farelle de Rebourgueil, à Anduze.

FARET DE FOURNÈS. *Languedoc.*

Bandé d'argent et de gueules.

L'unique représentant du nom, marquis de Faret de Fournès, réside à son château de Veaussieux, par Bayeux, département du Calvados.

FAREY. *Bretagne.*

D'argent fretté d'azur de six pièces ; au chef de gueules.

Cette famille n'a plus qu'un unique représentant : de Farey, à Bayeux.

FARGE (DE LA). *Auvergne.*

D'azur au chevron d'argent, surmonté d'un croissant de même et accosté de deux étoiles aussi d'argent ; le chevron accompagné en pointe d'un hêtre d'or.

De La Chesnaye-Desbois mentionne une autre maison *de Farges* ou *Fargis*, en Provence, qui portait de gueules au lion d'argent, tirait son origine des anciens seigneurs de la ville de Clermont, au diocèse de Lodève, descendait de Guillaume ou *Guilhem*, existait avec distinction au douzième siècle, et donnait à ses membres la qualification de *chevaliers*.

Celle qui nous occupe est connue depuis le treizième siècle. Elle forme une branche des seigneurs-comtes de Montcelard et a deux représentants : Léon de La Farge, au château de La Rochette, département du Puy-de-Dôme ; Guillaume de La Farge, au château de Rioux, même département.

FARGUES DE TASCHEREAU. *Guyenne, Gascogne.*

D'argent à trois tourteaux d'azur.

Le même auteur dit que l'ancienne seigneurie de Fargues, du territoire d'Avignon, fut recueillie par succession dans la maison de Cambès. Fargues de Taschereau, aujourd'hui, n'a qu'un représentant : il est professeur au lycée Bonaparte, à Paris.

FARRE (DE LA). *Languedoc.*

D'azur à trois flambeaux d'or allumés de gueules posés en pal. Couronne : de marquis.

Devise : *Lux nostri hostibus ignis.*

Cette famille, qui paraît être la même que celle de La Farre, est représentée par le comte de La Farre, à Blois.

FASSION. *Dauphiné.*

De gueules à la croix d'or cantonnée de deux étoiles du même en chef et de deux roses d'argent en pointe.

L'unique représentant du nom de Fassion réside à Lyon.

FAUBERT. *Limousin.*

D'argent à trois fasces ondées de gueules.

Cette famille n'est plus représentée que dans l'Église : de Faubert, chanoine, à son château de Chabannes, par Saint-Jean-Soleymieux, département de la Loire.

FAUCOMPRÉ. *Bourbonnais.*

D'or au chevron de gueules, accompagné en chef, à dextre d'une étoile du même, à senestre d'une couronne de laurier de sinople et en pointe de deux saumons de sable surmontés d'un croissant du même.

Cette famille a pour unique représentant de Faucompré, qui vit éloigné de toute fonction publique à son château de Bussy, par Besançon.

FAUDOAS. *Guyenne, Maine.*

Écartelé : aux 1 et 4 d'azur à la croix d'or ; aux 2 et 3 de France sans brisure. Supports : deux anges revêtus.

Cette famille, une des plus distinguées de la Guyenne, qui doit son nom à un bourg et baronnie du diocèse de Montauban, remonte à Raymond-Arnaud de Faudoas, qualifié de *baron*, témoin d'une charte de fondation à l'abbaye d'Uzerche en 1901, et qui compte, parmi ses ascendants, Guilhem de Faudoas, sieur de Barbezan, dit *le chevalier sans reproche*, compagnon d'armes de Dunois et de Xaintrailles. Elle s'est confondue dans la maison de Rochechouart et elle est représentée par une branche cadette de la maison de Barbezan, dont le chef est Eugène, comte de Faudoas, à Moulins.

FAULCON. *Toscane, Bretagne.*

Écartelé : aux 1 et 4 de gueules à la patte de lion d'or posée en bande, qui est de Faulcon ; aux 2 et 3 d'argent à la bordure engrelée de sable ; au bœuf furieux aussi de sable, brisé d'un écusson de gueules pendu au col avec un cordon du même, chargé d'une croix d'argent, qui est de Bucelli.

Cette famille, d'ancienne noblesse, remonte à Baudouin de Faulcon, vivant en 1264, qui suivit en Italie Charles Ier, roi de Sicile, chevalier de Saint-Louis.

Elle est représentée par de Faulcon de La Gondalie, au château de Beaudreau, par Lencloître, département de la Vienne.

FAULTRIER. *Bourgogne.*

D'argent au lion de gueules ; à la fasce de sable chargée d'une étoile d'or à senestre et brochant sur le lion ; à la bordure composée d'argent et de gueules.

Berceau : la Bourgogne. Titres : seigneurs d'Alpin, barons de Corvol-en-Nivernais, seigneurs de Malval-en-Forez, de Bagneux, Chieulles près Metz, etc., barons de l'Empire. Services et illustrations : cinq officiers-généraux ; Jean Faultrier, conseiller du dauphin en 1452 ; l'abbé de Faultrier, conseiller d'État et intendant du Hainaut, mort en 1709 ; Charles Faultrier du Fay, maréchal de camp sous Louis XIV, etc. Alliances : Arrérets, Bony, Cabanes, Canaye, Curel, Geslin, Esterhazy, Malezieu, Malval, Ridouët-Sancé, etc. — Par suite de leur alliance avec les seigneurs de Xouville, les Faultrier descendent, par les femmes, en ligne directe et légitime, de la maison de Bourbon-Vendôme, sortie de saint Louis.

La famille est représentée comme suit :

Émile de Faultrier, intendant militaire, commandeur de la Légion d'honneur ;

Alfred de Faultrier, ancien député, chevalier de la Légion d'honneur, au château de Xouville ;

Alphonse de Faultrier, chef de bataillon du génie en retraite, officier de la Légion d'honneur, à Paris ;

Charles de Faultrier, chef d'escadron d'artillerie en retraite, chevalier de la Légion d'honneur, au château de Villers-l'Orme ;

Gaston de Faultrier, membre de la société d'archéologie de la Moselle, à Metz et au château de Xouville.

FAUR (DU) ou DUFAUR. *Armagnac, Guyenne, Gascogne.*

ARMAGNAC. D'azur à deux fasces d'or accompagnées de six besants d'argent posés 3, 2 et 1.

GUYENNE, GASCOGNE. D'azur au lion d'or ; au chef d'argent chargé de trois étoiles de gueules.

Faur en Armagnac a produit de grands hommes et remonte à Jean de Faur, sénéchal d'Armagnac, qui testa en 1372.

Ce nom compte aujourd'hui huit représentants : Anatole, comte du Faur de Pibrac, à Orléans ; le vicomte du Faur de Pibrac, à Meung (Loiret) ; le baron du Faur de Pibrac ; du Faur de Pibrac, au château de Cour, par la Ferté-Saint-Aubin (Loiret) ; du Faur de Pibrac, chef d'escadrons en retraite, à Versailles ; le baron du Faur de Gavardie, procureur de la République à Saint-Sever (Landes) ; du Faur de Gavardie, à Bayonne ; du Faur de Montfort, président de la Société de secours mutuels à Riscle (Gers).

FAURE. *Dauphiné, Languedoc, Auvergne, Pays d'Aunis, Saintonge, Guyenne, Gascogne, Champagne, Bresse, Bugey.*

DAUPHINÉ. D'or au lion de sable, armé et lampassé du Champ. — FAUR DU CROS. D'azur au sautoir d'argent. — DU FAURE VIRCOURS. D'argent à la bande d'azur enfilée dans trois couronnes ducales d'or.

LANGUEDOC. De gueules à trois bandes d'or. — D'argent au pin terrassé de sinople soutenu par deux biches au naturel; au chef d'azur chargé de trois étoiles à cinq rais d'or. — D'argent au pin terrassé de sinople, soutenu par deux biches au naturel; au chef d'azur chargé de trois étoiles à cinq rais d'or.

AUVERGNE. — D'argent au cœur de gueules percé de trois flèches de sable posées 2 et 1.

PAYS D'AUNIS, SAINTONGE. D'argent à la bande de gueules.

GUYENNE, GASCOGNE. Écartelé : aux 1 et 4 de gueules à la croix d'or, chargée de cinq coquilles de sable; aux 2 et 3 d'argent à une tête de bélier de sable, accornée d'or, surmontée d'une étoile à cinq rais du second. — D'azur à trois étoiles à cinq rais d'argent rangées en fasce. — D'argent au lion de gueules couronné du même. — FAURE DE MASSEBRAS. Écartelé : aux 1 et 4 d'argent à trois chevrons de sable; aux 2 et 3 de gueules au lion d'or; au chef d'azur chargé de trois étoiles à cinq rais d'or.

CHAMPAGNE. FAURE de BERLISE. D'azur à la bande d'or chargée de trois croissants de gueules et accostée de deux lions du second.

DAUPHINÉ, BRESSE, BUGEY. FAURE DES BLEINS. D'argent au chevron d'azur, accompagné de trois têtes de Mores tortillées du champ.

Le nom de Faure ou du Faure a de nombreux représentants : de Faure, chevalier de la Légion d'honneur, ancien receveur général, à Paris; de Faure, chevalier de la Légion d'honneur, chef de bureau, à Paris; du Faure du Bessol, chevalier de la Légion d'honneur, officier supérieur d'infanterie; du Faure de la Borde, à Paris; du Faure de Citres, juge de paix, à Yssingeaux, département de la Haute-Loire; du Faure d'Esplas, au château d'Esplas, par Castelnaudary, département de l'Aude; du Faure de Laprade, chevalier de la Légion d'honneur, membre de l'Institut, à Paris; du Faure de la Prade, à Versailles; du Faure de Massebras, notaire, à Pamiers, département de l'Ariége; du Faure de Massebras, receveur de l'enregistrement, à Laplume, département de Lot-et-Garonne; Eugène du Faure de Saint-Martial, officier de cavalerie; Albert du Faure de Saint-Martial, chef de station des lignes télégraphiques, à Paris; Paul du Faure de Saint-Martial, ecclésiastique, à Blois.

FAUTEREAU. *Normandie.*

D'azur à trois croissants d'or.

Fautereau, chevalier; marquis de Marnières et Vatan, baron de Villiers, Mouchy, le Chastel, seigneur de Retonval, Nelleval, Sainte-Geneviève, Carembouville, Cretot, généralité de Rouen, élection de Neufchâtel, obtint arrêt de maintenue le 22 novembre 1668.

Cette famille a deux représentants : le comte de Fautereau, à Eu, département de la Somme; le vicomte de Fautereau, à Poitiers.

FAUTRAT DE LA GUÉRINIÈRE. *Maine.*

D'azur à trois faulx levées d'argent emmanchées d'or.

Cette famille a pour représentants : Jules Fautrat de la Guérinière, au château de Mélinais, près La Flèche, département de la Sarthe ; René Fautrat de la Guérinière, lieutenant d'artillerie à l'école d'application de Fontainebleau ; Eugène Fautrat de la Guérinière, au château de la Guitonnière, par Cossé-en-Champagne, département de la Mayenne ; Henri Fautrat de la Guérinière, au Mans.

FAUVILLE. *Berry.*

D'azur à deux aigles affrontées et essorantes d'or soutenant une tonne d'or cerclée de sable, accompagnée d'un croissant d'argent.

L'unique représentant du nom de Fauville réside au château de Navarre, par Vimont (Calvados).

FAVARS. *Limousin.*

D'or à la plante de fèves de deux tiges de sinople.

L'unique représentant du nom de Favars réside à Paris.

FAVIER DE LA CHOMETTE. *Velay.*

D'argent à un chevron d'azur accompagné de trois fèves d'or ; au chef d'azur chargé de trois merlettes d'or. Supports : deux aigles. Couronne : de comte.

Cette famille, originaire du Velay (Bas-en-Basset), a deux représentants ; Saint-Ange-Hilaire Favier de la Chomette, à Plaisance (Italie) ; Pierre-Prosper-Aimé-Saint-Ange Favier de la Chomette, à Lyon.

FAVIÈRES. *Ile-de-France.*

ILE-DE-FRANCE. D'azur au pélican avec ses petits dans son aire d'or.

Cette famille est originaire de Gy. Anoblie en 1558

par le roi d'Aragon, elle a possédé les seigneuries de Charmes et de Gy, et elle a donné un conseiller au Parlement de Besançon en 1778. Elle est représentée par le comte de Favières, à Paris.

FAVRAT DE BELLEVAIN. *France.*

Tiercé en fasce : au 1 d'azur au soleil d'or adextré d'un croissant figuré et contourné du même et senestré d'une étoile aussi d'or; au 2 d'or à l'aigle de sable becquée, membrée et couronnée d'or; au 3 de sinople à un chat d'argent.

Cette famille a pour unique représentant de Favart de Bellevain, au château de Clos-d'Aulpe, par Evian, département de la Haute-Savoie.

FAVRE. *Bresse, Suisse, Savoie, France.*

D'argent au chevron d'azur, accompagné de trois têtes de Mores tortillées d'argent. — Écartelé : au 1 d'azur, au château d'argent, sommé de deux tours et maçonné de sable; au 2 de gueules à la gerbe d'or; au 3 d'or à la quintefeuille angemme de gueules; au chef du même chargé de deux étoiles d'or; au 4 d'or à l'épée de sable; au chef d'azur, chargé de trois fleurs de lis d'or; sur le tout un écu d'or au fer à cheval de gueules et au chef d'azur chargé de deux étoiles d'argent.

Connue dès le dix-neuvième siècle en Savoie, où elle a un rang distingué, cette famille a donné : Antoine Favre, chevalier, seigneur, baron de Paroges et de Domessin, né en 1557, conseiller d'État, premier président au Sénat de Savoie, et Claude Favre de Vaugelas, membre de l'Académie française en 1634.

Le nom de Favre est aujourd'hui représenté par Ferdinand de Favre, grand officier de la Légion d'honneur, ancien sénateur, à Paris.

FAY DE LA TOUR-MAUBOURG. *Vivarais.*

De gueules à la bande d'or chargée d'une fouine d'azur. Couronne : de marquis. Supports : deux lions.

Cette belle famille a pris son nom d'une terre seigneuriale et paroissiale, située dans le diocèse du Puy, où elle est connue depuis l'an 1000. Pierre et Pons de Fay vendirent en 1197 une partie de leur patrimoine, afin de subvenir aux frais du voyage de la Terre-Sainte. Leurs armes figurent dans la salle des Croisades, au musée de Versailles, sous le nom de Capdeuil, le premier qu'ait porté la maison de Fay.

Fay a sa filiation authentiquement établie depuis Artaud de Fay, chevalier, vivant en 1280, dont les descendants ont formé deux branches principales : celle des seigneurs de Pecraud, barons de Vezenobre, éteinte; celle des seigneurs de Saint-Quentin, barons, puis marquis de la Tour-Maubourg, dont le seul représentant aujourd'hui est le marquis de Fay-Latour-Maubourg, officier de la Légion d'honneur, conseiller général, député de la Haute-Loire, à Fay-le-Froid.

FAY. *Normandie.*

D'argent à l'aigle de gueules au vol abaissé.

On retrouve en France six autres représentants du nom de Fay, sans parenté avec la famille qui précède; le vicomte du Fay, à son château, à Echiré, par Niort, département des Deux-Sèvres; du Fay, maire de Poterie-au-Perche, par Tourouvre, département de l'Orne; de Fay, au château de Salignac, à Tournon, département de l'Ardèche; de Fay, au château de Missy, à Notre-Dame-de-Liesse, département de par le roi d'Aragon, elle a possédé les seigneuries de Charmes et de Gy, et elle a donné un conseiller au Parlement de Besançon en 1778. Elle est représentée par le comte de Favières, à Paris.

FAVRAT DE BELLEVAIN. *France.*

Tiercé en fasce : au 1 d'azur au soleil d'or adextré d'un croissant figuré et contourné du même et senestré d'une étoile aussi d'or ; au 2 d'or à l'aigle de sable becquée, membrée et couronnée d'or ; au 3 de sinople à un chat d'argent.

Cette famille a pour unique représentant de Favart de Bellevain, au château de Clos-d'Aulpe, par Evian, département de la Haute-Savoie.

FAVRE. *Bresse, Suisse, Savoie, France.*

D'argent au chevron d'azur, accompagné de trois têtes de Mores tortillées d'argent. — Écartelé : au 1 d'azur, au château d'argent, sommé de deux tours et maçonné de sable ; au 2 de gueules à la gerbe d'or ; au 3 d'or à la quintefeuille angemme de gueules ; au chef du même chargé de deux étoiles d'or ; au 4 d'or à l'épée de sable ; au chef d'azur, chargé de trois fleurs de lis d'or ; sur le tout un écu d'or au fer à cheval de gueules et au chef d'azur chargé de deux étoiles d'argent.

Connue dès le dix-neuvième siècle en Savoie, où elle a un rang distingué, cette famille a donné : Antoine Favre, chevalier, seigneur, baron de Paroges et de Domessin, né en 1557, conseiller d'État, premier président au Sénat de Savoie, et Claude Favre de Vaugelas, membre de l'Académie française en 1634.

Le nom de Favre est aujourd'hui représenté par Ferdinand de Favre, grand officier de la Légion d'honneur, ancien sénateur, à Paris.

FAY DE LA TOUR-MAUBOURG. *Vivarais.*

De gueules à la bande d'or chargée d'une fouine d'azur. Couronne : de marquis. Supports : deux lions.

Cette belle famille a pris son nom d'une terre seigneuriale et paroissiale, située dans le diocèse du Puy, où elle est connue depuis l'an 1000. Pierre et Pons de Fay vendirent en 1197 une partie de leur patrimoine, afin de subvenir aux frais du voyage de la Terre-Sainte. Leurs armes figurent dans la salle des Croisades, au musée de Versailles, sous le nom de Capdeuil, le premier qu'ait porté la maison de Fay.

Fay a sa filiation authentiquement établie depuis Artaud de Fay, chevalier, vivant en 1280, dont les descendants ont formé deux branches principales : celle des seigneurs de Pecraud, barons de Vezenobre, éteinte; celle des seigneurs de Saint-Quentin, barons, puis marquis de la Tour-Maubourg, dont le seul représentant aujourd'hui est le marquis de Fay-Latour-Maubourg, officier de la Légion d'honneur, conseiller général, député de la Haute-Loire, à Fay-le-Froid.

FAY. *Normandie.*

D'argent à l'aigle de gueules au vol abaissé.

On retrouve en France six autres représentants du nom de Fay, sans parenté avec la famille qui précède; le vicomte du Fay, à son château, à Echiré, par Niort, département des Deux-Sèvres; du Fay, maire de Poterie-au-Perche, par Tourouvre, département de l'Orne; de Fay, au château de Salignac, à Tournon, département de l'Ardèche; de Fay, au château de Missy, à Notre-Dame-de-Liesse, département de l'Aisne; du Fay de Boismont, au château de Mesnil, par Putanges, département de l'Orne; le baron du Fay de Launaguet, officier de la Légion d'honneur, maître des requêtes au conseil d'État, à Paris.

FAYARD. *Lyonnais.*

D'or à un fayard (arbre) de sinople.

L'unique représentant du nom de Fayard vit dans la retraite, au château de Rossignol, à Chalagnac, département de la Dordogne.

FAYE (DE LA). *Lyonnais, Bourbonnais.*

D'argent à la bande d'azur chargée de trois têtes de licorne d'or; au franc quartier de Broussier.

Cette famille, qui a donné un des plus illustres magistrats du quinzième siècle, Jacques Faye, seigneur d'Epeisses, a cinq représentants : le vicomte de la Faye, au château de Lyde, par Créon (Gironde); de la Faye, médecin à Lorraine (Martinique); Léon de la Faye, maire de Monclar (Lot-et-Garonne); Olivier de la Faye, commis de marine à l'administration centrale, à Paris; de la Faye, percepteur à Montmoreau (Charente).

FAYET. *Languedoc, Guienne, Normandie, Ile-de-France.*

D'azur à une fasce de sable, bordée d'or, chargée d'une coquille d'argent, accostée de deux étoiles d'or, accompagnée en chef d'une levrette courante d'argent, au collier de gueules bordé et bouclé d'or, et en pointe de trois losanges aussi d'or, rangés en fasce. Couronne de marquis.

Cette maison, à laquelle appartenaient : Jacques de Fayet, seigneur du Mazel, de Bleymar, de Chabannes, et qui épousa, en 1597, Jeanne de Sabran; Matthieu de Fayet, seigneur de Peychaud, 1er capitaine de la ville de Bordeaux pendant la Ligue ; Louis de Fayet, en faveur duquel la châtellenie de Serris fut érigée en comté par Louis XIV ; Pierre, marquis de Fayet, capitaine des vaisseaux du roi, chambellan du roi d'Espagne, gouverneur général de Saint-Domingue en 1732, etc., a aujourd'hui pour représentants de ses branches encore existantes : le marquis de Fayet, chef de nom et d'armes, au château d'Aveny (Eure); le vicomte de Fayet, au château de Morsent, près Évreux; le général de Fayet de Chabannes, au château de Randon (Lozère), et le comte de Fayet de Montjoye, capitaine au 18e bataillon de chasseurs à pied.

FAYOLLE (DE LA). *Limousin, Languedoc, Dauphiné.*
Écartelé : aux 1 et 4 d'azur à la tour d'argent; aux 2 et 3 d'or au fayard de sinople terrassé de même.

Cette famille a trois représentants : de la Fayolle de Mars, au château de Pierre-Grosse, par Annonay, département de l'Ardèche; de la Fayolle de Mars, avocat, à Lyon; de la Fayolle de Mars, au château de Joux, près Tencé, département de la Haute-Loire.

FAYOT (DU). *France.*
D'azur au coq d'argent.

Cette famille n'a d'autre représentant que du Fayot, sans titre, qui réside au château de Saint-Michel-du-Double, par Mussidan, département de la Dordogne.

FEBURE (LE). *Normandie, Artois.*
Burelé d'argent et d'azur; à une tour d'argent, la porte ouverte, brochant sur le tout.

Le Febure, dont l'anoblissement remonte à l'an 1440, a huit représentants : Le Febure de Fourcy, officier de la Légion d'honneur; professeur honoraire à la Faculté des sciences, à Paris; le Febure de Fourcy, chevalier de la Légion d'honneur, ingénieur, à Paris; le Febure d'Hédencourt, à Beauvais, département de l'Oise; le Febure d'Hédencourt, chef de bureau à la préfecture de police, à Paris; le Febure de Ladonchamps, au château de Ladonchamps, par Metz; le Febure de Ladonchamps, garde général à Wasselonne, département du Bas-Rhin; le Febure de Saint-Maur, à Paris; le Febure de Sancy, à son château, à Boran, département de l'Oise.

FEBVRE (LE). *Normandie, Bretagne.*

D'azur à trois croissants d'argent; au chef cousu de gueules chargé d'une molette du second.

Le nom de Febvre, en noblesse, compte encore en France sept représentants : le baron de le Febvre, au château de Canteleu, département de la Seine-Inférieure; le Febvre, officier de la Légion d'honneur, receveur général, à Lyon; le Febvre de la Forêt, au château de Morey, par Nomeny, département de la Meurthe; le Febvre de Maurepas, maire, à Ambenay, par Rugles, département de l'Eure; Mme la douairière le Febvre de Mecorbon, au Mans; le Febvre de Sainte-Marie, officier de la Légion d'honneur, inspecteur général de l'agriculture, à Paris; le Febvre de Verville, à Strasbourg.

FELINE. *Limousin.*

D'azur au soleil d'or.

Mme la douairière de Féline, unique représentant, réside au château de Rochemont, par Valognes, département de la Manche.

FÉLIX DE SURVILLE. *Ile-de-France, Dauphiné, Languedoc, Provence, Bretagne.*

Ile-de-France. De gueules à la croix tréflée d'argent; au chef cousu d'azur.

Dauphiné. D'azur au cœur d'or, surmonté d'une colombe d'argent, tenant en son bec un rameau du même.

Languedoc. D'azur à l'épée d'argent garnie d'or en fasce, accompagnée : en chef, d'une étoile du second; en pied, à dextre, d'une tige de lis, et à sénestre d'un chien assis; le tout du même.

Provence. Écartelé : aux 1 et 4 de gueules au lion d'or chargé d'une bande d'azur brochante; aux 2 et 3 d'or au château de gueules, qui est de Castelban.

Provence, Bretagne. De gueules à la bande d'argent chargée de trois F de sable.

Devise : *Felices fuerunt fideles.*

La Chesnaye-Desbois consacre une notice à la famille des Félix de Provence, anoblie, le 13 février 1702, dans la personne de Joseph de Felix, seigneur de Creisset et de Rousset, fils d'Honoré et de Julie de Valvoire, petit-fils de Reynard, qui acquit la seigneurie de Creisset en 1620.

On compte de nos jours trois représentants du nom : le comte de Félix de Surville, à Paris; Charles de Félix de Surville, officier de la Légion d'honneur, capitaine de vaisseau; Félix de Surville, au château des Essarts, à Graveson, département des Bouches-du-Rhône.

FELTRE CLARKE. *France.*

De gueules à trois épées hautes et rangées d'argent, garnies d'or; au chef ducal, cousu de gueules, semé d'étoiles d'argent.

Eteinte le 29 mars 1852, la maison de Feltre est représentée par substitution par le duc de Feltre-Clarke, à Toulouse.

FÉNELON (SALIGNAC DE). *Périgord.*

D'or à trois bandes de sinople. Couronne : de marquis. Tenants : deux sauvages. Cimier : une aigle issante d'or. Au-dessus de l'aigle est une croix haute arrondie et bourdonnée.

Connue depuis le douzième siècle, cette grande famille, qui a donné deux archevêques, dix évêques, et parmi eux l'illustre Fénelon, Hugues, chevalier croisé en 1096, dont le nom et les armes décorent le Musée de Versailles, compte encore plusieurs représentants : François-Charles-Henri de Salignac, marquis de Fénelon ; le comte de Salignac de Fénelon, à Paris ; le comte de Salignac de Fénelon, grand-officier de la Légion d'honneur, ancien sénateur, à Paris ; de Salignac de Fénelon, grand-officier de la Légion d'honneur, général de division, commandant la 3ᵉ division ; de Salignac-Fénelon, commandeur de la Légion d'honneur, général de brigade d'artillerie ; de Salignac-Fénelon, officier de la Légion d'honneur, colonel commandant le 1ᵉʳ régiment de chasseurs à cheval ; de Salignac-Fénelon, chevalier de la Légion d'honneur, capitaine au 3ᵉ régiment de hussards.

FÉNELON DE CAZES. *Guyenne.*

D'azur au lion d'or, accompagné de treize besants du même rangés en orle.

Cette famille a pour unique représentant le marquis de Fénelon de Cazes, qui a sa résidence d'été à son château de la Marche, par Ville-d'Avray, département de Seine-et-Oise, et celle d'hiver, à Paris.

FÉNIS LACOMBE. *Limousin.*

D'azur à un phénix d'or prenant son essor sur un

bûcher de gueules et regardant un soleil d'or mouvant du canton dextre de l'écu.

Cette famille a donné Pierre de Fénis, écuyer, seigneur du Theil et de la Prade, conseiller du roi, président, lieutenant-général en la sénéchaussée du Bas-Limousin, au siége présidentiel de Tulle, maître des requêtes de la reine Marguerite, première femme de Henri IV, conseiller ordinaire au conseil d'Etat et privé. Il était petit-fils de Jean de Fénis, sieur de Fénis et de Jeanne de Donis.

Sa descendance est représentée aujourd'hui par de Fénis-Lacombe, commandeur de la Légion d'honneur, colonel commandant, en 1870, le 7e régiment de hussards.

FENOUILLET. *Languedoc.*

D'azur au chevron cousu de gueules, accompagné en chef, à dextre, d'un soleil d'or et, en pointe, d'une montagne à six coupeaux d'argent adextrée d'un soleil d'or. Supports : deux lions.

Cette famille est représentée par : d'Abric de Fenouillet, qui a sa résidence d'hiver à Montpellier, et celle d'été au château de Lhom, par Barre, département de la Lozère, et au château de Lafaye, par Belmont, département de l'Aveyron.

FÉRAULD D'HONNORAT. *Provence.*

D'azur à une carpe d'argent posée en fasce ; mi-parti d'or à trois roses de gueules en chef.

Férauld de Falondre, de Provence, vint s'établir en Normandie, près de Séez, au douzième siècle. Sa descendance est représentée par de Férauld d'Honnorat, à Marseille.

FERAUDY. *Provence.*

Fascé d'or et de gueules, la première fasce chargée

d'une étoile d'azur au sautoir du second brochant sur le tout.

Cette famille a cinq représentants : le comte de Feraudy, officier de la Légion d'honneur, à Paris ; le vicomte de Feraudy, à Orléans ; de Feraudy, chevalier de la Légion d'honneur, chef de bataillon au 75º régiment d'infanterie ; de Feraudy, chevalier de la Légion d'honneur, capitaine adjudant-major au 77º régiment d'infanterie ; de Feraudy, sous-lieutenant au 12º régiment de dragons.

FERCET. *Flandre.*

De sable à un pal d'or, chargé d'une baïonnette de sinople.

L'unique représentant du nom de Fercet est avocat à Nancy.

FERMIER DE LA PROVOTAIS. *Provence.*

D'azur à une colombe d'argent perchée sur les pointes d'un croissant du même ; au chef coupé de gueules, chargé de trois étoiles d'or.

Cette famille a pour unique représentant de Fermier de la Provotais, officier de la Légion d'honneur, colonel, en 1869, du 67º de ligne.

FERMONT. *Maine.*

D'hermines au sauvageon de sable à deux greffes, celle de senestre à feuilles et pommes d'argent.

Cette famille a deux représentants : le comte de Fermont, chevalier de la Légion d'honneur, ancien député, à Moisdon, département de la Loire-Inférieure ; de Fermont, au château de Bois-de-Maine, par Lassay, département de la Mayenne.

FERNEX. *Lyonnais.*

D'argent à une aigle de sable ; parti d'azur à une tour d'argent maçonnée de sable.

L'unique représentant du nom de Fernex a sa résidence au château de Fernex, par Annecy, département de la Haute-Savoie.

FÉRON DE LONGCAMP (LE). *Normandie.*

D'azur au chevron d'or accompagné de trois fers de lance d'argent posés 2 et 1 ; au chef d'argent chargé de trois tiercefeuilles de sable.

Cette famille, maintenue en 1666, est représentée par Réné-Marie-Frédéric-Albert Le Féron de Longcamp, à Caen, qui a épousé Louise-Pauline-Joséphine Pineau de Viennay, dont deux fils. Son père, François-Adrien Le Féron de Longcamp, est décédé conseiller à la cour de Caen.

La Chesnaye-Desbois parle d'une famille le Féron, distinguée dans la robe, célèbre par les hommes remarquables qu'elle a produits. Elle remonte à Pierre Le Féron, conseiller de la cour et juge-lai des enquêtes en 1315 et 1316, qui portait de gueules au sautoir d'or accompagné en chef et en pointe d'une molette d'éperon et aux flancs dextre et senestre d'une aiglette, le tout d'or.

FÉRON D'ÉTERPIGNY (LE). *Picardie.*

D'azur au sautoir d'or accompagné aux 1 et 4 de deux molettes d'éperon du même ; aux 3 et 4 de deux aigles éployés aussi d'or.

Devise : *Eques ad Bovinam.*

Cette famille, une des plus anciennes de Picardie, et dont l'auteur était à la bataille de Bouvines, à trois représentants : Le Féron d'Eterpigny, à Compiègne, qui a un fils, Charles-Antoine-Jules le Féron d'Éterpigny, chef d'escadrons au 1ᵉʳ dragons. Il a aussi un neveu, le chevalier le Féron de Ville, à Paris.

FERRABOUC. *Toulouse.*

Parti : au 1 d'argent au banc de sable saillant contre un chêne de sinople ; au chef d'azur chargé de trois étoiles d'argent au 2 coupé en chef d'argent à trois corneilles de sable ; au chef d'azur chargé de trois étoiles d'argent ; en pointe d'argent à trois fasces de gueules ; au chef d'azur chargé de trois étoiles d'argent.

L'unique représentant du nom, le général de Ferrabouc, commandeur de la Légion d'honneur, réside à Toulouse.

FERRAGUET. *Espagne, Guyenne.*

D'argent au lion de gueules posé sur une terrasse au naturel, et accompagné de trois roses du second rangées en chef.

Cette famille a deux représentants : de Ferraguet, curé de Castillon, département du Gers ; de Ferraguet, au château de Prénéron, par Vic-Fezensac, même département.

FERRAND. *Ile-de-France, Bourgogne, Poitou.*

D'azur à trois épées d'argent garnies d'or, rangées en pal, celle du milieu la pointe en haut, les deux autres renversées ; à la fasce d'or brochante sur le tout.

Devise : *Pro fide, pro rege, pro me.*

La branche de Missol substitue trois fers de lance aux épées de l'écu.

Cette famille, qui remonte à Jacques Ferrand, anobli pour sa conduite à la bataille de Renty, et dont le fils, Jean Ferrand, fut médecin de la reine Eléonore de France, femme de François Iᵉʳ, a quatre représentants :

le comte Ferrand, à Paris, qui a son domicile d'été au château de Bernardières, par Airvault, département des Deux-Sèvres; de Ferrand, à Toulouse; de Ferrand de Missol, à Paris; de Ferrand de Missol, conseiller général, à Marguerite, département du Gard.

FERRAND-PUGINIER. *Languedoc.*

D'azur au senestrochère d'argent mouvant d'un nuage du même au flanc dextre et portant un rameau d'olivier d'or, accompagné de trois étoiles du même, posées deux en chef, une en pointe, et d'un croissant d'argent posé au-dessus de l'étoile en pointe.

Cette famille, originaire du Bazadois, dans la Basse-Gascogne, où elle possédait la terre et baronnie de Mauvaisin, s'est établie dans le Lauraguais, province du Languedoc, par le mariage de Jacques de Ferrand avec Marguerite de Rolland, en 1608. Elle compte, de nos jours, deux représentants : de Ferrand-Puginier, avocat à Castelnaudary, département de l'Aude; Henri de Ferrand-Puginier, à Castelnaudary.

FERRANT. *France.*

D'azur à cinq besants d'or posés 2, 2 et 1.

Cette famille a deux représentants : Paulin Ferrant, à Mondoubleau, département de Loir-et-Cher; Jules Ferrant, à Paris.

FERRÉ. *Marche.*

De gueules à trois chevrons d'or, au pal de même, brochant sur le tout.

La Chesnaye-Desbois parle d'une autre maison de Ferré, originaire de Bretagne, puis établie en Poitou, qui portait de gueules à une boucle d'or, chargée en chef d'une fleur de lis d'or et de deux autres fleurs de lis d'or, au côté senestre de la bande, dont était Yvon

FERRON. *Bretagne.*

D'azur semé de billettes d'argent sans nombre; à la bande d'argent chargée de quatre hermines brochantes.

Cette famille a six représentants : Léon de Ferron, sous-lieutenant au 5ᵉ régiment de chasseurs à cheval; de Ferron, au château de Mittrié, par Dinan, département des Côtes-du-Nord; Olivier de Ferron, à Rennes; Sylvain de Ferron, à Tonneins, département de Lot-et-Garonne; de Ferron, au château de Landron, par Saint-Aubin-du-Cormier, département d'Ille-et-Vilaine; de Ferron du Chêne, curé de Plesder, même département.

FERRON DE LA FERRONNAYS. *Bretagne.*

D'azur à six billettes d'argent posées 3, 2 et 1; au chef cousu de gueules chargé de trois annelets du second. Supports : deux léopards. Cimier : un bras nu armé d'une épée antique.

Devise : *In hoc ferro vinces.*

Cette famille noble, ancienne en Bretagne, qui a donné son nom à la terre de La Ferronnays, près Dinan, et dont l'histoire fait mention dès l'an 1180, est représentée par le comte de Ferron de La Ferronnays, à Paris, et par son fils, lieutenant au 7ᵉ régiment de cuirassiers.

FERROUIL DE LAURENS. *Languedoc.*

De gueules à trois verrous d'argent; au chef d'azur chargé de trois étoiles d'or.

Originaire d'Espagne, établie ensuite à Ajac, cette famille descend de Jean Ferrouil, seigneur d'Ajac, époux, en 1245, de Jacquette de Pouzillon, dont il reçut en dot la baronnie de Laurens. Elle est représentée par la baronne douairière de Ferrouil de Laurens, à son château de Laurens, département de l'Hérault.

FERRY. *Liége.*

De gueules à la bande d'or accompagnée de trois fleurs de lis d'argent, l'une en chef et les deux autres en pointe.

Cette famille a plusieurs représentants : de Ferry, receveur particulier des finances à Autun, département de Saône-et-Loire ; de Ferry, à Riez, département des Basses-Alpes ; de Ferry, à Marseille. D'autres représentants sont officiers dans l'armée.

FERTÉ (DE LA). *Normandie, Nivernais.*

NORMANDIE. Écartelé : aux 1 et 4 d'azur au chevron d'or accompagné de trois marcs avec leurs anses du même ; aux 2 et 3 de sable à deux épées d'argent, garnies d'or, posées en sautoir, les pointes en haut.

De la Ferté, en Normandie, a donné Scipion-Marc de la Ferté, lieutenant-général de Rouen en 1623. Sa descendance est représentée par le vicomte de la Ferté, ancien sous-préfet à la Flèche, département de la Sarthe ; de la Ferté, au château de Ménétreux-le-Pitois, par Flavigny, département de la Côte-d'Or ; de la Ferté, à son château de la Ferté-Fresnel, département de l'Orne ; de la Ferté, à Tours ; de la Ferté, au château de Bouvesse, par Morestel, département de l'Isère.

FERTÉ-MEUN (DE LA). *Beauce, Bourgogne, Nivernais, Bourbonnais.*

Écartelé : aux 1 et 4 d'hermines au sautoir de

gueules, qui est de la Ferté; aux 2 et 3 contre-écartelé d'argent et de gueules qui est de Meun.

Cette famille est représentée par le marquis de la Ferté-Meun, à Paris.

FÉRY D'ESCLANDS. *Provence.*

De gueules à la croisette d'argent; au chef cousu d'azur chargé de trois étoiles d'or. Supports : à dextre, une aigle de sable armée et languée d'argent; à senestre, un lion au naturel armé et lampassé d'or. Couronne : de comte.

Devise : *Fery d'Esclands ferro foroque feruntur.*

Cette famille, l'une des plus anciennes de la Provence, a pour berceau le territoire situé à quelques lieues de Draguignan, qu'on appelle encore aujourd'hui les *Grands-Esclands*, les *Petits-Esclands*, les *Euvières-d'Esclands*.

A la suite de la tourmente révolutionnaire, qui l'éprouva cruellement, un de ses membres, officier dans la marine royale, vint se fixer à l'île Bourbon. Il y obtint la main de la fille du comte Reynaud de Belleville, gentilhomme normand, qui avait cherché un refuge dans cette colonie, pendant que son frère émigrait à Saint-Domingue.

Le plus jeune de leurs enfants, Charles, est le seul qui habite la France; il y possède la terre et le château de Pallet (Gironde). De son union avec la fille du baron Hémart, grand-prévôt d'une cour prévôtale, et président sous l'Empire, sont issus : 1° Caroline, mariée au marquis de Castelnau d'Essenault, le chef de la maison des Castelnau ; et 2° Alphonse, conseiller référendaire à la Cour des comptes, marié à la fille du comte de Casabianca, ancien sénateur, procureur général près la Cour des comptes et le premier des ministres d'État, etc. De ce dernier mariage est né, en mai 1867, Elie-François-Xavier Féry d'Esclands.

FESQUES. *Normandie.*

D'or à une aigle de gueules à deux têtes. — De gueules à cinq fusées d'argent mises en bande.

Cette famille, qui descend de Jean de Fesques, premier du nom, seigneur de Chatrigny et de Paillé, mort en 1420, est représentée par la marquise douairière de Fesques de la Roche-Bousseau et de la Roche-Turpin, née de Colbert, au château de la Flotte, à Lavenay, près Poncé, département de la Sarthe.

FEUGÈRES DES FORTS. *Beaujolais, Lyonnais.*

D'azur au chef losangé d'or et de gueules. — D'argent au chef losangé d'or et de gueules de 2 traits, 2 et demi.

Cette famille, dont était Antoinette de Feugères, mariée, vers le milieu du quinzième siècle, avec Jean de Tenay, chevalier, seigneur de Saint-Christophe, a quatre représentants : de Feugères des Forts, à Paris ; de Feugères des Forts, au château des Forts, par Thiron, département d'Eure-et-Loir ; de Feugères des Forts, artiste statuaire, à Paris ; de Feugères des Forts, juge au tribunal de première instance, à Paris.

FEUGRÉ. *Champagne.*

D'or à la bande d'azur, chargée de trois fleurs de lis d'or et accompagnée de deux lionceaux de gueules, armés et lampassés du second.

Cette famille a pour unique représentant de Feugré, au château de Ley-Choisier, par Ambezac, département de la Haute-Vienne.

FEUVRE D'OVIGNE (LE). *France.*

Parti : au 1 de pourpre à la croix d'or cantonnée de quatre merlettes du même; au 2 de gueules au lion d'argent, à la bande cousue d'azur chargée d'un croissant d'argent, accosté de deux étoiles du même; au chef d'argent, au cep de vigne surmontant le tout. Supports : deux lions. L'écu timbré d'un casque de baron orné de ses lambrequins et sommé de la couronne de comte. Cimier : un dextrochère armé tenant une masse d'armes.

Devise : *Deus et Rex.*

Cette famille a deux représentants : François-Charles-Maximilien, baron le Feuvre d'Ovigne, membre du conseil général, au château d'Albert, département de la Somme; Georges-Charles-Marie, chevalier le Feuvre d'Ovigne-Proyate, à Albert.

FEYDEAU. *Marche, Bretagne.*

D'azur au chevron d'or accompagné de trois coquilles du même.

Cette famille distinguée, dont la robe a donné plusieur conseillers d'Etat et un garde des sceaux de France. Le premier de ce nom est Jacques-Feydeau, docteur en droit à Feltri, dans la Marche-Trévisane, vivant encore en 1532. Sa descendance est représentée par la marquise de Feydeau de Brou, à Paris; Charles-Gaston de Feydeau, chevalier de la Légion d'honneur, capitaine au régiment des sapeurs-pompiers, à Paris; de Feydeau de Brou, receveur particulier, à Bellac, département de la Haute-Vienne.

FEYDIT. *Limousin, Quercy.*

Burelé d'argent et de sinople, chaque burèle d'argent chargée d'une étoile de gueules; au chef de Sarrazac.

Cette famille a deux représentants : le vicomte de Feydit de Tersac, ancien Sous-Préfet à Saint-Girons, département de l'Ariége; de Feydit de Tersac, à Toulouse.

FIALIN DE PERSIGNY. *Forez.*

Écartelé : aux 1 et 4 d'azur, semés d'aigles d'Empire d'or (qui est de concession impériale); aux 2 et 3 d'argent, à la bande d'azur chargée de trois coquilles de Saint-Michel-du-Champ, qui est de Fialin.

Cette famille, originaire du marquisat de Saluces, d'où elle vint s'établir en Dauphiné, est représentée par Jean-Gilbert-Victor Fialin de Persigny, duc de Persigny, qui, de son mariage avec Églé-Napoléone-Albine Ney de la Moskova, a un fils : Jean-Michel-Napoléon, et quatre filles.

FIDEDY DE LAVERGNE DE FONTBONNE. *Auvergne.*

D'azur à une lyre d'or soutenue d'une épée d'or montée d'argent.

Cette famille est représentée par Alfred et Anatole de Fidedy de Lavergne de Fontbonne, à Clermont-Ferrand.

FIENNES. *Artois, Languedoc.*

ARTOIS, D'argent au lion de sable armé et lampassé de gueules.

LANGUEDOC. D'or au lion de gueules, armé et lampassé de sable; à la cotice d'azur, brochante sur le tout.

Cette famille, dont la généalogie est rapportée dans l'*Histoire des grands officiers de la Couronne*, t. VI, page 167, eut pour berceau la terre de Fiennes, une des baronnies du comté de Guines. Elle est représentée en France par le comte de Fiennes, au château de Montvilliers, par Sedan.

FIÉVET DE CHAUMONT. *Flandre.*

D'azur au chevron d'or accompagné en chef de deux glandes tigées et feuillées de même, les tiges en bas, et en pointe d'une rose aussi d'or.

Cette famille a pour unique représentant de Fiévet de Chaumont, au château de Fiévet, par Marchiennes, département du Nord.

FILLEUL DE LA CHAPELLE (LE). *Normandie.*

D'azur, à senestre un lion, à la tierce en fasce brochante sur le lion, et un franc canton brochant sur la première pièce de la tierce, le tout d'or.

Cette famille, qui descend de Durand le Filleul, maire de Rennes en 1268, cité pour être d'une famille noble et ancienne de cette ville, a trois représentants : le Filleul de la Chapelle, chef de nom et d'armes, à Versailles ; le Filleul des Guerrots, au château des Guerrots, par Auffay, département de la Seine-Inférieure ; Le Filleul de Longhuit, au château de Dammarie-en-Puisait, par Dammarie, département de la Loire.

FILLOLIE. *Limousin.*

De gueules au lion d'or, armé et lampassé de sable.

Cette famille a deux représentants : de la Fillolie, chef de bureau à la sous-préfecture, à Saint-Yrieix, département de la Haute-Vienne ; de la Fillolie à Paris.

FINANCE DE CLERBOIS. *Lorraine.*

D'azur à trois cloches timpannées d'argent posées 2 et 1. Couronne : de marquis. Supports : deux lions.

Cette ancienne famille, dont les membres ont servi avec distinction les ducs de Lorraine, puis les rois de France, dans les ordres, les carrières civiles et l'armée, est représentée par François-Louis de Finance de Clerbois, officier de l'instruction publique, à Lyon.

FITE DE PELLEPORC. *Guyenne, Champagne.*

D'azur au lion d'or armé et lampassé de gueules, couronné d'argent ; à la bordure d'or chargée de onze merlettes affrontées de sable.

Cette famille a pour unique représentant de Fite de Pelleporc, à Toulouse.

FITTE (DE LA). *Bretagne.*

D'argent à une branche de myrthe de sinople en pal.

L'unique représentant de la famille de la Fitte réside à Condom, département du Gers.

FITZ-GÉRALD. *Irlande.*

D'hermines au sautoir de gueules.

Cette famille, dont était Jacques Fitz-Gérald, maréchal des camps et armées du roi, mort à Brives-la-Gaillarde, le 19 février 1773, est représentée par Richard de Fitz-Gérald, à Versailles.

FITZ-JAMES. *Angleterre, Espagne, France.*

Écartelé : au 1 et 4 contre-écartelé de France et d'Angleterre ; au 2 d'or à un lion de gueules enclos dans un double trécheur fleurdelisé de même, qui est d'Écosse ; au 3 d'azur à la harpe d'or, qui est d'Irlande ;

à la bordure renfermant tout l'écu, componnée de seize pièces ou compons : huit d'azur chargés chacun d'une fleur de lys d'or, huit de gueules chargés chacun d'un léopard d'or.

Jacques Fitz-James, duc de Brunswick, pair d'Angleterre, duc de Leria et de Xerica au royaume de Valence, duc de Warti ou Fitz-James en France, né en 1671, fils naturel de Jacques II, roi d'Angleterre, et d'Isabelle Churchill, sœur de Jean, duc de Marlborough, est la souche de cette maison, qui compte en France huit représentants : Édouard, duc de Fitz-James, à Paris, chef de nom et d'armes de sa famille, qui a deux fils : Charles et Gaston, comtes de Fitz-James ; Charles-Gaston, comte de Fitz-James, officier de marine, frère du duc ; Charles, comte de Fitz-James, oncle du duc, qui a trois fils : Jacques, vicomte de Fitz-James, ancien officier de cavalerie ; Robert, baron de Fitz-James, capitaine de frégate ; François de Fitz-James, officier de cavalerie.

FLAHAUT. *Picardie.*

D'argent à trois merlettes de sable.

Cette famille, qui était représentée par le comte de Flahaut de la Billarderie, grand-officier de la Légion d'honneur, général de division, sénateur, grand'chancelier, à Paris, a trois autres représentants : Alfred-Théophile, lieutenant au 1er régiment de chasseurs d'Afrique ; Eugène-Ernest et Christophe-Victor, tous deux sous-lieutenants au 7e régiment de hussards.

FLAMBARD. *Normandie.*

D'azur à la fasce d'or rayonnante du côté du chef et surmontée de deux étoiles aussi d'or. — De sable à trois besants d'or ; au chef du même.

Cette famille est représentée par de Flambard, à Carcagny, par Saint-Léger-Carcagny, département du Calvados.

FLAMEN D'ASSIGNY. *Nivernais.*

D'azur à deux lions rampants d'or.

Cette famille a deux représentants : de Flamen d'Assigny, au château de Sury, par Saint-Benin-d'Azy ; de Flamen d'Assigny, par Nevers, département de la Nièvre.

FLAMMERANS. *Bourgogne.*

D'azur au sautoir engrêlé d'or, cantonné de quatre flammes du même.

Cette famille est représentée par de Flammerans, au château de son nom, par Auxone, département de la Côte-d'Or.

FLAVIGNY. *Lorraine.*

D'azur à deux torches d'or allumées de gueules, passées en sautoir, accostées en flanc de deux roses du second.

Cette famille a cinq représentants : le comte de Flavigny, chef de nom et d'armes, officier de la Légion d'honneur et deux autres comtes de Flavigny, à Paris : le comte de Flavigny, au château de Mortier, par Monnaie, département d'Indre-et-Loire ; le vicomte Ange-Agathon-Alfred de Flavigny, à Paris.

FLAVIGNY-RENONSART. *Picardie, Champagne.*

Échiqueté d'argent et d'azur, à un écusson de gueules en cœur et deux bordures de sable. Cimier : un griffon naissant. Supports : deux griffons d'or.

Cette famille, dont l'origine positive se perd dans l'obscurité des temps, paraît, par beaucoup de probabilités, originaire de Bourgogne. Distinguée par ses services, sa filiation est établie depuis Godefroy de Flavigny, qualifié, ainsi que son frère Regnault, du titre de chevalier en l'an 1089. Sa descendance est représentée par Ange-Agathon-Alfred, comte de Flavigny-Renonsart, à Mareuil-le-Port, par Port-à-Benson, département de la Marne ; Louis-Philippe-Gustave, vicomte de Flavigny-Renonsart, autre représentant du nom, à la même résidence.

FLÉCHÈRE (DE LA). *Savoie.*

D'azur au sautoir d'or cantonné de quatre aiglettes d'argent.

D'origine écossaise et d'une antiquité fort reculée, cette maison fait partie des familles venues dans le Faucigny avec Pierre, comte de Savoie. Pierre de la Fléchère, major-général de l'armée sarde et gouverneur de Cagliari, défendit cette place contre la flotte française en 1793. Cette maison se divise en deux branches : la branche aînée, de Nyon (dans le canton de Vaud, jadis Savoie, actuellement Suisse), qui a possédé de nombreuses et importantes seigneuries, et dont les titres sont ceux de marquis d'Alvillar et de comte de Verrier.

Cette branche a, en 1873, quatre représentants : Édouard de la Fléchère, chef de nom et d'armes de sa famille, résidant soit à Genève, soit en son château de Vernier ; Edmond de la Fléchère, négociant, résidant à Lyon ; Édouard de la Fléchère, négociant, résidant à Rio-Janeiro, Paris et Genève ; et Gustave de la Fléchère, résidant à Genève.

La branche cadette a pour titre : comte d'Alet; pour représentant : Alexis de la Fléchère, propriétaire du château de Mont-Venand, à Culoz (Ain), et de celui de Beauregard, à Saint-Jeoire, en Faucigny, sa résidence habituelle.

FLÉCHIN. *Artois.*

Fascé d'or et de sable de six pièces.

D'ancienne extraction des environs d'Aire, admise aux états d'Artois en 1794, cette famille, dont était François de Fléchin, écuyer, qui obtint, en 1709, érection en marquisat de la terre de Wanin, en Artois, est représentée par la marquise de Fléchin, au château d'Anlecy, par Albert, département de la Somme.

FLEMING. *Irlande.*

D'argent au chevron de gueules renfermé dans un double trecheur fleuronné et contrefleuronné du même.

La baronne de Fleming, unique représentant du nom, réside à Paris.

FLEURIAN-SÉVERIN. *Guyenne, Gascogne.*

D'azur au chevron brisé d'argent surmonté de deux roses du même, au milieu desquelles est un point de gueules. L'écu sommé d'un casque taré de front.

Cette famille a deux représentants : de Fleurian-Séverin, sans fonctions et sans titre, réside à Toulouse; Gustave de Fleurian, lieutenant au 8° régiment d'infanterie de ligne.

FLEURIOT. *Bretagne.*

D'argent au chevron de gueules surmonté d'une merlette de sable et accompagné de trois roses de gueules.

Cette famille a pour unique représentant de Fleuriot, au château d'Omplepied, par Oudon (Loire-Inférieure).

FLEURIOT DE LANGLE. *Bretagne.*

D'argent au chevron de gueules accompagné de trois quintefeuilles d'azur, tigées et pointées de sinople.

Cette famille, qui a pour chef de nom et d'armes le contre-amiral, vicomte de Fleuriot de Langle, commandeur de la Légion d'honneur, se divise en trois branches : l'aînée a trois représentants mâles ; la seconde a pour chef le vicomte Alphonse Fleuriot de Langle, vice-amiral, préfet maritime à Brest, grand-officier de la Légion d'honneur ; il a pris part à la défense de Paris en qualité de commandant supérieur du 2° secteur allant de la Porte-Dauphine au Point-du-Jour. Il a un fils à l'île de la Réunion, marié et sans enfant mâle. Il a trois frères : le premier est capitaine de vaisseau et a deux fils ; le second, lieutenant-colonel de cavalerie, n'a pas d'enfants ; le troisième, retiré dans ses terres près de Guingamp, a un fils.

La troisième branche subsiste en Hollande, où elle s'est établie sous Louis XVI.

FLEURY DE LA RAFFINIÈRE. *Poitou.*

D'argent à l'aigle de sable. — D'azur à un rosier d'argent fleuri de trois pièces de gueules.

Cette famille a cinq représentants : Édouard de Fleury de la Raffinière, inspecteur d'académie, à Mont-de-Marsan ; Armand de Fleury de la Raffinière, à la Chaume-du-Vieux-Ruffec, par Nanteuil-en-Vallée, département de la Charente ; Louis de Fleury de la Raffinière, au château de Beauregard, à Asnoix, près

Charroux, département de la Vienne; Arthur de Fleury de la Raffinière, docteur en médecine, à Angoulême; Armand de Fleury de la Raffinière, docteur en médecine, à Bordeaux.

FLEURY. *Ile-de-France, France, Paris, Languedoc.*

Ile-de-France. D'azur à une étoile d'or, accompagnée de trois croix fleuronnées au pied fiché du même.

France. De sinople au chevron d'argent accompagné en pointe d'une fleur de lis au naturel.

Paris. D'argent à deux bâtons fleurdelisés de sinople passés en sautoir, cantonnés de deux merlettes d'azur, une en chef et une en pointe.

Languedoc. D'azur à trois roses d'or ; écartelé de la treille.

Fleury, en Lorraine, Champagne, Paris, Ile-de-France, descend de Jacques de Fleury, seigneur de Larcy, en 1532.

Fleury, en Languedoc, est l'ancienne et illustre noblesse, dont était Jean de Fleury, écuyer, seigneur de Die, de Vasques et de Vernasobre, en 1653.

Ce nom compte aujourd'hui de nombreux représentants : de Fleury, médecin à Blanzac, département de la Charente; de Fleury, ancien conseiller à Tours, département d'Indre-et-Loire; Gaston de Fleury et Raoul de Fleury, à Tours. Plusieurs autres représentants sont officiers dans l'armée.

FLORANS. *Comtat-Venaissin.*

D'azur au sautoir d'or accompagné de trois étoiles du même, une en chef, deux en flancs, et d'une fleur de lis d'or en pointe, soutenue par un croissant d'argent.

Cette famille a deux représentants : le marquis de Florans, à Mollières, par Salons; Ludovic, comte de Florans de la Roque-d'Anthéron, par Lambesc, même département des Bouches-du-Rhône.

FLORAINVILLE. *Lorraine.*

De gueules à trois fasces d'argent, au lion de sable brochant sur le tout. — Bandé d'argent et d'azur de huit pièces, chargées d'un lion brochant sur le tout, avec une bordure engrelée de gueules. Cimier : une patte de lion d'argent et une griffe de griffon de même.

Cette illustre maison, établie dans le duché de Bar, originaire du Luxembourg, où elle possédait la ville de Florainville, dont elle tire son nom, est représentée par la baronne de Florainville, à Paris.

FLORIMOND. *Franche-Comté.*

D'azur au chevron d'or accompagné en pointe d'une tige de trois roses d'argent mouvante sur un tertre de sinople. Supports : deux lions d'or armés et lampassés de gueules. Couronne : de comte.

Cette famille ancienne, qui figure aux croisades, eut ses titres détruits dans le sac de la ville de Dôle, sous Louis XI. Elle est représentée par de Florimond, à son château, à Verquin, département du Pas-de-Calais.

FLOS DE SAINT-AMANT (DU). *Cambrai.*

Échiqueté d'or et de gueules; au chef de vair.

Cette famille a trois représentants : du Flos de Saint-Amant, chevalier de la Légion d'honneur, consul de France à Brême, Allemagne; du Flos de Saint-Amant, percepteur à Commercy, département de la Meuse; du Flos de Saint-Amant, à Bordeaux.

FLOTTE. *Provence, Dauphiné, Bretagne.*

D'azur au vaisseau d'argent flottant sur une mer du même ; au chef cousu de gueules chargé de trois étoiles d'or.

Cette famille, distincte de celle qui donna Arnaud de Flotte, archevêque d'Embrun sur la fin du neuvième siècle, et un autre de Flotte qui assista au concile de Nîmes et à celui d'Arles, en 890, a cinq représentants : Gaston, baron de Flotte, à Marseille ; de Flotte, directeur des haras, à Perpignan ; de Flotte, propriétaire, Alphonse de Flotte, et autre de Flotte, tous trois à Toulouse.

FLOUCAUD DE FOURCROY. *Paris.*

D'azur au chevron d'or accompagné en chef de deux étoiles d'argent et en pointe d'un croissant du même.

L'unique représentant du nom de Floucaud de Fourcroy, chevalier de la Légion d'honneur, est lieutenant de vaisseau.

FLOYD. *Angleterre, Bretagne.*

D'argent au chevron de sable accompagné de trois corneilles du même.

Cette famille n'a qu'un représentant : de Floyd, au château de Kernel, par Paimpol, département des Côtes-du-Nord.

FOACIER DE BAZÉ. *Artois.*

De gueules à l'aigle éployée d'argent.

L'unique représentant du nom, de Foacier de Bazé, réside à Philippeville, Algérie.

FOIX. *Toulouse.*

Palé d'or et de gueules.

Cette grande et ancienne maison a deux représentants : le comte de Foix, au château de Simmore, par Cazères, département de la Haute-Garonne; le vicomte de Foix, conseiller général du département de l'Ariége, à Foix.

FOLCRAS DE LA NEUVILLE. *France.*

Parti : au 1 d'argent à trois bandes de gueules ; au 2 d'or à l'aigle éployée de sable ; à la champagne ornée d'argent et d'azur.

L'unique représentant du nom, Folcras de la Neuville, réside au château d'Adissan, département de l'Hérault.

FOLIN. *Bourgogne, Normandie.*

BRANCHE AÎNÉE ÉTEINTE. Parti : au 1 de gueules à un hêtre d'or déraciné, le pied dans un croissant d'argent ; au 2 d'argent à un lambel de gueules.

Les cadets de cette branche chargeaient leur écu de trois tourteaux de sable.

SECONDE BRANCHE. D'argent à deux bandes de gueules.

Les cadets de cette branche portent d'argent à deux bandes de gueules chargées de sable.

Cette famille, d'ancienne noblesse de Bourgogne, a formé deux branches principales issues de Jacquin, sire de Folin, qui vivait encore à la fin du quatorzième siècle.

Sa descendance s'est fixée à Orléans, où elle compte deux représentants du nom de Folin la Fontaine.

FOLLIOT DE FIERVILLE. *Normandie.*

D'argent au sautoir de gueules, à l'aigle d'or à deux têtes, le vol éployé, brochant sur le tout.

L'unique représentant du nom, de Folliot de Fierville, officier de la Légion-d'honneur, est capitaine de frégate.

FONT DE RÉAULX. *Languedoc.*

De gueules à la bande d'or.

L'unique représentant du nom de Font de Réaulx réside à Limoges, département de la Haute-Vienne.

FONT (DE LA). *France.*

D'azur à un cor de chasse d'or lié de gueules et accompagné de trois étoiles d'or, deux en chef et une en pointe. — De gueules à la bande d'or.

Cette famille descend de Raoul de la Font, qui fit hommage, le 13 juillet 1383, de la seigneurie de Savins, en Embrunois, érigée en marquisat en janvier 1715. Elle est représentée par de la Font, au château de Salvancy, par Ambazac, département de la Haute-Vienne.

FONTAINE. *Paris, Flandre.*

PARIS. D'azur au chevron d'or accompagné en chef de deux roses d'argent et en pointe d'une fontaine de même. — De sinople à trois fasces d'argent.

FLANDRE. ARMES ANCIENNES : d'azur à une fontaine d'or. ARMES MODERNES : parti : au 1 de gueules au lion d'argent ; au 2 d'azur à une fontaine d'or.

Le nom de Fontaine a cinq représentants : de Fontaine de Risbecq, substitut du procureur, à Mont-de-Marsan ; de Fontaine, à Versailles ; de Fontaine de Bonnerive, à Lyon ; de Fontaine-Grand, au château de l'Abbaye, par Radepont, département de l'Eure ; de Fontaine de Melun, à Paris.

FONTAINE (DE LA). *France.*

D'azur à un chevron d'or, accompagné en chef de

deux trèfles d'or et en pointe d'une gerbe de même.

De la Fontaine à deux représentants : de la Fontaine, juge à Nantua, département de l'Ain ; de la Fontaine de Coincy.

FONTAINE-SOLARE (DE LA). *Picardie.*

Bandé d'or et d'argent de six pièces ; les bandes d'or échiquetées de gueules de trois traits.

On trouve la généalogie de cette famille dans l'*Histoire des grands-maîtres des eaux et forêts de France*. Colinet de la Fontaine, écuyer de la compagnie de Jean, seigneur d'Ivry, chevalier banneret, fit montre à Rouen, le 23 juin 1355.

Sa descendance compte aujourd'hui trois représentants : le comte de la Fontaine-Solare, à son château, à Verton, par Berck-sur-Mer, département du Pas-de-Calais ; le comte de la Fontaine-Solare, au château d'Hédéauville, par Acheux, département de la Somme ; le vicomte de la Fontaine-Solare, au château de Couturelle, par Avesne-le-Comte, département du Pas-de-Calais.

FONTAINES. *Normandie.*

D'argent à un chevron de sable accompagné de trois mouchetures d'hermines du même, posées 2 en chef et 1 en pointe. — D'or à la fasce vivrée de gueules ; à la cotice d'azur brochante sur le tout. — D'or à la bande d'azur.

Cette famille, maintenue en 1675 et 1701, est représentée par Xavier de Fontaines, au château de Mesnil, par Laigle, département de l'Orne.

FONTANES. *Languedoc.*

De sable à la fontaine d'argent posée sur une terrasse

du même ; au chef d'or chargé de trois pommes de pin d'azur.

Le nom de Fontanes a trois représentants : le comte de Fontanes, au château de Launay, par la Chapelle-sur-Erdre, département de la Loire-Inférieure ; de Fontanes, officier de la Légion d'honneur, directeur de l'établissement de Charenton, à Saint-Maurice ; de Fontanes, au château de Norrey, par Tilly-sur-Seulles, département du Calvados.

FONTANGES. *Limousin.*

De gueules au chef d'or chargé de trois fleurs de lis d'azur.

La maison de Fontanges tire son nom du bourg de Fontanges, situé à peu de distance de la ville de Salers, et dominé par les ruines d'un ancien château féodal.

Géraud de Fontanges, qualifié de chevalier illustre, s'immortalisa dans un combat singulier, à Beaulieu, en 1178.

Maurin de Fontanges, mentionné dans le cartulaire de l'abbaye de la Valette, vivait en 1244.

Hugues de Fontanges était un des chevaliers de l'Auvergne qui suivirent à la croisade Alphonse, comte de Poitiers. Voici en quels termes fut donné, au marchand génois Boccanegra, le reçu d'une somme empruntée par lui et cinq de ses compagnons d'armes : « A tous ceux qui les présentes lettres verront, savoir faisons que nous, Bertrand de Cheminardes, Hugues de Fontanges, Gilles de Flagiac, chevaliers, Guillaume de Linac, Guillaume de Sale et Bernard de Faugères, damoiseaux, reconnaissons avoir touché et reçu d'Aufreono Boccanegra et ses associés, citoyens de Gênes, chaque chevalier cent cinquante livres tournois, et chaque damoiseau vingt livres de la même monnaie, à raison de certaine convention passée entre nous et notre très excellent seigneur l'illustre Alphonse, comte de Poitiers. De laquelle somme nous tenons quittes les susdits citoyens, afin que cela leur serve pour ce que de raison. Fait à Damiette, sous le sceau de moi Bertrand de Chéminardes, ci-dessus nommé, l'an du Seigneur mil deux cent quarante-neuf, au mois de novembre. » Hugues de Fontanges portait de gueules, au chef d'or chargé de trois fleurs de lis d'azur. Son écusson a été placé au musée de Versailles.

Guillaume de Fontanges fut chancelier, garde des sceaux au duché d'Auvergne, prévôtés de Maurs, Aurillac et Mauriac, de 1443 à 1445.

Cette maison s'est divisée en plusieurs branches, entre autres:

La branche des seigneurs de Velzic, représentée, en 1666, par Guillaume de Fontanges, seigneur de Velzic, marié, le 7 octobre 1666, à Gabrielle de la Rochefoucauld, et Géraud, son frère. — Elle s'est perpétuée avec honneur jusqu'à nos jours et elle a produit:

Jean-Baptiste-Joseph de Fontanges, comte de Brioude, évêque de Lavaur;

Louis-Marie, marquis de Fontanges, maréchal-de-camp, chevalier de Saint-Louis, mort en 1781, laissant de son mariage avec Françoise de Barral:

Justin, marquis de Fontanges, chevalier de Saint-Louis, dont la fille unique a épousé M. Georges Onslow, membre de l'Institut, petit-fils de lord Onslow, pair d'Angleterre.

La branche des seigneurs d'Auberoque, qui a produit des officiers distingués, et a été maintenue dans sa noblesse et 1666, s'est éteinte dans la personne de Jean de Fontanges, marquis d'Auberoque, tué à la bataille de la Marsaille, le 5 octobre 1693. — Il n'eut qu'une fille, mariée, le 5 août 1695, à Henri de la Garde, comte de Chambonas.

La branche de Masclas-Laborie, éteinte dans la seconde moitié du dix-huitième siècle, en Limousin, a produit un lieutenant-général des armées et un colonel.

La branche des seigneurs d'Hauteroche, de Vernines, de la Clidelle, de Couzans et la Fauconnière, a eu pour tige Hugues de Fontanges, qui eut en partage les seigneuries de Vernines, d'Hauteroche et Fournols, provenant de la succession maternelle, et fut maintenu dans sa noblesse en 1666. Il eut pour fils :

Jean-Anet de Fontanges, seigneur d'Hauteroche, etc., qui fit foi-hommage au roi en 1669, et fut père de :

A. Antoine de Fontanges, seigneur d'Hauteroche, etc., marié avec Marguerite de Longa, dont :

a. Hugues de Fontanges, aïeul de M. de Fontanges, décédé, en 1858, au château de Couzans, laissant pour enfants :

1° Charles-Henri, marquis de Fontanges de Couzans, officier de la Légion d'honneur, capitaine de frégate ; 2° Charles-Louis, comte de Fontanges, commandeur de la Légion d'honneur, général de brigade ; 3° et Charles-Maurice, vicomte de Fontanges, chevalier de la Légion d'honneur, ingénieur en chef au corps des ponts et chaussées ;

b. Madeleine, mariée à Charles de Sartiges d'Ertillots ;

c. Marie-Elisabeth, mariée à Charles de Sartiges.

B. Hugues de Fontanges, père de Philibert de Fontanges, seigneur de la Fauconnière, de Gannat et de la Chapelle-d'Andelot, lequel eut trois petits-fils :

1° Amable de Fontanges, chef d'escadrons, chevalier de Saint-Louis, mort sans enfants;

2° François de Fontanges, aumônier de la reine Marie-Antoinette, évêque de Nancy (1783), archevêque de Bourges (1787), de Toulouse (1788), et archevêque-évêque d'Autun, de 1802 à 1806;

3° François de Fontanges, lieutenant-général, chevalier de Saint-Louis, commandant de Saint-Domingue avant 1789. Ayant laissé pour petit-fils:

Amable, marquis de Fontanges de la Fauconnière.

FONTARÊCHES. *Languedoc.*

D'argent à la bande de gueules accompagnée de deux quintefeuilles du même.

Cette famille a deux représentants: Ernest, baron de Rosse de Fontarêches, au château de Fontarêches, par Uzès, département du Gard; Charles de Rosse de Fontarêches, à Marseille.

FONTBONNE. *Auvergne.*

D'azur à une lyre d'or.

Cette famille, qui remonte aux croisades et qui s'est alliée aux Bailly de Suffren, illustres dans la marine française, est de noblesse d'épée. L'aïeul du chef de la famille, chevalier de Saint-Louis, chevalier de l'ordre de Cincinnatus, général de division sous la république, condamné à la peine de mort à cause de son civisme, n'échappa à l'échafaud révolutionnaire que pour tomber sous les coups d'assassins en 1794.

Il laissa deux enfants. Benjamin, le cadet, fut tué pendant la guerre d'Espagne, sous Napoléon Ier. L'aîné, Henri, officier distingué du premier empire, a laissé trois fils, savoir: Paul de Fontbonne, chevalier de la

Légion d'honneur, décoré à Magenta, pendant la campagne d'Italie de 1859; Joseph-Louis-Gustave de Fontbonne, ancien officier au 5ᵉ régiment de hussards, conquit tous ses grades dans les campagnes d'Afrique, de 1843 à 1857. Il est percepteur à Saint-Satur; Henry de Fontbonne, ingénieur.

FONTENAILLES. *Touraine.*

D'or à l'écusson d'azur, chargé d'un écusson d'argent à un cipante de gueules, ou trois écussons l'un dans l'autre.

La terre et seigneurie de Fontenailles fut érigée en marquisat en 1703, en faveur de Henri-Louis de Gouyn de Chapizeau, enseigne des gardes du corps.

Fontenailles compte aujourd'hui quatre représentants: de Fontenailles, au château de Roulières, par Vendôme; de Fontenailles au chateau de Marains, par Dampierre, département de Maine-et-Loire; Arthur de Fontenailles, à Tours; de Fontenailles, au château de Roche, par Château-la-Vallière, département d'Indre-et-Loire.

FONTENAY. *Touraine, Perche, Normandie.*

D'argent à deux lions léopardés de sable, armés, lampassés et couronnés de gueules, l'un sur l'autre.

Cri: *Fontenay!*

Cette famille, d'ancienne noblesse de l'élection de Mortain, au Perche, qui compte parmi ses ascendants Anseaux de Fontenay, seigneur de Boistier, vivant en 1540, a donné trois chevaliers croisés: Thomas et Robert de Fontenay à la première croisade; Jordan de Fontenay à la troisième. Elle a huit représentants: le comte de Fontenay, à Paris; le baron de Fontenay, à

Angers; de Fontenay, supérieur général du grand séminaire, à Séez, département de l'Orne; de Fontenay, au château de Fumichon, par Beaumont-le-Roger, département de l'Eure; de Fontenay, au château de Genevraie, par les Rosiers, département de Maine-et-Loire; Alexandre de Fontenay, au Mans; Harold de Fontenay, à Autun, département de Maine-et-Loire; de Fontenay, au château de Cazillac, par Roujan, département de l'Hérault.

FONTENAY. *Lorraine.*

De gueules à trois besants d'or posés 2 et 1.

Cette famille a pour unique représentant : de Fontenay, chevalier de la Légion d'honneur, à Barcarat, département de la Meurthe.

FONTENAY. *Bourbonnais.*

Palé d'argent et d'azur; au chevron de gueules brochant sur le tout.

Cette famille a trois représentants : de Fontenay, au château de Mézeray, par Luzy, département de la Nièvre; Charles et Édouard de Fontenay, au château de Four-de-Vaux, par Nevers.

FONTETTES. *Bourgogne.*

Fascé d'or et d'azur de six pièces.

Cette famille a trois représentants : le marquis de Fontettes, à Caen; le comte de Fontettes, à Paris; de Fontettes, sans titre, au Château-Sassy, par Falaise, département du Calvados.

FONTIS. *France.*

D'azur à la fontaine d'or.

L'unique représentant du nom de Fontis, est officier de santé, à Saint-Esprit (Martinique).

FONTVIEILLE. *Languedoc.*

De gueules au lion d'argent armé et lampassé d'or, colleté d'une chaîne du même et portant un rameau de sinople.

Cette famille ancienne, originaire de l'Albigeois et qui donne ses preuves depuis noble Antoine de Fontvieille, capitoul de Toulouse en 1478, n'est plus représentée que par la baronne de Fontvieille, au château de Montbouchet, par Sigoulès, département de la Dordogne.

FORAS. *Chablais.*

D'or à la croix d'azur.

Cette ancienne maison du Chablais, qui a donné un chevalier à l'ordre de l'Annonciade, à la première création, en 1362, est représentée par le comte de Foras, à Carzent, près Thonon, département de la Haute-Savoie, et ses deux frères cadets, ayant tous trois des enfants.

FORBIN-JANSON. *Provence.*

D'or à un chevron d'azur accompagné de trois têtes de léopard de sable, lampassées de gueules, posées deux en chef et une en pointe.

Cette maison illustre tire, d'après la tradition, son origine d'Écosse et son nom de la terre et seigneurie de Forbes, au comté d'Aberdeen. Jacques de Forbes obtint d'Alexandre II, roi d'Écosse, la terre et seigneurie de Forbes. Pierre, qui en descendait au douzième degré, s'établit en France en 1325, et sa race compte aujourd'hui de nombreux représentants, savoir : Palamède, marquis de Forbin-Janson, à la Havane; le marquis de Forbin-Maynier d'Oppède, au château de la Verdière, département du Var; le marquis de Forbin des Issards, ancien officier de cavalerie, à Avignon ; le comte Palamède de Forbin la Barbue, à Pélisanne, département des Bouches-du-Rhône ; le comte Palamède de Forbin des Issards, à Paris ; le comte Odon de Forbin, à Avignon.

FORCADE (DE LA). *Languedoc.*

D'azur au chevron ondé d'or, accompagné en pointe d'un lion du même.

Cette famille compte trois représentants : de la Forcade, à Toulouse ; de la Forcade, à Aurions, par Carlin, département des Basses-Pyrénées ; de la Forcade, attaché à l'administration des lignes télégraphiques, à Orléans.

FORCADE. *Béarn, Prusse.*

Parti : au 1 d'argent au lion de gueules rampant contre un arbre de sinople ; au chef d'azur chargé de trois étoiles à cinq rais de champ ; au 2 d'argent à un château de trois tours de gueules ; à la champagne de sinople chargée de trois fleurs de lis d'argent. Supports : deux lions d'or.

Cette famille a cinq représentants : de Forcade, substitut, à Bordeaux ; Edmond-Hector de Forcade-Biaix, propriétaire, à Dunkerque, chef de la branche de Biaix, nom d'un fief octroyé à sa famille par Henri II, roi de Navarre, par lettres-patentes données à Tarbes, le 22 septembre 1524 ; de Forcade de la Roquette, vice-président du conseil d'État, à Paris ; de Forcade de la Roquette, chevalier de la Légion d'honneur, au château de Malromé, par Saint-Macaire, département de la Gironde ; de Forcade de la Roquette, chevalier de la Légion d'honneur, à Sauveterre, même département.

FORCEVILLE. *Picardie.*

De gueules au sautoir d'argent cantonné de quatre merlettes du même.

Cette belle famille a trois représentants : de Forceville, au château de son nom, par Oisemont, département de la Somme ; de Forceville, à Amiens ; de Forceville, receveur particulier, à Tonnerre, département de l'Yonne.

FORCRAND *Bugey.*

D'azur au lion d'or; au chef d'argent.

Cette famille a deux représentants sans fonctions et sans titres, tous deux à Lyon.

FOREST (DE LA). *France.*

D'hermine à deux haches d'armes adossées de gueules. — D'azur à six coquilles d'argent. — D'argent à trois arbres de sinople posés sur une terrasse du même ; au chef d'azur chargé de trois fleurs de lis d'or.

On compte en France quatre familles distinctes du nom de Forest : de la Forest, de la Forest d'Armaillé, Forest Divonne et Forest de Quadorville.

De la Forest, proprement dite, a cinq représentants : de la Forest, au château de Couvreur, par Granville, département de la Manche ; de la Forest, chanoine honoraire, à Poitiers ; de la Forest, consul général en retraite, commandeur de la Légion d'honneur, à Villa-Clara, par Tarbes, département des Hautes-Pyrénées ; de la Forest, inspecteur de l'instruction publique, à Tarbes ; de la Forest, au château d'Urzy, par Guérigny, département de la Nièvre.

De la Forest est encore représenté par : de la Forest de Laumont, maire d'Aydie, par Conchez, département des Basses-Pyrénées.

FOREST D'ARMAILLÉ (DE LA). *Bretagne, Anjou.*
D'argent au chef de sable.

De la Forest d'Armaillé occupe un rang distingué dans cette belle noblesse bretonne, célèbre en tout temps par son héroïsme et sa gloire. Ce nom a quatre représentants : le comte de la Forest d'Armaillé, chef de nom et d'armes, au château de Glaye, par Céten, département de l'Orne ; Paul, comte de la Forest d'Armaillé, à Paris ; Louis, comte de la Forest d'Armaillé, à Paris ; Joseph, comte de la Forest d'Armaillé à Angers.

FOREST DIVONNE (DE LA). *Provinces de Gex; Savoie.*
De sinople à la bande d'or frettée de gueules.

L'unique représentant du nom, comte de la Forest Divonne, est président de la Société de secours, à Aoste, département de l'Isère. Il a un fils, lieutenant au 53ᵉ régiment d'infanterie.

FOREST DE QUADORVILLE. *France.*
D'or au lion de gueules tenant de ses deux pattes de devant une banderolle de même ; coupé d'azur à trois merlettes d'argent.

L'unique représentant du nom, Mᵐᵉ la douairière de Marc-Remy de Rombault, née de la Forest de Quadorville, à Douai et au château de Lewarde, a deux filles mariées.

FORESTA. *Lombardie, Provence.*
Palé d'or et de gueules à la bande de gueules brochante sur le tout. Couronne : de marquis. Supports et cimiers : trois aigles de sable couronnées d'or.

L'écu posé sur deux bannières passées en sautoir, portant sans brisure le blason primitif des anciens Foresti d'Italie, souche des Foresta de Provence.

Devise : *A Nido devota tonanti.*

La Chenaye-Desbois attribue d'autres armes à cette grande famille ; mais ce généalogiste célèbre s'accorde avec tous les auteurs à reconnaître son lustre et son éclat. Elle doit son origine à *Forestanus*, contemporain de Charlemagne. Maffée de Foresta, qui portait le titre éminent de jurisconsulte de la Patrie, né à Bergame vers 1280, descendait au neuvième degré de *Forestanus*, le premier de son nom connu dans l'histoire. Ses descendants, qui avaient leur résidence au lieu de Dian, dans la rivière de Gênes, ont une place distinguée dans les fastes de la Lombardie et de la république de Venise.

Christophe de Foresta se retira en Provence sous François Ier, et sa descendance est aujourd'hui représentée par Marie-Maxence, marquis de Foresta, chevalier de l'ordre de Saint-Jean de Jérusalem, au château des Tours, par Marseille.

FORESTIER. *Nivernais.*

D'or au chevron de gueules chargé de trois mollettes posées 1 et 2 et accompagnées de trois feuilles de hêtre de sinople posées 2 et 1.

La Chenaye-Desbois mentionne cette famille originaire de l'élection de Bernay. Elle est aujourd'hui représentée par le comte de Forestier, au château de Boisnière, par Villedômer, département d'Indre-et-Loire.

FORESTIER DE QUILLIEN (DE). *Bretagne.*

De sable à trois bandes fuselées d'argent (1), *alias* de sable à la bande fuselée d'argent (2).

---

(1) Voir divers armoriaux de la province de Bretagne : Guy le Borgne de Laubrière, Pol de Courcy.
(2) Voir Toussaint de Saint-Luc et les cartes nobiliaires de la province.

Les archives de la famille font mention de cette différence ; mais l'arrêt de la chambre de Rennes, du 21 mars 1671, porte à trois le nombre des bandes, et, depuis cette époque, la famille a continué à porter ces dernières armoiries.

L'origine probable du nom est la charge de *forestier* que les ducs de Bretagne confiaient à ceux de leurs gens auxquels ils donnaient l'administration d'une forêt ducale. Cette charge, à laquelle étaient attachés certains droits seigneuriaux, s'inféodait ; et c'est sans doute à la possession de cette charge à titre de fief que remonte le nom de Forestier et l'annoblissement de la famille.

Quoi qu'il en soit, ce nom paraît exister en Bretagne dès le douzième siècle. D'anciens papiers font mention, à la date de 1181, d'un droit féodal exercé par Guy le Forestier (*Guido Forestarius*), vis-à-vis d'un monastère de son voisinage. Ce droit consistait dans l'abandon que lui faisaient les moines des débris de leur repas pour nourrir ses chiens.

Au siècle suivant, en 1270, Olivier le Forestier accompagna saint Louis à la dernière croisade. (*Armorial de Bretagne*, de Pol de Courcy.)

Au quatorzième siècle, ce nom se trouve très souvent cité par les historiens bretons dans les pièces qu'ils ont réunies comme preuves à la suite de leur histoire. C'est surtout pendant la guerre de la succession de Bretagne qu'on le rencontre souvent.

Dom Lombineau, dans ses preuves, le cite vingt et une fois. Dom Maurice, qui a réuni un bien plus grand nombre de pièces, le cite sept fois dans le 1er volume de ses épreuves, dix-huit fois dans le 2e et autant dans le 3e.

Il est également cité par d'Argentré.

Mais il existe en Bretagne plusieurs familles du nom de le Forestier, qui, si elles ont une origine commune, n'en ont pas moins des armes différentes, et cela depuis longtemps, car l'armorial de Guy le Borgne, qui est le plus ancien nobiliaire de Bretagne (1667), en distingue trois ou quatre. Aussi les titres à l'ancienneté que nous venons d'énumérer peuvent-ils être invoqués également par chacune d'elles.

L'origine du nom, telle que nous l'avons expliquée plus haut, rend facilement compte du nombre de familles portant le nom de Forestier, et cela sans avoir recours à la parenté, qui, du reste, n'a pas été invoquée jusqu'à présent.

La famille à laquelle s'applique cette notice fait remonter sa filiation à Guillaume le Forestier, escuïer servant dans les troupes du duc de Bretagne, dans les premières années du quinzième siècle. (Extrait de la Chambre des comptes de Nantes. — Comptes rendus de Jehan Mauléon, trésorier de l'épargne et receveur général des profits et monnoyes depuis le mois de juin 1414 jusqu'en 1421.)

I. Guillaume le Forestier eut pour fils Mahé qui suit, II.

II. Mahé le Forestier, qui épousa en 1440, demoiselle Plesouë le Trancher, de la maison de Bodenno, eut un fils, Guillaume qui suit, III.

III. Guillaume le Forestier, deuxième de ce nom, dont on ignore le nom de la femme, eut un fils, Mahé qui suit, IV.

IV. Mahé le Forestier, deuxième du nom, épousa en 1509, Isabeau de Coatquévéran de Plœuc, dont un fils, Nicolas qui suit, V.

V. Nicolas le Forestier, en 1563, épousa Catherine Guillou (il reste encore les Guillou de Kéranroy), dont un fils, Guillaume qui suit, VI.

VI. Guillaume le Forestier, troisième de ce nom, en 1586, épousa Catherine Crugot, dont la famille est éteinte, et dont un fils, Mathieu qui suit, VII.

VII. Mathieu le Forestier, en 1616, épousa Marie Symon, de la maison de Kerbringal, dont un fils, Nicolas qui suit, VIII.

VIII. Nicolas le Forestier, en 1640, épousa Marie Le Guen, fille d'escuïer Yves Le Guen (1), dont un fils, Mathurin qui suit, IX.

IX. Mathurin le Forestier, en 1675, épousa Anne Cabon, dame de Keroudern.

Cette filiation est celle qui a été présentée à la chambre établie à Rennes pour la réformation de la noblesse du pays et duché de Bretagne, en 1669, par escuïer Mathurin le Forestier, seigneur de Quillien, lequel Mathurin fut, par arrêt du 21 mars 1671, déclaré noble, issu d'extraction noble, et comme tel maintenu dans les droits et priviléges attachés à l'ancienne noblesse de Bretagne. C'est à partir de Mathurin que le nom de Quillien est devenu le nom de la famille le Forestier, qui a continué à le porter même après que cette terre eut passé par mariage dans la maison de Mauduit du Plessix. Ce Mathurin le Forestier épousa en deuxièmes noces, en 1683, demoiselle Geneviève le Pontois, de la maison de la Grange, et en troisièmes noces, Julienne du Bois, de la maison de

---

1. Cette famille, n'ayant pas justifié de quatre partages nobles successifs devant la chambre de Rennes (1669-1671), a été déboutée de sa noblesse.

Lansullien (1), et eut des enfants de chacune d'elles. Aujourd'hui il ne reste plus que des descendants du premier mariage dont un fils, Jean-François, qui suit, X.

X. Jean-François le Forestier de Quillien, servit pendant quinze ans sous Louis XIV dans la deuxième compagnie des mousquetaires de sa garde, fut blessé à Oudenaerde en 1708, à Malplaquet en 1709, et se retira du service, pensionné du roy et de Mgr le comte de Toulouse. Il épousa, en 1721, Jeanne-Armelle de Moucheron, dont cinq enfants, savoir :

A. Mathurin-Louis qui suit, XI.

B. Guillaume-Jullien le Forestier de Quillien, mort à Rochefort en 1764, lieutenant de vaisseau du roi.

C. Nicolas-Bernard le Forestier de Quillien, chevalier de Saint-Louis, capitaine de vaisseau du roi, qui épousa Mlle de Beaumont-Rochemure.

D. Marie-Guillemette, qui épousa Jean Tanguy le Gentil de Quélern.

E. Catherine-Jeanne, qui épousa Vincent-Guillaume-Henry, seigneur de Botquigny.

XI. Mathieu-Louis le Forestier de Quillien, chevalier de Saint-Louis, capitaine au régiment de Conti-Infanterie, épousa, en 1752, demoiselle de Kergoz de Kernaflen, dont deux fils qui suivent et des filles mortes sans alliance.

A. Louis-Jean le Forestier de Quillien, commandant de vaisseau, lequel eut de son mariage avec Mlle de Beubin, ou Bebin, une fille qui épousa M. de Mauduit du Plessix. Il épousa en deuxièmes noces

1. Jacques-Nicolas-Marie le Forestier, comte de Baiséon, dernier descendant de ce troisième mariage, fut tué à Quiberon, en 1795.

Mlle Bréart de Boisanger, dont il n'eut pas d'enfants.

B. François-Marie-René qui suit, XII.

XII. François-Marie-René le Forestier de Quillien, capitaine au régiment d'Aunis-Infanterie, servait aux Antilles, à Tabago, quand il fut fait prisonnier après un combat glorieux (1) et amené en Angleterre, où il fut prisonnier pendant deux ans. Rendu à la liberté, il s'empressa de rentrer en Bretagne; mais à peine débarqué à Saint-Malo, il fut arrêté et écroué à la Conciergerie, à Paris. Il en sortit le 9 thermidor et épousa, en 1802, Marie-Claude Jouhan de Kervenoaël, dont quatre enfants, savoir :

A. Louise le Forestier de Quillien, qui épousa M. Bahezre de Lanlay, dont quatre enfants.

B. Armand, qui suit, XIII.

C. Joseph le Forestier de Quillien, qui épousa en 1836, Mlle Eléonore de Quélen, dont cinq enfants.

D. Alexis le Forestier de Quillien, qui épousa en 1852 Mlle Mahé de Berdouaré, dont une fille.

XIII. Armand le Forestier de Quillien, épousa en 1838 Mlle de Saisy de Kérampuïl, dont six enfants, savoir : Henri, Pauline, Charles, Agathe, Esther, Armand.

Voici les principales alliances de la maison le Forestier qui n'ont pas été relatées dans cette filiation.

Par les hommes :

1540, Marguerite de la Bouexière ; 1556, Louise le Grand de Kérigonval ; 1586, Marie Riou, dame de Kervaury ; 1591, Perine le Guiriec, dame de Keroulé ; 1594, Catherine de Penhoadic ; 1604, Louise Gouesnou,

---

1. Voir la relation de ce brillant fait d'armes dans les *Annals of the* 18° *Century.* Volume IV, 1783-1795, p. 130, *War in the West et East Indies.*

dame de Kermarec; 1641, Gillette le Dall; 1727, Marie-Anne-Guillemette Léon de Tréverret; 1761, Marie-Joseph de Kerouartz.

Par les femmes :

1480, Marguerite le Forestier, maison de Névet; 1578, Hélène le Forestier, Henri Danyou, seigneur de Kéroman; 1578, Marie le Forestier, François de Poulpiquet ; 1704, Françoise le Forestier, Olivier de Gouzabatz; 1719, Catherine le Forestier, Nicolas-Jean de Kerguvelen du Penhoat; 1759, Marie-Jeanne le Forestier, Guillaume de Moucheron, seigneur de Châteauvieux ; 1760, Michelle-Thérèse le Forestier, François de Kermenguy ; 1760, Marie-Françoise-Félicité le Forestier, M. du Dresnay; 1760, Caroline le Forestier, M. de Guesnet; 1760, Marie-Joséphine le Forestier, M. Miorcec de Kerdanet.

FORESTIER DE VENDEUVRE (LE). *Normandie.*

D'argent au lion de sable armé, lampassé, couronné de gueules.

Lachenaye-Desbois, qui mentionne cette famille de l'élection de Carentan, dit que le lion de ses armes est armé, lampassé, couronné d'or.

On retrouve aujourd'hui trois représentants du nom : le comte de Forestier de Vendeuvre, chef de nom et d'armes, à Paris; le Forestier de Vendeuvre, commandeur de la Légion d'honneur, général de brigade, commandant la subdivision du Calvados; le Forestier de Vendeuvre, au château de Maimereille, par Vimont, département du Calvados.

FORESTIER DU BOIS DE LA VILLE (LE). *Normandie.*

D'argent à cinq palmes de sinople liées de gueules.

L'unique représentant du nom de Forestier du Bois

de la Ville, est docteur en médecine, à Laigle, département de l'Orne.

FORESTRIE (DE LA). *Anjou.*

D'or au chevron de gueules chargé de trois molettes d'argent et accompagné de trois feuilles de hêtre de sinople.

L'unique représentant de la famille, Charles de la Forestrie, réside au château de Sourdon, par le Lion d'Angers, département de Maine-et-Loire.

FORGE DE ROCHEFORT (DE LA). *Artois.*

De gueules à trois trèfles d'or.

L'unique représentant du nom, baron de la Forge de Rochefort, réside à son château de Chamarande, par Moulins, département de l'Allier.

FORGES. *France.*

D'azur à six besants d'or posés 3, 2 et 1.

Cette famille compte encore quatre représentants, le comte de Forges, à Nice ; de Forges, conseiller général, à Alaire, département du Morbihan ; de Forges, chanoine honoraire, à Rennes ; de Forges, directeur de la Caisse d'escompte, à Orléans. De Forges de l'Ouest, était colonel à Rennes.

FORGET. *Ile-de-France.*

D'azur au chevron d'or accompagné de trois coquilles, de même ; le chevron chargé en chef d'un écusson d'azur à une fleur de lis d'or.

L'unique représentant de cette famille, marquis de Forget, réside à Paris.

FORGUE DE BELLEGARDE (DE LA). *Gascogne.*

Coupé : au 1 d'or à deux lions affrontés de sable

surmontés d'un lambel du même ; aux 2 d'or à trois pals d'azur.

Cette famille a deux représentants : de la Forgue de Bellegarde, au château de la Ribeyre, par Embrun, département des Hautes-Alpes : de la Forgue de Bellegarde, chevalier de la Légion d'honneur, conseiller général, à Embrun.

FORNEL. *Italie, Lyonnais, Angoumois, Poitou, Gascogne, Languedoc.*

D'or au cerf de gueules traversant une rivière d'argent.

Originaire d'Italie, où elle portait le nom de Fornelli, cette famille vint se fixer en France, vers 1340, avec Guillaume Thibaud de Fornel, dans le Lyonnais d'abord, où elle contracta diverses alliances, puis dans l'Angoumois, où elle forma les trois branches de Coutillas, de Limérac, de Menzac. La branche de Limérac n'a plus de représentant mâle ; celle de Menzac n'a qu'un représentant d'un grand âge, qui habite Périgueux. La branche aînée, fixée en Poitou, a trois représentants : Auguste de Fornel, capitaine au 1er régiment d'infanterie de marine ; Ferdinand de Fornel et Emmanuel de Fornel, tous deux médecins de la marine.

FORNEL DE LA LAVRENCIE. *Poitou, Languedoc.*

D'azur à deux demi-vols d'argent ; à la bordure de sable.

De même souche que la précédente, ce rameau, constitué par le mariage de Mlle de Fornel de Limérac avec M. Fornel du Limousin, est représenté par l'abbé de Fornel de la Laurencie, curé à Saint-Yrieix, département de la Haute-Vienne.

FORQUET DE DORNE. *Dauphiné.*

D'azur à un chevron d'argent accompagné de trois coquilles de même, deux en chef et une en pointe, et un chef d'argent chargé d'un corbeau de sable.

Cette famille, qui remonte par titres à l'an 1482, a deux représentants : de Forquet de Dorne, maire à Chevagnes, département de l'Allier; Forquet de Dorne, avocat à Valence.

FORSAN. *Bretagne.*

De gueules à neuf billettes d'or posées en sautoir.

Cette famille remonte par titres à Jean de Forsan, seigneur de Gardisseul, de Houx et de la Roche du Collier en 1869, qui épousa Marie des Landes. Elle a donné un greffier en chef de la maréchaussée générale de Guyenne, dont les fils se distinguèrent au service d'Espagne. L'un d'eux fit partie du corps célèbre des gardes wallonnes. Elle a deux représentants : de Forsan, à Bordeaux ; de Forsan, à Tonneins (Lot-et-Garonne).

FORSTER. *France.*

Écartelé : aux 1 et 4 d'argent à un homme naissant habillé de sinople, coiffé d'un bonnet pointu du même, tenant un sapin arraché et posé sur son épaule ; aux 2 et 3 de gueules à la fleur de lis d'argent.

Cette famille est représentée par Stanislas de Forster, caissier, et Ernest de Forster, chef de bureau à la préfecture de police, à Paris.

FORTIS. *Avignon.*

D'azur au lion d'or grimpant contre une palme contournée et affrontée à dextre du même.

Cette famille, originaire d'Avignon, et qui jouissait

des priviléges de la noblesse dès le quatorzième siècle, a donné Jean, fils de Bernard Fortis, juge de la cour temporelle du pape, qui épousa en 1549 Jeanne de Séguiran.

Elle compte aujourd'hui plusieurs représentants : de Fortis, au château de Gordes, par Berre, département des Bouches-du-Rhône ; François-Boniface de Fortis, chevalier de la Légion d'honneur, président de chambre à la cour impériale d'Aix, qui épousa Aglaé-Thérèse de Flotte-Montauban, dont quatre enfants, savoir : Alphonse-Boniface de Fortis, qui épousa Marie-Caroline de Pluyette ; Marie de la Conception ; Blanche-Clotilde ; Yvan-Boniface de Fortis ; Marie-Denis, qui épousa Paul-Laurent-Gaston d'Audiffret.

FORTON. *Languedoc.*

D'azur à deux colonnes d'argent.

Cette famille compte trois représentants : Henri, marquis de Forton, général de division, à Paris et au château de Capeau, par Saint-Martin-de-Crau, département des Bouches-du-Rhône ; Louis, Comte de Forton, à Marseille ; Isidore, comte de Forton, à Montpellier.

FOS. *Provence, Anjou.*

De gueules au lion d'or couronné de même. Couronne : de vicomte.

Cette famille ancienne est uniquement représentée par de Fos, au château de Milly-le-Meugon, par Saumur, département de Maine-et-Loire.

FOSSE (DE LA). *Cambrai.*

D'azur au lion naissant d'or, adextré en chef de deux étoiles accostées du même.

L'unique représentant du nom de la Fosse réside à Rennes.

FOSSÉ. *France.*

D'azur à trois fasces d'argent emmanchées d'or.

Cette famille a deux représentants : de Fossé, au château de Lasbruges, par Castelnaudary, département de l'Aude ; de Fossé d'Arcosse, chevalier de la Légion d'honneur, conseiller référendaire à la cour des comptes à Versailles.

FOSSEY (MATHIEU DE). *Haute-Auvergne, Bourgogne.*

D'argent à trois bandes d'azur; au chef d'azur chargé de trois étoiles d'argent.

La maison des comtes Mathieu de Fossey reçut ses lettres patentes de noblesse en 1550. Elle compte des alliances princières en France, en Angleterre et en Irlande. Un de ses membres fut historiographe du roi Henri IV.

La comtesse douairière Mathieu de Fossey habitait Versailles et a laissé plusieurs fils qui servent dans l'armée et dans la marine. Elle était issue de la maison d'Enguerrand de Pradines, comtes de Cheuge-Renèves originaires de Bourgogne, qui portaient fascé de vair et de gueules de six pièces. Cette ancienne maison d'Enguerrand de Pradines, éteinte aujourd'hui, fut anoblie au treizième siècle et a formé plusieurs branches.

FOU (DU). *Bretagne.*

D'azur à une fleur de lis d'or soutenant deux éperviers affrontés d'argent, becqués et membrés d'or. — D'azur à une aigle éployée d'or.

Dom Maurice (*Histoire de Bretagne*) consacre un grand travail à cette belle maison, dont la filiation authentique remonte à Jean du Fou, baron de Pirmil, châtelain de Nogent-sur-Sarthe, dans le Maine, etc., vivant en 1385, et qui fut l'un des exécuteurs testamentaires de Jean IV, duc de Bretagne.

Ce grand nom, dont le chef de nom et d'armes, le comte du Fou, réside au château de Pleure, département de la Marne, a sept autres représentants mâles.

FOUACHE D'HALLOY. *Normandie.*

D'azur à un lion d'or armé de lampassé de gueulée.

L'unique représentant de la famille, de Fouache d'Halloy, ancien conseiller à la cour d'Amiens, réside à Moutières-lez-Amiens, département de la Somme.

FOUBERT DE BIZY. *Picardie.*

D'argent à la fasce d'azur chargée d'un léopard d'or.

Cette famille, dont l'anoblissement remonte à l'an 1479, est représentée par Mme la douairière de Foubert de Bizy, à Paris.

FOUCAUD. *Périgord, Limousin, Guyenne, Berry, Bretagne, Anjou, France.*

Périgord, Limousin, Guyenne, Berry, Bretagne, Anjou. D'or au lion de gueules.

France. Foucaud d'Alzon. Ecartelé : aux 1 et 4 d'azur au lion d'or armé et lampassé du même; au chef d'or chargé de trois molettes d'éperon de sable, qui est de Foucaud; aux 2 et 3 de gueules, fretté d'or, semé de fleurs de lis sans nombre, qui est d'Alzon.

Cette maison remonte à Jean de Foucaud, un des barons de l'armée de Guy de Montfort, dans la guerre contre les comtes de Toulouse et les Albigeois, mort en 1220. Elle a donné deux viguiers à la ville de Toulouse, des conseillers et présidents au Parlement et plusieurs chevaliers de Malte.

Le nom de Foucaud compte encore deux représentants : Octave, comte de Foucaud ; Eugène, comte de Foucaud, au château de Braconnac, par Lautrec, département du Tarn.

FOUCAULD. *Périgord, Limousin. Guyenne, Berry, Bretagne, Anjou.*

D'or au lion morné de gueules.

Cette famille a trois représentants : Raimond, comte de Foucauld; Jules, vicomte de Foucauld ; Jules, baron de Foucauld.

FOUCAULT. *Bretagne, Berry, Orléanais, Artois, Picardie.*

De gueules à la fasce d'or accompagnée de trois molettes d'éperon du même, au croissant d'argent entre les deux molettes en chef. — D'argent au lion rampant de sable.

On rencontre en France douze représentants de cette famille originaire de la Bavière : le comte de Foucault, au château de Grifferie, par le Ludé, département de la Sarthe ; le comte Jules de Foucault, attaché au ministère de l'intérieur; le baron de Foucault, ancien sous-préfet au Havre ; Eugène de Foucault, à Hames-Boucres, qui a huit fils : Jules de Foucault, receveur des postes, commissaire du gouvernement pour les paquebots de la Manche, à Calais ; Ernest de Foucault, chevalier de la Légion d'honneur, capitaine de cavalerie en retraite ; Auguste de Foucault ; Amédée de Foucault ; Hector de Foucault, à Hames-Boucres ; Émile de Foucault, sous chef à l'administration des postes, à Paris ; Alphonse de Foucault, chevalier de la Légion d'honneur, capitaine à la 8ᵉ legion de gendarmerie, à Montbrison ; Édouard de Foucault, vérificateur des douanes, à Modane.

Une autre famille du même nom a deux représentants : Léopold, vicomte de Foucault, officier de la Légion d'honneur, capitaine de vaisseau ; Adhémar, comte de Foucault, officier de la Légion d'honneur, lieutenant-colonel du génie, à Bayonne.

FOUCHER. *Poitou.*

De sable au lion d'argent. Casque : couronné d'un tortil de baron. Les branches cadettes portent la couronne de marquis.

Cette famille, très ancienne, qui remonte à de Foucher, seigneur de l'Ermentruère, vivant en 1300, est représentée par Auguste, comte de Foucher de Caroil, chevalier de la Légion d'honneur, conseiller général, au château de la Forêt-Neuve, par Gacilly, département du Morbihan.

FOUCHIER. *Marches d'Anjou et de Poitou.*

D'argent au lion de sable armé, lampassé et couronné de gueules.

Cette famille, dont la filiation suivie remonte en Mirebalais à la première moitié du quatorzième siècle, et qui fut maintenue dans sa noblesse en 1642, 1667 et 1715, est très ancienne. Son nom est écrit dans les anciens actes : Fulcherius, Focherius, Fouschier, Fouscher, Foucher ou Fouchier.

Elle a pour chef de nom et d'armes Henri-Édouard de Fouchier, chevalier de la Légion d'honneur, major au 121ᵉ de ligne. Elle est encore représentée par

Eugène de Fouchier, à Migné, près Poitiers ; Frédéric-Alexis de Fouchier, au château de Tricou, département de la Vienne.

FOUCQUES. *Picardie.*

D'or à trois foulques ou oiseaux de marais de sable, huppés du même, becqués et membrés de gueules, posés deux en chef et un en pointe.

Cette famille, dont était Pierre Foucques, écuyer, seigneur de Bonval, de Tœuffles, etc., conseiller au présidial d'Abbeville, conseiller-secrétaire du roi, mayeur d'Abbeville en 1740, a trois représentants : de Foucques d'Esmonville, au château de Tœuffles, par Valine, département de la Somme; de Foucques d'Esmonville, au château de Bernapré, par Cismont, département de la Somme ; de Foucques de Wagnonville, au château de Wagnonville, département du Nord.

FOUDRAS. *Lyonnais.*

D'azur à deux fasces d'argent. Supports : deux anges vêtus de lévites. Cimier : un ange tenant la devise : *Sunt mihi in custodiam.*

Cette famille, qui s'est appelée Fudra, Fodræ, Feydra, Foldras, Fouldras, Foudras, est très ancienne. Un Foudras fit donation à l'abbaye de Savigny, diocèse de Lyon, en 956 ; un autre Foudras fit une seconde donation à la même abbaye, en 976.

Elle est aujourd'hui représentée par le marquis de Foudras, à Moulins, et par le comte de Foudras, à Riorges, par Roanne, département de la Loire.

FOUGERAIS. *Bretagne.*

D'azur au chevron d'or accompagné de trois coquilles du même.

Cette famille a deux représentants : du Fougerais, à Nantes; du Fougerais, au château de Rançonnerie, par Argentré, département d'Ille-et-Vilaine.

FOUGEROUX DE CHAMPIGNEULLES. *France.*

De sable à l'aigle d'or à deux têtes éployées ; trois rameaux ou feuilles de fougères, aussi d'or, issants entre les têtes de l'aigle.

Charles-Louis-Jules, unique représentant du nom de Fougeroux de Champigneulles, réside à son château, à Champigneulles, par Montreuil, département du Pas-de-Calais.

FOUGEY DE SAINT-EDME. *Orléanais.*

D'or à la fougère de sinople.

Cette famille n'a qu'un seul représentant : de Fougey de Saint-Edme, à Beaugency, département du Loiret.

FOUGIÈRES. *Mâconnais. Bourbonnais.*

MACONNAIS. D'azur au chef losangé d'or et de gueules de deux traits.

BOURBONNAIS. D'azur à la fasce d'argent accompagnée de quatre étoiles, dont une en chef et trois en pointe.

Fougières, en Mâconnais, remonte à Étienne, seigneur de Fougières, qui épousa Alix, dame d'Yoing, en Mâconnais.

Fougières, en Bourbonnais, qui a donné des chevaliers de Malte, des chevaliers de Saint-Louis, des officiers distingués, est représenté par Jean-Baptiste-Édouard-Léonce, comte de Fougières, au château de la Sauvatte, à Tronget, département de l'Allier.

FOUGIÈRES. *Berry.*

D'or au chef emmanché de gueules de trois pièces.

Cette famille, qui a donné des pages aux rois de France, et dont cinq frères, le père et les oncles du chef de nom et d'armes, étaient chevaliers de Saint-Louis, a trois représentants : de Fougières, au château de Goutte-Bernard, par Saint-Sulpice, département de la Haute-Vienne ; de Fougières, au château de Disme, par Vatan, département de l'Indre ; de Fougières, vérificateur des douanes à Papeiti (Océanie).

FOULERS DE RELINGUE. *France.*

Écartelé : au 1 des comtes militaires ; au 2 de sinople à l'étrier d'or ; au 3 de gueules au pélican d'argent avec sa piété de même ; au 4 de sable au bouclier d'argent.

Cette famille est représentée par Louis, comte de Foulers de Relingue, chevalier de la Légion d'honneur, conseiller général, à son château de Philéomel, près Lillers, département du Pas-de-Calais.

FOULON. *France.*

D'azur à la fasce d'or accompagnée en chef d'un lévrier d'argent.

Cette famille a pour unique représentant de Foulon, au château de Clos-Saint-Albe, à Gradignan, département de la Gironde.

FOUQUET. *Poitou.*

De gueules à deux chevrons d'argent accompagnés de trois coquilles du même posées 2 et 1.

Cette famille a deux représentants : Louis-François de Fouquet, au château d'Épigny, par Ligueil, département d'Indre-et-Loire ; Isidore de Fouquet, au château de Châteaugaillard, près Échiré, par Niort, département des Deux-Sèvres.

FOUQUET DE LUSIGNEUL. *Poitou.*

De gueules à deux chevrons d'argent accompagnés de trois coquilles du même.

De Fouquet de Lusigneul, seul représentant du nom, réside au château de Lusigneul, par Montreuil-l'Argillé, département de l'Eure.

FOUQUIER D'HÉROUEL. *Picardie.*

De sable à un sautoir d'or écartelé d'argent.

L'unique représentant du nom, Mme la douairière de Fouquier d'Hérouel, réside à Foreste, département de l'Aisne.

FOUR DE LA THUILLERIE (DU). *Normandie.*

D'argent au chevron de gueules, accompagné de trois roses tigées et feuillées de sinople, posées 2 et 1.

Cette famille a deux représentants : du Four de la Thuillerie, à Séez; du Four de Lusigneul, à Alençon.

FOURCAULD. *Guyenne.*

D'argent à un four enflammé de gueules, surmonté de deux lionceaux affrontés de sinople.

De Fourcauld, unique représentant du nom, est percepteur à Vittel, département des Vosges.

FOURCY DE CHESSY. *Ile-de-France.*

D'azur à l'aigle d'or au vol abaissé; au chef d'argent, chargé de trois tourteaux de gueules.

L'unique représentant du nom, de Fourcy de Chessy, chevalier de la Légion d'honneur, est ingénieur à Paris.

FOUREAU DE LA TOUR. *Paris.*

D'argent à deux bandes d'azur engrelées de gueules.

De Foureau de la Tour, unique représentant du nom, est avocat à Paris.

FOURMESTREAUX. *Flandre française.*

D'or à l'aigle à deux têtes de gueules.

Le premier de cette famille, qui eut pour armes l'aigle à deux têtes de gueules et porta le titre de comte, Jacques de Fourmestraulx, vivait en 1282. Elle est aujourd'hui représentée par Pierre Guislain, comte de Fourmestreaux-Saint-Denis, à Gussignies (Nord).

FOURNAS. *Languedoc, Dauphiné, Bretagne.*

D'argent à trois fasces d'azur ; au griffon d'or langué et couronné d'azur, brochant sur le tout.

Originaire du Lyonnais, cette famille descend de N. Fournas, seigneur de la Brosse, dit le capitaine de la Brosse, vivant sous les règnes de François 1er et de Henri II, qui servit avec une grande distinction.

Elle compte aujourd'hui trois représentants : le comte de Fournas, chef de nom et d'armes, au château de Kervegant, par Arzano, département du Finistère ; le baron de Fournas, au château de Moussoulens, par Alzonne, département de l'Aude ; de Fournas, au château de Kerdreho, par Plouay, département du Morbihan.

FOURNET DE VAUX (DU). *Bretagne.*

D'argent à trois pelles de four de gueules.

L'unique représentant du nom, du Fournet de Vaux, vit éloigné de toute fonction publique, au château de Vaux, par Saint-Léonard, département de la Haute-Vienne.

FOURNIER. *France, Toulouse.*

FRANCE. Écartelé : aux 1 et 4 d'azur à une herse d'or accompagnée en chef d'une étoile du même ; aux 2 et 3 de gueules au lion dragonné et couronné d'or ; au chef d'or chargé d'une hure de sanglier de sable.

TOULOUSE. D'argent au chevron de gueules, accompagné en chef de deux croissants du même, et en pointe d'une quintefeuille aussi de gueules ; au chef d'azur chargé d'un croissant d'argent accosté de deux étoiles du même.

Fournier, en France, a donné Claude Fournier de Montagny, président, trésorier de France en la généralité de Paris, conseiller d'Etat, mort le 16 décembre 1727.

La seconde famille du nom de Fournier, dont nous mentionnons ici les armes, est représentée par de Fournier de Violet, chevalier de la Légion d'honneur, à Tarascon, et par de Fournier de Saint-Lary.

FOURNIER. *France.*

D'azur à deux chevrons d'argent accompagnés en pointe d'une étoile d'or ; au chef du même, chargé de deux roses de gueules.

Le nom de Fournier compte huit représentants : Zoé, comtesse de Fournier d'Armes, au château de Charnaye, par Sancergues, département du Cher ; Jacques de Fournier de l'Étang, aide-commissaire de la marine ; de Fournier de la Barre, au château de la Barre, par Montbezon, département de la Haute-Saône ; de Fournier des Écuries, caissier à la recette générale, à Limoges ; de Fournier de Peillot, à Nice ; de Fournier de Saint-Amant, ingénieur de la marine, à Rochefort ; de Fournier de Saint-Ange, à Paris ; de Fournier de Sarlovez, au château de Saint-Jean, par Neris, département de l'Allier.

FOURNIER D'ALLÉRAC ET DE SAINT-MAUR. *Bretagne*.

D'argent au lion de gueules armé, lampassé et couronné d'or, à la bordure engrelée de sable chargée de huit besants d'or.

Cette famille, dont l'ancienne extraction remonte à huit générations prouvées en 1669, se divise en deux branches dont chacune n'a qu'un seul représentant. La première a pour représentant Édouard de Fournier d'Allerac, à Tours; l'autre est représentée par de Fournier de Saint-Maur, à Busset, département de l'Allier.

FOURNIER DE BELLEVUE. *Berry*.

De sable au chevron d'argent. Supports : deux lions d'or. Couronne : de marquis.

Cette famille dont parle de Saint-Allais dans son *Nobiliaire universel* a donné Jean Fournier, seigneur de la Noue, qui acheta, en 1378, de Gilles de Harcourt, seigneur de la Ferté-Imbaud, les Hayes qu'il avait entre les bois de Villems et le bois de Faubert.

Cette famille a quatre représentants : de Fournier de Bellevue, à son château de Montreuil-sur-le-Loir et à Angers; Fournier de Bellevue, au château de la Touraille (Morbihan); Fournier de Bellevue, à Saint-Servan (Ille-et-Vilaine); Fournier de Bellevue, au château de Keraugat (Morbihan).

FOY. *France*.

D'azur semé d'étoiles d'argent; à la barre du même brochant sur le tout et chargée de trois tourteaux de sable.

Cette famille a deux représentants : le comte Foy, à Paris ; le général Foy, à Tours.

FRABOULET DE KERLEADEC. *Bretagne.*

De gueules à deux haches d'argent adossées ; au chef d'or.

Cette famille est représentée par deux officiers supérieurs : de Fraboulet de Kerleadec, commandeur de la Légion d'honneur, général de brigade, commandant la subdivision d'Ille-et-Vilaine ; de Fraboulet de Kerleadec, officier de la Légion d'honneur, son frère, était en 1870 lieutenant-colonel au 48e de ligne.

FRADEL. *Bourbonnais.*

De sinople, au massacre de cerf d'or en chef, accompagné de trois étoiles d'argent, une entre les ramures et deux en flanc ; au croissant d'argent en pointe.

Cette famille a pour unique représentant le comte de Fradel, conseiller de préfecture, à Moulins.

FRAGUIER. *Paris.*

D'azur à la fasce d'argent, accompagnée de trois grappes de raisin d'or, deux en chef et une en pointe.

Cette famille possède les preuves de sa filiation directe remontant à Nicolas Fraguier, auditeur de la Chambre des comptes en 1418. Depuis cette époque jusqu'à la fin du dix-huitième siècle, un grand nombre de ses membres ont appartenu soit au Parlement comme conseillers, soit à la Chambre des comptes comme auditeurs, maîtres des comptes ou présidents. Plusieurs autres se sont distingués dans l'armée. Elle compte en outre plusieurs chevaliers de Malte depuis François-Jean de Fraguier, admis dans cet ordre en 1691.

Elle est partagée depuis trois siècles en deux branches, dont l'une est représentée par le marquis de Fraguier, au château du Mée, près Melun; l'autre par le baron de Fraguier, à Besançon.

FRAIN. *Bretagne.*

D'azur au chevron d'argent accompagné en chef de deux têtes de bœuf d'or, et en pointe d'un croissant du même.

Cette famille est représentée par deux frères : Pierre-Marie-Gérard de Frain, comte de la Villegontier, qui a sa résidence d'été au château de Villegontier, par Fougères, département d'Ille-et-Vilaine, et celle d'hiver à Paris; Louis-Antoine-Marie-Fernand, vicomte de Frain de la Villegontier.

FRAISSE DE VERNINE (DU). *Auvergne.*

D'argent au frêne de sinople; au chef d'azur chargé de trois étoiles d'or.

Cette famille a pour unique représentant du Fraisse de Vernine, vice-président de la chambre d'agriculture, à Riom.

FRAYSSEIX DE VEYRIALE. *Limousin.*

D'azur à trois fasces ondées d'or.

L'unique représentant de la famille, de Fraysseix de Veyrialle, est notaire à Limoges.

FRAIX DE FIGON. *Languedoc.*

De gueules au sautoir d'argent; au chef du même, chargé de trois étoiles mal ordonnées de sable.

L'unique représentant du nom vit retiré dans ses terres au château de Montfaucon, département de la Haute-Loire.

FRAMOND. *Languedoc.*

De gueules au lion d'or; au chef cousu d'azur chargé de trois étoiles d'or.

Cette famille a trois représentants : le baron de Framond, chevalier de la Légion d'honneur, conseiller général à Autrenas, département de la Lozère ; de Framond, au château de Saint-Lambert, par Marvejols, même département ; de Framond, sous-inspecteur des forêts, à Lyons-la-Forêt, département de l'Eure.

FRANC DE POMPIGNAN (LE). *France.*

D'azur à un cavalier armé d'argent, tenant en main une épée nue du même.

Cette famille, qui remonte à Simon le Franc, chambellan du roi Charles VIII, capitaine de cent hommes d'armes, et dont était le poëte Le Franc de Pompignan, a pour chef de nom et d'armes le marquis Le Franc de Pompignan, conseiller général, au château d'Ordosse, par Nérac, département de Lot-et-Garonne. Elle est encore représentée par Maxence Le Franc de Pompignan, chevalier de la Légion d'honneur, officier de hussards, en 1870, et par Le Franc de Pompignan, membre du conseil général, à Nérac.

FRANCE, *Artois, Bretagne.*

ARTOIS. Fascé d'argent et d'azur, les fasces d'argent chargées de six fleurs de lys de gueules, posées 3, 2 et 1.

Devise : *Recto tramite.*

BRETAGNE. D'argent à trois fleurs de lis de gueules.

Ces deux familles, qui ont une origine commune, remontent à sire de France, seigneur de Noyelle, dit Le Blanc, chevalier, qui se trouva à la bataille d'Azincourt avec son fils.

Vers 1474, Guislain de France, homme d'armes des ordonnances du roi Louis XI, eut deux fils : Jérôme, qui fonda la branche d'Hesecques ; Raulin, fondateur de la branche de Monthiers, établie en Champagne.

De France d'Hesecques se divise en deux branches : la première a pour chef de nom et d'armes le comte de France d'Hesecques, membre de l'Assemblée nationale, qui a son domicile d'été au château de Mailly, près Albert, département de la Somme. La branche cadette, celle des barons de France de Vaux, est représentée par trois frères : le baron Réné de France, au château de Maintenay, par Campagne-les-Hesdin, département du Pas-de-Calais ; Joseph de France, chevalier de la Légion d'honneur, capitaine au 25° régiment d'artillerie ; Henry de France, au château d'Arry, par Bernay-en-Ponthieu, département de la Somme.

Il existe en outre en Bretagne une famille de France dont l'origine est commune avec celle qui précède.

France de Mouthiers a trois représentants : Robert-Marie de France, lieutenant d'état-major ; Henri-Guillaume de France, adjoint à l'intendance ; Arthur de France, chevalier de la Légion d'honneur, capitaine d'état-major, au château de Crautoy, par Attigny, département de l'Oise.

FRANCESCHI. *Italie.*

Coupé : au 1 de sable à la bande d'argent ; au 2 d'azur au chevron accompagné en chef de deux pensées et en pointe d'une étoile, le tout d'or.

L'unique représentant de cette famille, originaire d'Italie, est employé à la sous-préfecture à Philippeville, Algérie.

FRANCHESSIN. *Languedoc, Dauphiné, Lorraine.*

D'azur à cinq têtes de barbet d'argent posées 3 et 2.

Cette famille a trois représentants : l'un colonel, l'autre chef d'escadron au 14ᵉ régiment d'artillerie, le troisième est capitaine au 11ᵉ régiment d'infanterie.

FRANCHEVILLE. *Bretagne.*

D'argent au chevron d'azur chargé de six billettes percées d'or.

Cette famille a deux représentants : Amédée, comte de Francheville, conseiller général, chef de nom et d'armes, au château de Kergeorget-Braz, par Sarzeau, département du Morbihan; Jules, vicomte de Francheville, au château de Truscat, par Sarzeau.

FRANÇOIS DES COURTILS DE LA GROYE (DE). *Piémont, Touraine, Poitou.*

D'azur à la tour d'argent chargée de trois hermines, flanquée de deux fleurs de lis d'argent et armée en pointe d'une croix de Savoie. — D'azur à une tour d'argent chargée de trois mouchetures d'hermines posées 2 et 1, accostées de deux fleurs de lis d'argent et soutenues d'une croisette du même.

Cette famille, divisée en deux branches, a pour chef de nom et d'armes Honorat-Charles, marquis Le François des Courtils de la Groye, chevalier de l'ordre de Pie IX, au château de Lavau, département de la Charente. Ernest-Henri-Marie, comte Le François des Courtils de la Groye, est fils aîné du chef de la famille.

La branche cadette est également représentée par des hoirs mâles.

FRANÇOIS DE GRAINVILLE (LE). *Normandie.*

Tiercé en fasce : au 1 d'azur à trois croisettes d'argent rangées; au 2 de sable à trois molettes d'éperon d'or; au 3 d'azur à trois croisettes d'argent posées 2 et 1.

Cette famille est une branche cadette de celle des marquis de Grainville, et subsiste seule aujourd'hui. Le grand-oncle du chef de nom et d'armes fut massacré à Lyon en 1792; le dernier titulaire du titre, oncle de ce même chef, Le François de Grainville, comte de Forval, mourut en exil à Mahé.

Victor-Louis Le François de Grainville, chevalier de la Légion d'honneur, professeur d'hydrographie à Toulon, chef de la famille, a épousé Élisabeth-Léocadie Prenacy, dont il a deux enfants, Yvonne et Gaston, aspirant de marine de 1re classe. Il a trois sœurs et deux frères : Fanny, Pauline, Anna, Gustave et Henri.

FRANÇOIS DE DORESMONT. *Flandre française.*

D'azur à la croix d'or.

L'unique représentant du nom de François de Doresmont, conseiller de cour à Amiens, réside à son château de Fliaccourt, département de la Somme.

FRANQUETOT. *Basse-Normandie.*

De gueules à la croix d'or chargée de trois étoiles d'azur et accompagnée de trois croissants montants d'or, deux en chef et un en pointe.

Cette famille, dont était Antoine de Franquetot, président à mortier du département de Rouen, époux d'Éléonore Saint-Simon-Courtomer, est représentée par le duc de Franquetot de Coigny, grand-officier de la Légion d'honneur, au château de Franquetot, par la Haye-du-Puits, département de la Manche.

FRANQUEVILLE. *Normandie.*

De gueules au chef d'or.

On retrouve en France six représentants du nom : de Franqueville, directeur général des ponts et chaussées, conseiller d'État, au château de la Muette, à Passy; Charles de Franqueville, auditeur au conseil d'État, au même château; de Franqueville, au château de Bourbon, département du Pas-de-Calais; Albéric de Franqueville, à Amiens; de Franqueville d'Abancourt, à Amiens; de Franqueville, au château de Valmont, département de la Seine-Inférieure, et à son autre château de Darus, par Corbie, département de la Somme.

FRANSURE. *Picardie.*

D'argent à une fasce de gueules chargée de trois besants d'or. Supports : deux lions. Cimier : un lion naissant.

Cette famille, qui remonte à Mathieu de Fransure, mentionné dans Lannoy, l'an 1157, a pour unique représentant de Fransure, à Villers-Tournel, par Montdidier, département de la Somme.

FRÉDEVILLE. *Auvergne.*

D'argent à la croix denchée de gueules.

Cette famille a deux représentants : de Frédeville, juge de paix à Pionsat, département du Puy-de-Dôme; de Frédeville, notaire à Menat, même département.

FREDY. *Italie, Ile-de-France.*

D'azur à neuf coquilles d'or posées 3 en chef, 3 en fasce et 3 en pointe, celles-ci 2 et 1.

Cette famille venue d'Italie en France et qui remonte à Pierre Fredy, anobli par Louis XI en 1470, a trois représentants : le comte de Fredy, au château de Bretèche, par Nangis, département de Seine-et-Marne; le comte de Fredy, à Paris; le comte de Fredy, ancien auditeur au conseil d'État, à Paris.

FRÉJACQUES DE BAR. *Bourgogne, Paris, Champagne, Languedoc.*

D'azur au chevron d'or accompagné de trois étoiles du même. Couronne : de comte. Tenants : deux moines.

Devise : *Il adviendra.*

Cette ancienne famille a deux représentants : Joseph Adrien de Fréjacques de Bar, directeur des contributions directes des Pyrénées-Orientales, à Perpignan ; Guillaume-Louis-Adrien de Fréjacques de Bar, son fils, au château de Notre-Dame-des-Vals-Ginesta, département de l'Aude.

FREMIN-DUMESNIL. *Normandie.*

D'argent à la fasce d'azur chargée de trois besants d'or.

Cette famille, maintenue le 30 juillet 1666, est représentée par le baron de Fremin-Dumesnil, conseiller général, à Montmartin-sur-Mer, département de la Manche.

FRÉMIOT. *Bourgogne.*

D'azur à trois merlettes d'argent, deux en chef, une en pointe, surmontées de trois étoiles d'or posées de même ; au comble de gueules posant sur les deux étoiles du chef.

Cette famille a deux représentants : le comte de Frémiot, au château de Balaincourt, par Marines, département de Seine-et-Oise ; le baron de Frémiot, à Paris.

FRÉMOND DE LA MERVEILLÈRE. *Poitou.*

D'argent au chevron surmonté d'une étoile et accompagné de trois épis, le tout d'or.

Cette famille est représentée par de Frémond de la Merveillère, chevalier de la Légion d'honneur, à son château, par Châtellerault, département de la Vienne.

FRÉMOND. *Normandie, Ile-de-France.*

D'azur à trois têtes de léopard d'or. — D'argent au chevron de gueules accompagné de trois trèfles de sinople, deux en chef et une en pointe.

On trouve dans Lachenaye-Desbois Nicolas de Frémond, écuyer, marquis de Rosay, seigneur de diverses terres en 1662. Sa descendance est représentée par de Frémond, receveur général des finances, à Paris.

FREMYN DE SAPICOURT. *Champagne.*

D'argent à une fasce d'azur bordée d'or, de laquelle sortent des flammes mouvantes de la pointe et du chef de l'écu.

Cette famille, dont les membres ont occupé plusieurs grandes charges dans la magistrature, au bailliage de Vermandois, siége royal et présidial de Reims, est représentée par Marie-Charles-Ernest de Fremyn de Sapicourt, ancien officier d'infanterie, au château de Sapicourt, département de la Marne.

FRÈRE. *France.*

D'azur à une étoile d'argent; au chef d'or chargé d'une croix pattée de gueules.

Cette famille, qui descend de Claude Frère, seigneur de Crolles, fils de Giraud, avocat au grand conseil en 1565, est représentée par Auguste Frère-Jouan-du-Sein, professeur à l'école navale nationale, à Brest.

FRESLON DE SAINT-AUBIN. *Bretagne.*

D'argent à la fasce de gueules accompagnée de six ancolies d'azur, tigées du second.

Cette famille compte quatre représentants : le comte de Freslon de Saint-Aubin, officier de la Légion d'honneur, chef de nom et d'armes, à Saint-Aubin-d'Aubigny, département d'Ille-et-Vilaine; de Freslon de Saint-Aubin, à Rennes; autre de Freslon de Saint-Aubin, à Rennes; de Freslon de Saint-Aubin, au château de la Freslonnière, par Mordelles, département d'Ille-et-Vilaine.

FRESNAYE (DE LA). *Bretagne, Paris.*

BRETAGNE. D'argent à trois branches de frêne de sinople, posées deux en chef, et une en pointe.

PARIS. De gueules au pal d'argent accosté de six frênes d'or.

De la Fresnaye tire son nom d'une terre en Bretagne, paroisse de Reminine, évêché de Saint-Malo, composée de trois fiefs, sept moulins dîmes, et de très grands domaines.

On retrouve aujourd'hui quatre représentants du nom de la Fresnaye : de la Fresnaye de Levin, à son château, à Pithiviers-le-Vieil, département du Loiret; de la Fresnaye, au château de Grandbourg, près Versailles; Théodore de la Fresnaye, au château de Besnouville, par Gisors, département de l'Eure; l'abbé de la Fresnaye, curé à Saint-Alban, par Pléneuf, département des Côtes-du-Nord.

FRESNE. *France.*

Coupé : au 1 d'or au lion passant de sable; au 2 d'azur à la fasce d'argent brochante accompagnée de trois coquilles du même.

Cette famille n'a qu'un représentant : de Fresne, au château de Laboulaye, par Mormant, département de Seine-et-Marne.

FRESNE (DU). *Picardie.*

D'or au frêne arraché de sinople.

Cette famille, qui remonte à Hugues du Fresne, bailli d'Aire en 1214, 1215, 1218, a deux représentants : du Fresne, à Paris ; du Fresne de Beaumetz, au château de Beaumetz-les-Loges, département du Pas-de-Calais.

FRESQUIENNE. *France.*

De sinople au lion naissant d'or accompagné de neuf trèfles d'argent, dont trois rangés en chef et six en pointe, posés 3, 2 et 1.

L'unique représentant du nom, baron de Fresquienne, réside à Versailles.

FRÉTARD. *Touraine, Beauce, Poitou.*

De gueules fretté d'argent.

Cette famille, d'ancienne noblesse de Touraine, transportée en Loudunois et dont une branche s'est établie en Beauce, remonte à Simon Frétard, autrement dit Frétaud, chevalier, seigneur de Thieuzay, en 1250.

Elle est uniquement représentée par André-Charles-Henri de Frétard, attaché à l'administration des lignes télégraphiques, à Paris.

FRÉTAT. *Auvergne.*

D'azur à deux étoiles en chef et un croissant en pointe, le tout d'or.

Cette famille, à laquelle appartenait Jean-Baptiste de Frétat, marquis de Boissieux, comte de Beaumont, mort le 7 novembre 1709, a deux représentants : de Frétat, au château de Pont-Mort, par Riom ; de Frétat, à son château, par Riom.

FRÉVAL. *Languedoc.*

De gueules à deux lions affrontés d'or, posés sur un

mont de trois coupeaux du même; mouvant de la pointe et supportant ensemble une roue aussi d'or.

Cette famille n'a plus d'autre représentant que le marquis de Fréval, à Paris.

FRÉVILLE. *Normandie.*

Coupé : au 1 d'azur à deux roses d'argent; au 2 d'argent au fer de lance de gueules.

Cette famille a deux représentants : de Fréville, commissaire de police à Brinon; de Fréville, maire à Couloutre, par Donzy, même département de la Nièvre.

FREYTAG (DU). *Autriche, Picardie.*

De sable à deux croissants adossés d'argent.

Du Freytag, unique représentant du nom, réside à son château de Caours, par Abbeville.

FRIANT. *France.*

Coupé : au 1 à dextre des comtes militaires; à sénestre de gueules, à la pyramide d'or maçonnée de sable; au 2 de sable à quatre têtes de cheval d'argent, posées 2 et 2.

Le comte Friant, unique représentant du nom, propriétaire du château de Gaillonnet, à Seraincourt, par Meulan, département de Seine-et-Oise, est colonel au 9e régiment de hussards.

FRIBOIS. *Normandie.*

D'azur à trois fasces d'argent accompagnées de six roses d'or, posées 3, 2 et 1.

Cette famille a deux représentants : de Fribois, au château de Rupière, par Troarn, département du Calvados; de Fribois, au château de Bineauville, par Vimont, même département.

FRICHES DORIA DE BRASSEUSES (DES). *Ile-de-France.*

D'azur à la bande d'argent chargée de trois défenses de sable et accompagnée de deux roues de quatre rais, du second émail.

Cette famille, distinguée par son ancienneté, ses alliances, ses services militaires, est représentée par le vicomte des Friches Doria de Brasseuses, maire d'Arrouy, par Crépy, département de l'Oise.

FRICON. *Marche.*

D'argent à la bande dentelée de sable.

Cette famille a trois représentants : le marquis de Fricon au château de Gaschetière, par Beaugency, département du Loiret; le comte de Fricon, à Orléans; de Fricon. lieutenant au 10ᵉ régiment de dragons.

FRIDUREAU DE VILLEDROUIN. *France.*

Tiercé en bande de sinople, de gueules et d'or.

L'unique représentant du nom de Fridureau de Villedrouin, réside à Masnes, département d'Indre-et-Loire.

FRIGOULT DE LIESVILLE. *Normandie.*

De gueules au chevron d'or, accompagné en chef de deux coquilles du même, et en pointe d'un croissant d'argent.

De Frigoult de Liesville, chef de nom et d'armes, anobli le 6 juin 1819, réside au château de Rouesville, par Sainte-Mère-Église, département de la Manche.

FRIRION. *France.*

Écartelé : au 1 d'azur à trois étoiles en barre d'or; aux 2 et 3 d'argent au chien assis et contourné de sable, colleté d'or, la tête élevée vers le canton sénestré; au

4 d'azur, au pont de trois arches d'argent, maçonné de gueules.

L'unique représentant du nom, baron Fririon, grand-officier de la Légion d'honneur, général de division, réside à Paris.

FRIZON-BLAMONT. *Champagne.*

D'azur au sautoir bretessé d'or.

Cette famille est représentée par de Frizon, sans fonctions et sans titre, à Angers.

FROGER DE L'ÉGUILLE. *Saintonge.*

D'argent au chevron de gueules, accompagné en chef de deux merlettes affrontées de sable, et en pointe de trois bisses de sinople.

Cette famille a deux représentants : de Froger de l'Éguille, à Toulouse ; de Froger de l'Éguille, au château de Panat, par Marcillac, département de l'Aveyron.

FROIDEFOND DU CHATENET DE FLORIAN. *Guyenne.*

De gueules à deux pattes de griffon d'argent posées en pal.

Cette famille, qui revendique une origine remontant à l'an 1203, a trois représentants du nom : le comte de Froidefond du Chatenet de Florian, à Paris; de Froidefond des Farges, conseiller honoraire à la cour de Paris; de Froidefond de Boulazac, à Périgueux.

FROISSY. *Île-de-France.*

D'azur à trois fleurs de lis d'or surmontées d'un lambel d'argent; au filet de gueules en barre, brochant sur le tout.

Cette famille n'a plus d'autre représentant que de Froissy, ingénieur à Amiens.

FROMENT DE CASTILLE. *Languedoc.*

D'azur à trois épis d'or liés de gueules. — D'azur fretté de lances d'or.

Cette famille a quatre représentants : de Froment, avocat, à Toulouse; de Froment, au château de Lorgne, par Saint-Pierre-le-Moulin, département de la Nièvre, de Froment, au château de Saulx, par Decise, même département; Louis, baron de Froment de Fromentès de Castille.

FROMENT DE BOUAILLES. *France.*

De gueules à trois coquilles d'or.

Cette famille est représentée par de Froment de Bouailles, à Alençon, et par Léon de Froment de Bouailles, à Mortagne, département de l'Orne.

FROSSARD. *France.*

D'or au chevron d'azur accosté en chef de deux étoiles de sable, et en pointe d'un casque de dragon ; au franc-quartier des barons militaires.

Cette famille a pour unique représentant le baron de Frossard, officier de la Légion d'honneur, au château de Voisins-les-Bretonneux, par Trappes, département de Seine-et-Oise.

FROTIER. *Poitou, Bourgogne.*

D'argent au pal de gueules accosté de dix losanges du même, cinq de chaque côté, posés 2, 2 et 1.

Cette famille, qui a donné un grand écuyer de France, et Bertrand Frotier, un des vingt-neuf écuyers de la compagnie d'Arnaud Bérail, à Najac, en 1368, est représentée par trois branches : de la Messelière, de la Coste, de Bagneux. La branche aînée a pour chef, de nom et d'armes, Joseph-Augustin Frotier, marquis de la Messelière, au château de Marsay, par Mirebeau, département de la Vienne.

FROTTÉ. *Normandie.*

D'azur au chevron d'or, accompagné en chef de deux molettes du même et en pointe d'un besant d'argent.

Cette famille, originaire du Bourbonnais, s'établit, au quatorzième siècle, en Normandie, dans la généralité d'Alençon. Elle remonte à Nicolas Frotté, écuyer, vivant au quatorzième siècle. Elle a pour chef actuel le marquis de Frotté, au château de Couterne, département de l'Orne.

FROTTÉ DE LA GARENNE. *Bretagne.*

D'argent au château d'azur, maçonné et girouetté d'or.

Cette famille a deux représentants : de Frotté de la Garenne, capitaine de vaisseau en retraite ; de Frotté de la Garenne, lieutenant de vaisseau, directeur des mouvements du port à Nemours (Algérie).

FRUGLAYE (DE LA). *Bretagne.*

D'argent au lion de sable armé et lampassé de gueules.

Nous n'avons point de données sur cette famille qui a deux représentants : de la Fruglaye, au château de Pont-de-Roche, par Grand-Fougeray, département d'Ille-et-Vilaine ; de la Fruglaye, au château de Resto-de-Locminé, département du Morbihan.

FRY. *Normandie.*

D'azur au chevron d'or, accompagné en chef de deux étoiles et en pointe d'une hure de sanglier, le tout d'or.

Cette famille, qui a donné Pierre Fry, conseiller général en la cour des aides de Rouen, en 1595 et 1597, est représentée par Raoul de Fry, à Paris.

FULQUE. *Valensole, Provence.*

De gueules à une colonne coupée d'argent sur laquelle est un faucon ayant les ailes éployées, du même; au chef cousu d'azur, chargé de trois étoiles d'or.

Cette famille, qui a donné Esprit Fulque, secrétaire du roi, contrôleur près la chancellerie de la cour des comptes de Provence en 1714, a deux représentants : Alexandre-Joseph-Auguste, marquis de Fulque d'Oraison, à Aix, département des Bouches-du-Rhône ; François-Eustache, vicomte de Fulques d'Oraison, grand-officier de la Légion d'honneur, général de division, à Mezel, par Digne.

FUMEL. *Quercy.*

D'azur à trois pointes d'or montantes.

Devise : *Una fides, unum fœdus, unus amor.*

Fumel, ancienne baronnie, dont les seigneurs sont nommés dès le onzième siècle, entre autres Gaubert, chevalier, seigneur de Fumel, qui vivait en 1090, et fut fait abbé séculier de l'abbaye de Moissac par Alfonse Jourdain, comte de Toulouse, et Bertrand de Fumel, chevalier, seigneur, baron de Fumel, assista comme témoin et signa, l'an 1160, la confirmation des priviléges de l'abbaye de la Grand'Selve, accordée par Richard, roi d'Angleterre.

En 1250, Galhard de Fumel accompagnait saint Louis à la première croisade de ce roi: une obligation souscrite par Galhard de Fumel, au mois de juin 1250, devant Saint-Jean-d'Acre, et conservée dans les papiers de famille, le constate.

François de Fumel, premier du nom, chevalier des

ordres du roi Henri II, gouverneur de Marienbourg, ambassadeur à Constantinople, fut massacré dans son château de Fumel par les religionnaires le 24 novembre 1561.

François de Fumel, deuxième du nom, fils du précédent, fut tué à la bataille de Coutras: capitaine de cent hommes d'armes de ses ordonnances et commandant de cent hommes d'armes sous les ordres du maréchal de Biron, le 20 octobre 1588.

Joseph de Fumel, comte de Fumel, lieutenant général des armées du roi, grand-croix de l'ordre royal et militaire de Saint-Louis, lieutenant général pour sa Majesté au gouvernement Lyonnois, Foretz et Beaujollois, gouverneur du château Trompette à Bordeaux, et commandant en chef la province de Guienne, avait fait toutes les guerres de Flandre et les bords du Rhin de 1741 à 1762. Il périt à Bordeaux sur l'échafaud révolutionnaire, le 9 thermidor an II de la République, à l'âge de soixante-quatorze ans.

La famille de Fumel compte aujourd'hui quatre représentants: Joseph-Georges-Louis, comte de Fumel, chef des noms et armes de la maison de Fumel, au château de Lamarque, par Margaux (Gironde). Le même possède le château de Meyney, par Saint-Estèphe (Gironde, et celui de Barrault, par Créon (Gironde); de Fumel, au château de Ségoufielle, par Ile-en-Jourdain (Gers); de Fumel, au château de Braqueville, par Toulouse; de Fumel, au château de la Voulte, par Aurillac (Cantal).

FUMERON D'ARDEUIL. *Alsace.*

D'azur au chevron d'or accompagné de trois étoiles d'argent.

L'unique représentant du nom de Fumeron d'Ardeuil, officier de la Légion d'honneur, ancien conseiller d'Etat, réside à Paris.

FURGOLE. *Toulouse.*

D'or à la bande d'azur, chargée de trois fers de lance d'argent ondés de gueules.

Cette famille est représentée par de Furgole, inspecteur des contributions directes, à Montauban.

FYOT DE VAUGIMOIS DE MINEURE. *Bourgogne.*

D'azur au chevron d'or, accompagné de trois losanges du même.

La branche de la Marche porte : Écartelé aux 1 et 4 de Fyot, ci dessus ; aux 2 et 3 de sable à trois bandes d'or, qui est de la Marche.

Cette noble et ancienne famille du duché de Bourgogne, qui remonte à Guillaume Fyot, vivant en 1382, est uniquement représentée par le marquis de Fyot de Vaugimois de Mineure, à son château, à Genlis, département de la Côte-d'Or.

G

GAALON. *Champagne. Normandie.*

De gueules à trois rocs d'échiquier d'or.

Fixée en Normandie depuis la conquête de cette province par Rollon et issue de Walla Gaalon, un des lieutenants de Rollon, cette famille, qui a donné des officiers généraux, des évêques, deux cardinaux, un gentilhomme ordinaire de la chambre du roi, des chevaliers de Saint-Louis, a deux représentants : le comte de Gaalon, maire de Saint-Martin-de-Villeneuve, département de la Charente-Inférieure ; de Gaalon, au château de Moutiers-Cinglais, par Bretteville, département du Calvados.

GABÉ (DU). *Toulouse.*

De gueules à une biche saillante d'argent.

Cette famille est représentée par du Gabé, avocat, à Toulouse, et du Gabé, au Maz-d'Azil (Ariége).

GABIOLLE DE SAINT-MARTIN. *Toulouse, Montauban.*

D'argent à deux pals de sinople.

L'unique représentant du nom de Gabiolle de Saint-Martin réside au château de Marcous, par Lectoure, département du Gers.

GABORIT. *France.*

D'argent à cinq mouchetures d'hermines mises en sautoir.

Cette famille a trois représentants: de Gaborit de la Brosse, dont la résidence d'hiver est fixée à Poitiers et celle d'été au château de la Roche-Amenon, par Châtellerault, département de la Vienne ; de Gaborit de Monjou, au château de Bonnevaux, par Vivonne, même département; de Gaborit de Monjou, à Ligugé, près Poitiers.

GABRIAC. *Languedoc.*

De gueules à sept losanges d'or posés 3, 3 et 1.

Cette famille a pris son nom de la baronnie de Gabriac, au diocèse de Mende, qui donnait entrée aux États du Gévaudan, et fut portée en mariage, le 2 avril 1644, par Louise de Gabriac, à Barthélemi de Vallat, seigneur de Roquetaillade, maréchal des camps et armées du roi.

Au siècle dernier, il existait encore deux branches de la maison de Gabriac, autrefois possesseurs de la baronnie de ce nom, représenté aujourd'hui par le marquis de Gabriac, ancien sénateur, à Paris.

GABRIELLI. *Italie.*

D'or à la fasce échiquetée d'azur et d'or de trois tires.

Originaire de Venise, cette famille française aujourd'hui, est représentée par le prince de Gabrielli, à Paris.

GACHES DE VENZAC. *Dauphiné.*

D'azur à la colombe d'argent accostée de trois roses du même.

L'unique représentant de cette famille, dont les armes sont blasonnées au *Nobiliaire général* sous le nom de la Gache, réside au château de Venzac, par Mur-de-Barres, département de l'Aveyron.

GACON. *Lyonnais.*

D'azur au mouton saillant d'argent; à la bordure composée d'argent et d'azur de vingt-quatre pièces.

Fixé en Bretagne depuis 1814, et allié aux premières familles de la contrée par son mariage avec Mlle de Farcy de Saint-Laurent, dont il a un fils, Laurent-Amory-Marie de Gacon, le chef de nom et d'armes, Edouard-Théobald-Tancrède de Gacon, réside à Rennes.

GAGEAC (DU RECLUS DE). *Poitou, Périgord.*

D'azur à trois chabots d'argent rangés en pal.

La maison du Reclus de Gagne est établie en Périgord depuis le commencement du quinzième siècle. Thibaut du Reclus, qui assista à la croisade de saint-Louis, contracta un emprunt à Damiette, en novembre 1249. Sa descendance est aujourd'hui représentée par de Gageac, au château de Brenil, par Oredour, département de la Haute-Vienne.

GAIGNEAU DE CHAMPVALLINS. *Bourgogne, Orléanais.*

Parti de gueules et d'azur, à la fasce d'hermines brochante sur le tout.

Cette famille n'a plus qu'un seul représentant.

GAIGNERON. *Touraine.*

D'argent au chevron d'azur accompagné de trois

têtes de coq du même, arrachées, barbées et crétées de gueules.

Cette famille de noblesse ancienne, est originaire de Touraine, où elle existe depuis le commencement du quinzième siècle. Elle a pour chef de nom et d'armes Louis, vicomte de Gaigneron, à Paris, qui épousa Thérèse de Sainte-Marie d'Agneaux, dont un fils et une fille. Elle est aussi représentée par Nicolas de Gaigneron de Marolles, commissaire de marine.

GAIL. *Lorraine.*

Parti : au 1 d'or à deux roses de gueules, boutonnées d'or, barbées de sinople ; au 2 d'azur à une fleur de lis parti de gueules et d'or. Heaume: couronné. Cimier: la fleur de lys de l'écu, entre un vol coupé d'or sur azur, l'or chargé d'une rose du champ.

Cette famille, encore représentée en Prusse, en Hanovre, en Autriche, où son nom s'écrit Gail ou Gayl, a trois représentants : le baron de Gail, ancien président du tribunal civil à Strasbourg ; Albert de Gail, officier de la Légion d'honneur, lieutenant de vaisseau ; de Gail, chevalier de la Légion d'honneur, lieutenant-colonel au 4e régiment de dragons.

GAILHARD ou **GAILLARD.** *Dauphiné.*

D'azur au chameau effrayé d'or.

Cette famille a deux représentants: Albert de Gailhard, grand-officier de la Légion d'honneur, lieutenant de vaisseau ; de Gailhard, au château de Blacons, par Mirabel et Blacons, département de la Drôme.

GAILLARD. *Artois, Provence.*

Artois. D'argent à deux fasces de sable surmontées chacune de trois étoiles du même.

PROVENCE. Fascé d'or et d'azur de six pièces ; au chef de gueules chargé de trois roses d'argent.

Gaillard de Gaillard, fils de Pierre de Gaillard, fit hommage de la terre de Bellafaire au roi Robert, comte de Provence, le 7 décembre 1309.

Une autre famille du nom, de Gaillard de Ventabrun, a donné des magistrats au Parlement d'Aix, des officiers de marque et un évêque d'Apt, de 1673 à 1735.

Gaillard proprement dit à trois représentants : la baronne de Gaillard, à Marseille ; de Gaillard de Lavaldène, à Marseille ; de Gaillard, avocat, à Lyon.

GAILLARD DE BLAIRVILLE. *Artois.*

D'argent à deux fasces de sable accompagnées de six quintefeuilles de même posées 3, 2 et 1.

Cette famille a trois représentants : Charles, baron de Gaillard de Blairville, chevalier de la Légion d'honneur, chef d'escadron d'artillerie ; Alfred de Gaillard de Blairville, capitaine adjudant-major d'infanterie ; Ernest de Gaillard de Blairville, au château de la Beuvrière, département du Pas-de-Calais.

GAILLARD DE LA DIONNERIE. *Ile-de-France.*

D'argent à la fasce d'azur, chargée de trois étoiles d'or.

Cette famille est représentée par de Gaillard de la Dionnerie, procureur à Saint-Pons (Hérault), et de Gaillard de la Dionnerie, aussi procureur au tribunal de Fontenay-le-Comte (Vendée).

GAILLARD DE KERBERTIN. *Bretagne.*

D'azur à trois chevrons d'argent.

Cette famille a pour unique représentant de Gaillard de Kerbertin, premier avocat général au tribunal de Rennes.

GAILLARD-LONJUMEAU. *Ile-de-France, Provence, Touraine, Picardie.*

D'argent semé de trèfles de sinople; à deux T de gueules en chef, et deux perroquets, aussi de sinople, affrontés en pointe.

Cette famille remonte à Maximilien de Gaillard, seigneur de Villemourons-les-Bois en 1430, qui épousa, par contrat du 30 janvier 1450, Jeanne de Calipeaux.

Cette famille n'a plus qu'un représentant mâle : Paul, comte de Gaillard-Lonjumeau.

GAILLON. *Normandie.*

De gueules à trois lionceaux d'or.

Cette famille a quatre représentants : le marquis de Gaillon, au château de son nom, par Meulan, département de Seine-et-Oise; le comte de Gaillon, à Paris; le comte de Gaillon, au château de Marcouët, par Decize, département de la Nièvre; de Gaillon, au château de Coullonge, par Cercy-Latour, même département.

GAIN. *Limousin.*

D'azur à trois bandes d'or.

Cette famille est représentée par le marquis de Gain, au château des Quatre-Pavillons, par Guerigny, département de la Nièvre; de Gaillon, au château de Teyssonnières, par Vernenghéol, département du Puy-de-Dôme.

GALAND. *Ile-de-France.*

D'azur au chevron d'or accompagné en pointe de trois roses du même, et en chef d'un croissant d'argent.

L'unique représentant du nom de Galand, officier de la Légion d'honneur, réside à Douéra (Algérie).

GALARD. *Guyenne, Gascogne, Périgord, Paris.*

D'or à trois corneilles de sable becquées et pattées de gueules, posées 2 et 1. Couronne : de marquis.

Devise : *In via nulla invia.*

Cette famille compte de nombreux représentants à Paris et dans le midi de la France :

Le marquis de Galard-Terraube, marié à Mlle de Soubeyran-Patras de Campaigno, au château de Terraube, département du Gers; le comte de Galard-Brossac de Béarn, marié à Mlle de Talleyrand-Périgord, à Paris, et au château de la Rochebeaucourt, département de la Charente; le marquis de Galard de l'Isle-Boson, marié à Mlle de Captan, à Paris, au château de Magnas, par Saint-Clar, département du Gers, et au château de Captan, près Saint-Sever, département des Landes; le comte Hector de Galard de l'Isle-Boson, marié à Mlle de Crussol d'Uzès, à Paris et au château de Viéville, département de Seine-et-Oise; le comte de Galard-Saldebruc, veuf de Mlle de Ségur, à Paris et au château du Caila, par Rioms, département de la Gironde; la comtesse de Galard de l'Isle-Boson, née de Galard-Luzannes, à Toulouse et au château de Rouquette, par Valence, département du Gers; le comte de Galard-Béarn, marié à Mlle d'Hulst, à Paris et à Saint-Cloud, département de Seine-et-Oise; le comte de Galard-Béarn, marié à Mlle de Montaran, à Périgueux, département de la Dordogne; le comte Roger de Galard-Béarn, secrétaire d'ambassade à Madrid.

GALBERT. *Dauphiné.*

D'azur au chevron palé d'or, accompagné en chef de deux croissants du même. Supports : deux lions.

Devise : *Pro patria virtus.* Cri : *En avant!*

Cette famille, une des plus anciennes du Dauphiné, est représentée par Marie-Pierre-Abel-Oronce, comte de Galbert, chevalier de l'ordre des Saints-Maurice-et-Lazare, au château de la Buisse, par Voiron, département de l'Isère. Il a deux fils: Alphonse et Raymond.

GALÉAN DE CADAGNE. *France.*

D'argent à la bande de sable remplie d'or et accompagnée de deux roses de gueules.

L'unique représentant du nom, duc de Galéan de Cadagne, réside à son château de Montellier, par Courthezon, département de Vaucluse.

GALIBERT. *Agenais.*

D'hermines à la fasce d'azur, chargée d'une aigle à deux têtes d'or, les ailes éployées, accostée de deux lions d'argent passants et affrontés.

Cette famille a deux représentants: de Galibert, au château de Bernou, par Croix-Blanche, département de Lot-et-Garonne; de Galibert, curé de Sainte-Foy-de-Penne, par Penne, même département.

GALLAND DE LONGUDINE. *Touraine.*

D'or au chef d'azur chargé de trois étoiles d'or.

L'unique représentant du nom de Galland de Longudine réside dans ses terres, à Graçay, département de l'Indre.

GALLET. *France.*

Écartelé: aux 1 et 4 d'azur au gallet ou tourteau d'or; au 2 d'argent à la bande d'azur accompagnée de deux croisettes du même, qui est de Guéroult de Bonnières; au 3 parti d'argent et de gueules, fascé de huit pièces, qui est de Baulaincourt.

Cette famille a deux représentants: le marquis de Gallet de Mondragon, au château de Pluvault, à Genlis, département de la Côte-d'Or; de Gallet de Kulture, chef du bureau du cabinet du ministère de la marine et des colonies, à Paris.

GALLERY. *Normandie.*

De gueules à l'épée d'argent en pal, garnie d'or, accostée de deux croix de Lorraine du même.

L'unique représentant du nom de Gallery réside au château de Trois-Monts, par Évrecy, département du Calvados.

GALLIER. *France.*

D'azur au chevron d'argent, accompagné de trois coquilles du même; au chef d'argent chargé de trois roses de gueules.

Cette famille a deux représentants : Anatole de Gallier, président de la Société d'archéologie et de statistique de la Drôme, à Tain ; Charles, baron de Gallier de Saint-Sauveur, chevalier de la Légion d'honneur, ancien officier de cavalerie, à Fontainebleau.

GALLIFFET. *Dauphiné, Savoie, Provence.*

De gueules au chevron d'argent accompagné de trois trèfles d'or, deux en chef et un en pointe. Couronne: ducale.

Devise : *Bien faire et laisser dire.*

Cette famille, dont l'origine se perd dans la nuit des temps, a sa filiation authentiquement prouvée depuis le treizième siècle, et était dès lors distinguée dans la noblesse du Dauphiné et de la Savoie.

La branche encore existante, celle des princes de Martignac, marquis de Galliffet, passa en Provence en

1450. Elle est représentée par le marquis de Galliffet, officier de la Légion d'honneur, général, commandant la subdivision de Batna (Algérie).

GALLOIS DE NAIVES. *Forez.*

De sable au sautoir d'or.

Cette famille, qui a donné Jean-Baptiste de Gallois, chevalier, seigneur de la Tour, vicomte de Glené, intendant de Poitou, puis de Bretagne et de Provence en 1734, premier président du Parlement d'Aix en 1735, est représentée par le comte de Gallois de Naives, à Paris.

GALLOY. *France.*

De gueules au chevron abordé d'or, surmonté d'un croissant d'argent; au chef cousu d'azur, chargé de trois étoiles du troisième.

L'unique représentant du nom de Galloy réside au château de Créhanges, par Faulquemont, département de la Moselle.

GALLOWAY. *Écosse.*

Ecartelé : aux 1 et 4 d'or à la croix de gueules, chargée de cinq étoiles du champ ; aux 2 et 3 d'argent à une représentation du pont de *Baalis Briges*, avec la date de 1361 au-dessous.

Cette famille, aujourd'hui française, et qui signe Gallewey, est représentée par le comte de Gallewey, à son château à Dangeul, département de la Sarthe.

GALYE. *Paris.*

D'azur au chevron d'argent, accompagné de trois coqs du même, barbés, crétés et membrés de gueules.

L'unique représentant du nom de Galye réside au

château de Saint-Amans, par Saint-Rome-de-Tarn, département de l'Aveyron.

GALZ DE MALVIRADE. *Guyenne.*

Écartelé : aux 1 et 4 d'azur au coq hardi d'or, crêté et barbé de gueules ; aux 2 et 3 d'azur au chevron d'or, accompagné de trois coquilles du même.

L'unique représentant du nom, le baron Léon Galz de Malvirade, a sa résidence d'été au château de Malvirade, département de Lot-et-Garonne, et celle d'hiver, à Paris.

GALZAIN DE CALSINS ET DE GALEZI. *Languedoc, Dauphiné, Brabant et Bretagne.*

Parti de sable et d'or ; en chef, un heaume de l'un en l'autre ; au lion de sinople, armé et lampassé de gueules sur le tout.

Devise : *Firma fide.*

Cette famille, anciennement Galezi, Guelezinus de Galazanicæ de Galazanicis, a pour chef de nom et d'armes Jean-François-Léopold de Galzain de Calsins et de Galezi, préfet en retraite, à Paris.

GANAY. *Bourgogne.*

D'or à l'aigle mornée de sable.

Devise : *Non Rostro, non Ungue, sed Alis itur ad astra.*

ARMES SELON LE P. ANSELME. D'argent à la fasce de gueules chargée de trois roses d'or posées 1 et 2 et accostées de deux coquilles du même.

Cette famille, d'ancienne noblesse de Bourgogne, qui a donné un chancelier de France, remonte, selon le P. Anselme, dans son *Histoire des chanceliers,* à Girard de Ganay, qualifié chevalier en 1300, dans les titres de la maison de Nevers.

La famille de Ganay est représentée par deux branches : l'une a pour chef le marquis de Ganay, au château de Fougerette (Saône-et-Loire) ; l'autre, le comte de Ganay, au château de Lusigny (Côte-d'Or).

Le chancelier était gentilhomme de noms et d'armes. A la conquête du royaume de Naples, le roi Charles VIII lui donna des armes à *enquérir*, telles que le P. Anselme les indique.

GANNES DE BEAUCOUDRAY. *Picardie.*

Écartelé : aux 1 et 4 de gueules à la tête de lion d'or ; au 2 et 3 d'azur à trois roses d'or posées 2 et 1.

L'unique représentant du nom de Gannes de Beaucoudray est conseiller général, à Percy, département de la Manche.

GANTEAUME D'ILLE. *Écosse et Provence.*

Écartelé : aux 1 et 4 d'Écosse ancien qui est d'or au lion rampant de gueules tenant de la patte dextre une croix fleuronnée d'azur ; aux 2 et 3 de gueules à une mer en pointe, au naturel, entourant une île de même, surmontée de deux triangles d'or cléchés et enlacés.

Devise : *Leo non expavescit.*

Cette famille, venue d'Écosse en Provence en 1096 et qui s'honore dans l'antiquité d'illustres alliances, a pour chef de nom et d'armes André-Joseph-Honoré-Hippolyte, comte de Ganteaume d'Ille, à Aix, département des Bouches-du-Rhône. Il a un fils, Charles-Joseph-Marc-Tancrède, comte de Ganteaume d'Ille, à Aix.

GANTÈS. *Piémont, Provence.*

D'azur au chef emmanché d'or de quatre pièces. Couronne de marquis. Cimier : un lion accroupi au naturel posé de front. Supports : deux lions au naturel, ou tenants : à dextre la Prudence, tenant de sa main dextre un serpent au-dessus de sa tête, dont le corps est tortillé autour du bras, et de la sénestre un miroir ovale emmanché d'argent, dans lequel elle se regarde ; à sénestre, Thémis, tenant de la main dextre une épée d'argent garnie d'or, la pointe en bas, et de la sénestre des balances d'or en équilibre; l'une et l'autre habillées d'or avec une draperie d'azur, et ayant la tête nue et la poitrine découverte.

Devises : *Vincere gigantes.* — *Noble sang, noble cœur.*

Cette belle et grande famille remonte à Bertrand de Gantès, chevalier, qui épousa, dans le royaume de Naples, Béatrix d'Alayonia, des comtes de Policastre, qu'il emmena en Provence en 1250. Sa descendance se fixa à Cuers, où naquit François de Gantès, procureur général au parlement d'Aix en 1634.

Cette famille a donné deux lieutenants généraux, un amiral et un pape. Urbain V de Grimoard était de la maison de Gantès.

On compte aujourd'hui deux représentants du nom : le marquis Ernest de Gantès, ancien officier supérieur de cavalerie, officier de la Légion d'honneur, chevalier de plusieurs ordres ; et son frère, le comte Jules de Gantès, sous-préfet, chevalier de la Légion d'honneur, commandeur du Nichan et chevalier de plusieurs ordres.

Une branche de la maison de Gantès s'est fixée en Artois, au dix-septième siècle ; elle compte un représentant, Philippe de Gantès.

GANTHEAUME. *Provence.*

Ecartelé : au 1 d'azur à l'épée d'argent, garnie d'or ;

au 2 d'argent au gant d'azur ; au 3 d'argent au casque d'azur, orné d'or; au 4 de sinople à l'ancre d'or.

L'unique représentant du nom de Gantheaume réside au château de Vaugrignon, par Cormery, département d'Indre-et-Loire.

GARAT. *France.*

Coupé : au 1 d'azur à la foy d'argent en barre; au 2 de sable au lévrier d'or colleté du même, la tête contournée, couchée sur une terrasse aussi d'or. — De gueules à une rivière posée en bande d'argent, accompagnée en chef d'une montagne de trois coupeaux d'or, et en pointe de trois pieds de maïs du même, tigés de sinople.

Cette famille est représentée par le comte de Garat, commandeur de la Légion d'honneur, maire d'Ustarritz, département des Basses-Pyrénées, et par le baron de Garat, au château de Vauxboin, par Soissons, département de l'Aisne.

GARAVAQUE. *Languedoc.*

De sable à la croix patriarcale d'argent, autrement dit croix de Garavacque ou Garacque.

L'unique représentant du nom, Louise de Garavaque, sans alliance, a sa résidence d'hiver à Marseille, et celle d'été au château de Tròbillane, département des Bouches-du-Rhône.

GARCIN. *Comtat-Venaissin.*

D'azur au chevron d'or accompagné en pointe d'une écrevisse d'argent.

Cette famille a deux représentants : le comte de Garcin, à Nice; de Garcin, chevalier de la Légion d'honneur, à Paris.

GARD (du). *Picardie.*

D'azur à trois gards ou cornettes d'argent, becquées et membrées de gueules, posées 2 et 1. Cimier : un gard naissant d'argent, becqué de gueules, les ailes éployées. Supports : deux lions d'or lampassés de gueules.

L'unique représentant de cette belle famille, originaire de Picardie, qui remonte à Simon de Gard, vivant en 1230, exerce les fonctions modestes d'inspecteur des contributions indirectes, à Lille.

GARDANNE. *Provence.*

Tranché de sable sur argent; au chef d'or chargé d'un lion de gueules.

Le comte et le vicomte de Gardanne, représentants du nom, vivent éloignés de toute charge publique, l'un à Paris, l'autre près d'Aix, département des Bouches-du-Rhône.

GARDE (de la). *Limousin, Quercy.*

Limousin. D'azur au pal d'or accompagné de six étoiles du même; à la bande de gueules brochante sur le tout.

Quercy. D'azur à l'épée d'argent mise en pal.

Cette famille à six représentants : le marquis de la Garde, à son château de Pernes, département de Vaucluse; le comte de la Garde, au château d'Aubasson, par Ecoufflants, département de Maine-et-Loire; le vicomte de la Garde, officier de la Légion d'honneur, maire de Tarbes; de la Garde, avocat, à Paris; de la Garde, à Orléans; de la Garde, au château de Corteveix, par Saint-Gengoux-le-Royal, département de Saône-et-Loire.

GARDE (de la). *Poitou.*

De gueules à trois croix ancrées d'argent; au chef cousu de sable chargé d'un croissant aussi d'argent.

Cette famille a trois représentants : Albert, Auguste-Jules et Marie de la Garde.

GARDIER (DU). *Dauphiné, Vivarais.*

D'azur au lion d'argent, regardant un soleil d'or mouvant de l'angle dextre de l'écu.

Cette famille est représentée par Alfred-Antoine-Marie-Romain, vicomte Robert du Gardier, à Arc-en-Barrois, département de la Haute-Marne. Il a un fils, Raoul du Gardier, ancien officier au 3e régiment de chasseurs à cheval.

GARDIN DE BOISDULIER. *France.*

D'azur à trois gerbes de blé d'or posées 2 et 1.

L'unique représentant du nom de Gardin de Boisdulier, est directeur des transmissions des lignes télégraphiques, à Paris.

GARENNE (LA). *Normandie.*

D'argent à trois chevrons de sable accompagnés de trois coquilles de gueules.

Cette famille est représentée par le vicomte de la Garenne, à Paris, et par de la Garenne, sans titre, au château de Saint-Éloi, par Longjumeau, département de Seine-et-Oise.

GARGAN. *Artois, Confins de Picardie.*

D'argent à deux bandes de gueules.

Cette famille, qui a contracté de grandes alliances et qui remonte à Simon de Gargan, vivant en 1420, est représentée par le baron de Gargan, au château de Serre, par Uckange, département de la Moselle.

GARIDEL. *Provence.*

D'azur à la croix du Calvaire pattée et fichée d'or, accostée vers la pointe de deux triangles d'argent.

Cette famille est représentée par de Garidel, à Aix, département des Bouches-du-Rhône; de Garidel, au château de Villemus, par Manosque, département des Basses-Alpes; de Garidel, au château de Beaumont, par Saint-Menoux, département de l'Allier.

GARNIER. *Franche-Comté.*

D'azur à trois épis d'or issant d'une terrasse de sinople surmontés d'un croissant d'or. Couronne : de comte. Supports : deux faucons au naturel.

Devise : *Clam et palam.*

La branche cadette de Germigney, d'Ormoy et de Vezet, porte pour brisure un croissant d'argent au lieu d'un croissant d'or, et pour devise : *Crescit in orbem.*

Antoine Garnier, historien, secrétaire du cardinal Granvelle, puis premier secrétaire d'État de Charles-Quint, né à Besançon en 1520, se maria et eut un fils qui suit.

Ordonné prêtre, après son veuvage, il devint chanoine d'Arras, où il mourut en 1578.

Il a laissé une *Histoire de Charles-Quint* manuscrite, qui était conservée dans les archives du chapitre d'Arras.

Flaminio Garnier, fils du précédent, chevalier, sieur de Rethel, fut créé par Charles-Quint, en récompense des services de son père et des siens propres, *comte palatin*, avec transmission à ses héritiers mâles, et mourut sans postérité.

Antoine Garnier, neveu d'Antoine Ier, et son filleul et héritier, était né à Gy, en Franche-Comté, à cinq lieues de Besançon : il était propriétaire du *fief de Germigney*, situé dans son bourg natal, et que ses descendants ont possédé jusqu'à ces dernières années.

Reçu avocat au parlement de Franche-Comté, séant à Dôle, et maître ès arts à l'Université de ladite ville, où il fut principal et professeur en langue grecque, il obtint un siége de conseiller au parlement souverain de Franche-Comté et en fut président en 1581.

Le roi d'Espagne, son souverain, lui confia plusieurs négociations délicates en Flandres, en Suisse, etc., enfin il fut chargé, comme plénipotentiaire dudit roi d'Espagne, de régler, de concert avec le président du parlement de Bourgogne, le Goux de Saint-Seine, les frontières de la Bourgogne et de la Franche-Comté. Le traité fut conclu et signé dans un château voisin de Dôle, qui existe encore et appartient au marquis Froissard de Broissia.

(Voy. *Biographie de Weiss*, Furne, 1835. *Histoire de Dôle*, par Marquiset, etc., etc.)

Une branche de cette famille est représentée par Marie-Jean-Georges-Catherine Garnier, à Bayeux.

GARNIER. *Poitou.*

Gironné d'or et de gueules de huit pièces. — Gironné d'or et de gueules de douze pièces.

Cette famille remonte à Hilaire Garnier, vivant en 1519. Il eut deux fils : Guillaume, qui suit, II; René Garnier dont est issue la branche de Garnier de la Boissière, représentée par le comte Garnier de la Boissière, au château de l'Age, par Chabannais, département de la Charente.

II. Guillaume Garnier, seigneur de Butré, épousa, en 1554, Madeleine de Malevant, dont un fils, Médard, qui suit, III.

III. Médard Garnier, seigneur de Butré, épousa, en 1595, Louise Jaillard de la Grange, dont deux fils, savoir :

A. Jacques Garnier, seigneur du Breuil et de la Coussière, dont la postérité n'est connue que pendant trois générations.

C. Abel, qui suit, IV.

IV. Abel Garnier, seigneur de la Courmorant, épousa, en 1630, Catherine de Chergi, dont un fils, Pierre, qui suit, V.

V. Pierre Garnier de la Courmorant, épousa, en 1652, Marie Pascault, dont un fils, Charles, qui suit, VI.

VI. Charles Garnier de la Courmorant, épousa, en 1685, Gabrielle de Conty, dont un fils, Pierre, qui suit, VII.

VII. Pierre Garnier de la Courmorant, épousa, en 1710, Élisabeth Levesque, dont un fils, Pierre-Louis, qui suit, VIII.

VIII. Pierre-Louis Garnier, épousa, en 1743, Marie de la Flotte, dont un fils, Pierre-Louis, qui suit, IX.

IX. Pierre-Louis-Garnier de Boisgrollier, né en 1747, mousquetaire, puis brigadier le 1ᵉʳ décembre 1791, chevalier de Saint-Louis le 21 mai 1796, émigra en Angleterre, fit les campagnes de Champagne, de Quibéron, d'Allonville et des Princes. Il épousa, en 1772, N... de Bosquevert, dont un fils, Pierre-Marie, qui suit, X.

X. Pierre-Marie Garnier de Boisgrollier, né au château de Boisgrollier, à Rouillé, le 25 décembre 1775, émigra en Espagne, où il servit dans la marine, combattit à Trafalgar et y fut fait prisonnier. Rentré en France en 1812, il fut fait chevalier de Saint-Louis. Il épousa, en 1816, Henriette-Adélaïde Marsault de Parsay, dont un fils, Louis-Pierre, qui suit, XI.

XI. Louis-Pierre, né à Niort en 1819, épousa, le 30 avril 1850, Marie-Aglaé de Liniers, dont quatre enfants, savoir :

A. Pierre-Louis, né à Niort en 1851 ;
C. Henri-Joseph, né à Niort en 1853 ;
C. Marie-Thérèse, née en 1854 ;
D. Marie-Adèle, née en 1856.

GARNIER DES GARETS. *Lyonnais, Beaujolais, Dombes.*

D'or au chevron d'azur accompagné en chef de deux rencontres de taureaux de gueules, posés de front et en pointe d'une étoile aussi de gueules ; au chef d'azur chargé de trois molettes d'éperon d'or.

Cette famille, qui remonte, suivant les preuves faites devant le juge d'armes de France, à François Garnier, seigneur des Garets, marié, en 1526, avec Émeraude de Tournéon, a six représentants : le comte de Garnier des Garets, conseiller général et maire d'Ars, au château d'Ars, par Trévoux, département de l'Ain ; le comte de Garnier des Garets, à Lyon ; de Garnier des Garets, chanoine titulaire, à Lyon ; de Garnier des Garets, à Lyon ; de Garnier des Garets, au château de Bussy, par Belleville, département du Rhône ; François de Garnier des Garets, au château de Champos, par Saint-Donat, département de la Drôme.

GARNIER DU PLESSIS. *Bretagne.*

D'argent fretté de gueules ; au chef de sable chargé de trois étoiles d'or.

Cette famille est représentée par de Garnier du Plessis, à Rennes.

GARNIER DE LA VILLEZBRET. *Bretagne.*

D'argent à trois haches d'armes de sable.

Cette famille est représentée par Paul-Marie-Louis de Garnier de la Villezbret, attaché à l'administration des lignes télégraphiques, à Angoulême.

GARREAU DE LA BARRE (DU). *Limousin, Périgord.*

D'azur au chevron d'or, accompagné en pointe d'un cœur dans lequel est fiché une croissette du même.

Cette famille est représentée par de Garreau de la Barre, chevalier de la Légion d'honneur, conseiller de cour, à Angers.

GARRIGUES. *Languedoc.*

D'azur au chevron d'argent et un chef d'or. — GARRIGUES DE LA DEVÈZE. Ecartelé : aux 1 et 4 de Garrigues ; au 2 et 3 d'azur à la fasce d'or, accompagnée de trois molettes d'argent posées 2 en chef et 1 en pointe, qui est de Céton.

Cette famille, dont était Jacques de Garrigues de Céton de la Devèze, marié, le 15 janvier 1732, à Esprite-Marguerite-Emilie de Montcalm, est représentée par de Garrigues de Flaujac, juge au tribunal civil, à Cahors, département du Lot.

GARY. *France.*

Parti d'or et de sable, l'or chargé d'un éléphant passant de sable portant une tour du même ; le sable chargé d'un poirier arraché d'argent, fruité d'or ; à la champagne de gueules brochante sur le tout.

Cette famille a trois représentants : A, baron de Gary, à Toulouse ; G, baron de Gary, à Toulouse ; de Gary, au château de Refi, par Mazin, département de Lot-et-Garonne.

GASCHER DES BURONS. *Bretagne.*

Parti d'argent et d'azur ; au croissant de l'un dans l'autre.

L'unique représentant du nom de Gascher des Burons est une fille, sans alliance, à Rennes.

GASCQ. *Gascogne, Quercy.*

Gascogne. D'azur au griffon d'or; au chef d'argent chargé de trois molettes d'éperon d'azur.

Quercy. De gueules à la bande d'or accompagnée de cinq molettes du même, posées en orle, trois en chef, deux en pointe. Couronne : de marquis. Supports : deux lions.

De Gascq, en Gascogne, a donné Jean de Gascq, fils de Guillaume, trésorier de France et intendant de Guyenne, conseiller au grand conseil, le 15 avril 1581.

De Gascq, en latin *Vasconis*, originaire du Quercy, figure parmi l'ancienne chevalerie de cette province depuis le commencement du treizième siècle. Cette famille, qui s'est rendue recommandable par ses services et ses alliances, a deux représentants : le comte de Gascq, chevalier de la Légion d'honneur, à Paris; de Gascq, au château de Sommier, par Saint-Martin-de-Crau, département des Bouches-du-Rhône. De Gascq, grand-officier de la Légion d'honneur, ancien pair de France, président de la cour des comptes, à Paris, est récemment décédé.

GASQUET. *Provence, Quercy.*

De sinople au coq d'argent, becqué d'or, crêté et barbé de gueules : au chef d'azur, chargé d'un soleil d'or.

On trouve dans Lachenaye-Desbois-Saint-Allais, et plus particulièrement dans le *Nobiliaire de Provence*, deuxième supplément, page 345, la généalogie de la famille de Gasquet, en Provence et en Quercy.

La branche établie à Figeac (Quercy) s'est éteinte vers la fin du siècle dernier dans la personne de Joseph de Gasquet, marquis de Clermont.

La branche de Provence s'est divisée en deux : la première a pour représentants : Joseph, Buno et Léon de Gasquet de Valette, propriétaires à Saint-Maximin, département du Var ; Louis de Gasquet de Valette, conseiller de préfecture, à Nice.

La deuxième branche, établie à Lorgues, département du Var, a pour principaux représentants : Charles de Gasquet, chevalier de la Légion d'honneur, directeur de la ferme-école du Var, au château de Salgues, par Lorgues ; Alban de Gasquet, capitaine de vaisseau, commandeur de la Légion d'honneur, au château de Saint-Pré, près Brignoles, département du Var ; Ernest de Gasquet, notaire à Marseille ; Jules de Gasquet, propriétaire à Draguignan, département du Var ; Auguste de Gasquet, au château de Meintaune, par Cotignac, département du Var.

GASQUI. *Provence.*

Écartelé en sautoir de gueules et d'or ; à deux fleurs de lis et deux roses de l'un dans l'autre.

Cette famille est uniquement représentée par de Gasqui, attaché à l'administration des lignes télégraphiques, à Mont-de-Marsan.

GASSAUD. *Provence.*

D'azur à la tour d'or maçonnée de sable.

Cette famille, qui remonte à Jean-Antoine de Gassaud, anobli en 1662, par lettres-patentes confirmées en 1667, est représentée à Forcalquier, dont elle est originaire, par de Gassaud, sans titres et sans fonctions.

GASSELIN DE BOMPART. *Provence.*

De gueules à la fasce d'or, chargée de trois têtes et

cols de coqs rangés de fasce, accompagnée en chef de deux coqs d'argent et en pointe d'un lion grimpant de même.

Cette famille a quatre représentants : de Gasselin de Bompart, sous-directeur du Musée, à Orléans ; de Gasselin de Bompart et autre de Gasselin de Bompart, tous deux à Orléans ; Henri de Gasselin de Bompart, à Thénioux, département du Loiret.

GASSELIN DE RICHEBOURG. *Languedoc.*

D'azur à la fasce d'or chargée d'une épée de sable posée en fasce, accompagnée au franc canton dextre d'un quart de soleil d'or, côtoyée à sénestre d'un heaume en profil de trois grilles d'argent et accompagnée en pointe d'une clef renversée d'or posée en fasce, soutenant une levrette d'argent passant à sénestre.

Cette famille, qui descend des seigneurs de la seigneurie de Richebourg au Maine, en 1500, est représentée par de Gasselin de Richebourg, ancien capitaine au 8º de hussards.

GASSOT DE FUSSY. *Berry.*

D'azur au chevron d'or accompagné de trois roses d'argent boutonnées d'or.

L'unique représentant de la famille, François-Marie, vicomte de Gassot de Fussy, ancien sous-préfet, réside à Bourges.

GASTÉ. *Bretagne.*

D'or à un lion morné de gueules.

Cette famille a deux représentants : de Gasté, au château de Cour, par Mayenne ; de Gasté, ingénieur de première classe de la marine, retraité, conseiller général, à Cherbourg.

GASTEBOIS. *Gascogne.*

De gueules à la tour d'argent, maçonnée de sable, cantonnée aux quatre cantons de quatre arbres arrachés d'or.

Cette famille est divisée en deux branches : celle de Gastebois de Marignac et de Leymarie, représentée par de Gastebois au château de Latour-de-Mons, à Soussons, près Margaux, département de la Gironde.

L'autre branche de Gastebois est représentée par Charles de Gastebois et par ses cousins germains, Henri et Édouard, qui, eux-mêmes, ont plusieurs enfants mâles. Elle est dite de Gastebois de Cassagnou et de Bardouly, fiefs situés dans le Périgord. Les deux branches ont eu à toutes les assemblées des représentants aux États généraux de la noblesse. Tous les membres se connaissent et ont toujours conservé des relations. Le grand-oncle était capitaine au régiment de Vermandois et chevalier de Saint-Louis.

GASTON. *Languedoc.*

D'argent à la cage de sable ; au chef du même.

Cette famille a deux représentants : de Gaston, à Toulouse ; de Gaston de Bruchet, au château de Pecoulette, par Courthezon, département de Vaucluse.

GAUCOURT. *Picardie et Berry.*

D'hermines à deux bars adossés de gueules.

Les sires de Gaucourt, derniers rejetons des anciens comtes de Clermont-en-Beauvoisis, par Jehan de Clermont, dit du Plessis, seigneur de Gaucourt et d'Argicourt, sous Montdidier, vers 1230, ont donné : un grand-maître de France, un grand-fauconnier, trois évêques, dont l'un duc et pair, plusieurs gouverneurs de provinces, dont un de Paris et Île-de-France, des baillys d'épée à Rouen, Beaucaire et Orléans, des chefs d'armée, des conseillers d'État et du Parlement, etc. Ils sont représentés aujourd'hui par E. B. S., marquis de Gaucourt, à Saint-Saens (Seine-Inférieure), et A. C. M. de Gaucourt, lieutenant-colonel au 7e régiment de hussards.

GAUDECHART. *Beauvoisis, Picardie.*

D'argent à neuf merlettes de gueules posées en orle, 4, 2, 2 et 1. Couronne : de marquis. Tenants : deux anges.

Devise : *Vivit post funera virtus.*

Cette famille d'ancienne chevalerie, qui a pour berceau la terre seigneuriale de son nom, assez puissante, dès la fin du douzième siècle, pour avoir sa charte de Commune, a quatre représentants issus de trois branches : le marquis de Gaudechart de Querrieu, au château de Querrieu, par Amiens; Albéric, comte de Gaudechart, au château de l'Épine, près Beauvais; Eugène, comte de Gaudechart, au château d'Hennevillers, près Compiègne; Frédéric de Gaudechart, à Paris.

GAUDEL. *Lorraine.*

De sinople au chevron d'argent accompagné de trois lions du même.

L'unique représentant du nom de Gaudel, est capitaine de gendarmerie, à Montargis.

GAUDEMAR. *Provence.*

D'azur à trois coqs d'or posés sur une mer d'argent.

Cette famille a trois représentants : de Gaudemar, au château de Bellevue, par Aups, département du Var; de Gaudemar, juge de paix, à Bareme, département des Basses-Alpes; de Gaudemar, à Marseille.

GAUDIN. *Pays d'Aunis et de Saintonge.*

D'azur à dix losanges d'or rangés en orle.

Cette famille est représentée par de Gaudin, conseiller de cour à Aix, département des Bouches-du-Rhône, et par Charles de Gaudin de Bois-Robert, à Angers.

GAUDIN DE LA GRANGE. *France.*

D'azur au lion d'or.

L'unique représentant du nom, de Gaudin de la Grange, officier de la Légion d'honneur, est commissaire de la marine, à Saint-Denis (Ile de la Réunion).

GAUDIN DE VILLAINE. *Bretagne.*

De gueules au croissant d'argent, accompagné de trois roses du même.

Cette famille a deux représentants : Olivier de Gaudin de Villaine, commandeur de la Légion d'honneur, conseiller général en retraite à Mortain, département de la Manche ; Adrien de Gaudin de Villaine, commandeur de la Légion d'honneur, général de brigade, en retraite, à Versailles.

GAULEJAC. *Quercy.*

Mi-parti d'argent et d'azur.

Les quatre représentants de cette famille sont : le vicomte Edmond de Gaulejac, au château de Salerme, département de la Haute-Garonne ; baron de Gaulejac, prêtre du clergé de Toulouse ; Émile de Gaulejac, à Thil, département de la Haute-Garonne ; Charles de Gaulejac, officier de la Légion d'honneur, lieutenant de vaisseau.

GAULLIER DE LA SELLE. *Touraine.*

D'azur au chevron d'or, accompagné de trois croissants du même.

De Gaullier de la Selle, unique représentant du nom, réside au château de la Garenne, par Celle-Guenand, département d'Indre-et-Loire.

GAULLIER DES BORDES. *Orléanais.*

De sable à une fasce d'or chargée d'une macle du champ.

De Gaullier des Bordes, unique représentant du nom, est procureur au tribunal de Chartres.

GAULT. *Bretagne.*

D'azur à l'épervier d'argent, perché du même, becqué, membré et grilleté d'or.

Cette famille a deux représentants : de Gault de Galmontedière ; de Gault de Saint-Germain.

GAULTIER. *Normandie, Guyenne, Picardie, Provence, Dauphiné, Bretagne, Paris.*

NORMANDIE. De sable à la fasce accompagnée en chef de trois trèfles rangés et en pointe de trois besants, le tout d'argent. GAULTIER DE CHIFFREVILLE. De gueules à la croix ancrée d'argent, liée en sautoir d'azur. GAULTIER DE MONGAULTIER. De gueules à la croix ancrée d'argent, liée en sautoir d'azur, cantonnée au 1 d'un croissant d'argent.

GUYENNE. D'or à un ormeau de sinople.

PICARDIE. GAULTIER DE LA GANTERIE. De gueules à deux lions léopardés d'argent, l'un sur l'autre, chargés chacun sur l'épaule d'un croissant du champ.

PROVENCE, DAUPHINÉ. GAULTIER DE GIRENTON. D'or au chevron de sable accompagné en pointe d'une étoile de gueules ; au chef cousu du champ, chargé de trois autres étoiles de gueules, toutes quatre à sept rais.

Gaultier de Girenton est cité, dès l'an 1116, dans la charte par laquelle Laugier, II° du nom, évêque de Gap, confirma la fondation de la Chartreuse de Dourbon.

BRETAGNE. Coupé de sinople et d'or à trois pommes de pin versées au naturel.

PARIS. D'or à deux branches de laurier de sinople passées en sautoir ; au chef d'azur chargé de trois étoiles d'argent mises en fasce. — Écartelé : au 1 d'azur au levrier d'or ; au 4 d'azur au lion d'or ; aux 2 et 3 de gueules à une jacinthe d'argent feuillée de sinople.

On retrouve en France douze représentants du nom de Gaultier, proprement dit : de Gaultier, receveur des contributions directes, à Flers, département de l'Orne, qui porte de Gaultier de Chiffreville ; de Gaultier de Beauvallon, avocat, à Rennes ; Gaultier de Claubry, membre de l'académie de médecine, officier de la Légion d'honneur ; Em. Gaultier de Claubry, propriétaire en Algérie ; l'abbé Gaultier de Claubry, 2° vicaire de Saint-Étienne-du-Mont, à Paris, chanoine honoraire d'Alger ; X. Gaultier de Claubry, ancien membre de l'École française d'Athènes ; de Gaultier de Guistière, chevalier de la Légion d'honneur, député, conseiller général du département d'Ille-et-Vilaine ; de Gaultier du Mothay, conseiller général, à Saint-Brieuc, département des Côtes-du-Nord ; de Gaultier de la Ferrière, chirurgien de la marine ; Louis de Gaultier de la Richerie, commandeur de la Légion d'honneur, capitaine de vaisseau, à Cherbourg ; de Gaultier de Rigny, receveur particulier, à Valognes, département de la Manche ; de Gaultier de Saint-Cyr, maire à Argentré, par Laval, département de la Mayenne.

GAURAN. *Toulouse, Montauban.*

De gueules à la montagne d'argent; au chef d'azur chargé de trois ceps de vigne.

Cette famille a six représentants : Jules-Guillaume de Gauran, président du tribunal civil, à Marmande, qui a un fils, Jules-Gaëtan de Gauran, et deux frères, Lucien de Gauran, à Condom, département du Gers, et Édouard de Gauran, à Leyrac, département de Lot-et-Garonne; de Gauran, avocat, à Auch; de Gauran au château de Ronède, à Vic-Fezensac, département du Gers.

GAUTHIER. *Paris, Versailles, Bretagne.*

Paris. D'argent au chevron de gueules accompagné de trois roses de même tigées de sinople.

Versailles. D'azur au chevron d'or accompagné en chef de deux roses et en pointe d'un lion, le tout d'or.

Bretagne. D'argent à une fasce de gueules chargée de trois croissants renversés d'or et accompagnés de trois croisettes de gueules, deux en chef et une en pointe.

On retrouve en France plusieurs représentants du nom de Gautier : de Gautier de Lizoles, officier de la Légion d'honneur, conseiller-maître à la cour des comptes, à Paris; de Gauthier d'Hauteserve, à Paris; de Gauthier de la Rosière, à Valenciennes.

GAUTHIER D'HAUTESERVE. *Bourgogne, Bourbonnais.*

D'argent au chevron d'azur accompagné en chef de deux étoiles du même et en pointe d'une grappe de raisin de gueules; au chef du second chargé d'une fleur de lis d'or.

Cette famille est représentée par de Gauthier d'Hauteserve, officier de la Légion d'honneur, conseiller de la cour des comptes, à Paris.

GAUTHIER D'AUBETERRE. *France*.

D'or au chevron d'azur accompagné en chef de trois étoiles du même, et en pointe d'une rivière aussi d'azur.

De Gauthier d'Aubeterre, unique représentant du nom, ancien géomètre au service de l'État, est propriétaire à Constantine, Algérie.

GAUTIER. *France*.

De gueules au chevron d'or accompagné de trois colombes d'argent, les deux du chef surmontées chacune d'une étoile du même et une pareille étoile sous la colombe au bas de l'écu.

De Gautier d'Uzerches, officier de la Légion d'honneur, réside à Paris.

GAUTIER DE SAINT-PAULET. *Dauphiné*.

De gueules au tronc écoté d'or, péri en bande.

Cette famille a trois représentants : le marquis de Gautier de Saint-Paulet, conseiller de cour, à Alger; Pierre de Gautier de Saint-Paulet, juge au tribunal de première instance d'Espalion; Étienne de Gautier de Saint-Paulet, à Paris.

GAUVAIN. *Lorraine, Picardie*.

D'azur au triangle d'or, accompagné de trois molettes du même.

L'unique représentant du nom de Gauvain vit dans ses terres, au château de Neuville-lez-Nancy, par Nancy.

GAVARRET. *Gascogne, Languedoc.*

D'azur à trois lions de sable armés et lampassés de gueules, les deux du chef affrontés.

L'unique représentant du nom, marquis de Gavarret, réside au château de Saint-Léon, par Nailloux, département de la Haute-Garonne.

GAVOTTI. *Gênes.*

Échiqueté d'argent et de sable ; au chef d'or, chargé d'une aigle issante de sable.

Cette famille a trois représentants : le baron de Gavotti, directeur des contributions directes, à Valence ; de Gavotti, directeur des contributions directes, à Marseille ; Philémon de Gavotti, juge, à Marseille.

GAY. *France.*

D'azur au chevron d'or accompagné de trois chausse-trapes de sable.

L'unique représentant du nom, de Gay, baron de Nexon, chevalier de la Légion d'honneur, est conseiller général à Nexon, département de la Haute-Vienne.

GAY. *Poligny, Dauphiné, France, Bretagne.*

Poligny. D'azur à deux chevrons d'or accompagnés en chef de deux étoiles d'argent, en cœur d'un croissant, et en pointe d'une étoile, le tout aussi d'argent.

Devise : *En tout temps gay.*

Dauphiné. D'azur à la bande d'argent chargée d'un croissant du champ.

France. D'azur au cheval gai ou galoppant d'argent, accompagné de trois étoiles d'or rangées en chef.

Bretagne. D'or au lion de sable armé, lampassé et couronné de gueules.

Originaire de Poligny et établie à Salins vers la fin du seizième siècle, la famille de Gay a donné Odet-Gay, seigneur de Montafroy, maire de Poligny en 1584.

On compte en France plusieurs représentants du nom : Gay de Laporte, au château de la Barrière, par Beaurepaire, département de l'Isère ; Gay du Palland, conseiller de préfecture, à Beauvais, département de l'Oise ; Gay de Vernon, chevalier de la Légion d'honneur, ancien chef d'escadrons au 2° de chasseurs ; Gay de Puydanché, au château de Puydanché, par Saujé-Vaussé, département des Deux-Sèvres.

GAYFFIER. *Gévaudan, Auvergne.*

D'azur, muraillé de six carreaux d'or, remplis chacun d'un alérion, *alias* d'un trèfle du même ; au chef d'argent, chargé d'un lion issant, au naturel.

Cette famille est originaire du Gévaudan, Languedoc. L'orthographe du nom a beaucoup varié ; la plus ancienne, d'après une charte de 1333, est celle ci-dessus, aujourd'hui invariablement fixée.

Ce nom est d'origine germanique ; sa forme primitive était : Waiver, composé de deux radicaux : le premier Way, Wai, Wey, qu'on retrouve, avec le sens de *courageux*, dans les anciens noms anglo-saxons : Warwey, Waimar ou Guaimar. (Waimar, duc de Salerne, neuvième siècle, qui succéda à son père, Guaifier, avait, dit Ferguson, p. 42, un nom à peu près synonyme de celui de son père).

Le second radical Ver, que Ferguson regarde comme le Vir latin, signifie en gaëlique *supérieur, excellent, proéminent.*

Cette forme s'est modifiée par les translations successives ; le W germanique, étranger à l'alphabet français, a été remplacé par G ou Gu, comme dans Guillaume, pour Wuillaume, Garnier pour Warnier. — Le V allemand a été remplacé par F, dont il a la prononciation.

C'est ainsi que de Waifer et de Waifarius, nom latin du duc d'Aquitaine, fils d'Eudes, les chroniqueurs français ont fait Gaifer ou Gayffier (J. Bouchet, *Annales d'Aquitaine*, 1557) et Gaiffier (Claude Fauchet, *Antiquités françaises*, *Paris*, 1611).

L'hérédité des noms ne remontant guère au delà du douzième siècle, leur origine, lorsqu'elle est antérieure à cette époque, ne peut fournir aucune indication sur la descendance des familles qui les portent. Tout ce que l'on pourrait en induire, c'est que les homonymies étant nombreuses dans les noms germaniques, ce surnom a été donné à l'un des auteurs de ces familles, qui l'a transmis à sa descendance comme nom héréditaire.

Le premier auteur connu de la famille de Gayffier est Guillaume, qui rendit hommage, le 6 juin 1333, au comte de Forez (Arch. de l'État, Aveux, R° 490, p. 223). Son frère Hugon était, en 1334, seigneur de Bessettes, paroisse de Chastanier, diocèse de Mende, où ses ancêtres étaient établis de temps immémorial. Les descendants de Guillaume, seigneurs de Bessettes, de la Chaze, de la Ligeyre, de Pasabres, de Brès, de Fabréges, de la Rochette, de Maurin, de Beaulieu, etc., furent : IIe degré, Pierre, marié à Catherine de Lobaresse ; III, Guillaume, à N.; IV, Raymond, à Gabrielle de Borne ; V, Francois, à N.; VI, Antoine, à Isabeau d'Hautvillar ; VII, Sébastien, à Catherine de Cardaillac ; VIII, Guillaume, à Jeanne d'Amblard ; IX, Sébastien, à Anne de Malbosc de Miral ; X, François, à Isabeau de Chastel de Condres ; frère de Jean et d'Antoine.

Les trois frères François, Jean et Antoine, furent

maintenus et déclarés nobles et *issus de noble race et lignée*, par jugement souverain et en dernier ressort du 6 mars 1670.

François, l'aîné, laissa ses biens à sa fille unique Marie-Antoinette, qui épousa, en 1682, Charles de Milhet, seigneur de Costaros, écuyer, qui vint s'établir à Bessette, où sa descendance est représentée aujourd'hui par M. A. de Milhet de Bessettes. — Jean fut prêtre. — Antoine épousa, en 1674, Louise d'Arfeuille, de Ruines, en Auvergne, où il alla s'établir. Ses descendants, seigneurs de Maurin et de Beaulieu, furent: XI, Mathieu, marié à Jeanne-Antoinette de Bouschet; XII, Guillaume, à Isabeau d'Aurelles de Paladines; XIII, François, à Marie de Castellas. François, son frère, Jean-François, et leur cousin Pierre, petit-fils d'Antoine, assistèrent aux assemblées de la noblesse de la Haute-Auvergne, à Saint-Flour, les 28 et 30 juillet 1789. (Archives de l'État, B. III, 136, pp. 170 et 237, et BA pièce V.)

Les descendants de François sont aujourd'hui représentés par Eugène-Charles de Gayffier, XVIe degré, chevalier de la Légion d'honneur, inspecteur des forêts; et par Auguste de Gayffier, propriétaire à Ruines, qui a un fils, Eugène.

Les descendants de Jean-François, marié à Marguerite Rouget de Lascors, auteur de la branche d'Alozier, sont représentés par Joseph-Eugène de Gayffier, XVe degré, chevalier de la Légion d'honneur et de l'ordre de la Conception de Portugal, ingénieur en chef des ponts et chaussées ; et par son fils Charles-Paul-Alphonse et ses enfants : 1° Léonce ; 2° Réné ; 3° Raymond ; 4° Pauline.

Ouvrages à consulter : H. de Caux, *Catalogue des*

gentilshommes de Languedoc; Pezenas, 1676 ; M. d'Aubaïs, t. II et III, pièces fugitives ; d'Hozier, *Armorial de France,* 1736 ; P. Anselme, *Grands-Officiers;* Bouillet, *Nobiliaire d'Auvergne,* t. III, p. 222, t. VII, p. 456, 487 ; de la Roque, *Armorial de Languedoc,* t. I, p. 250, 333, t. II, p. 281, et *Annuaire,* 1862-63, p. 17 ; Borel d'Hauterive, 1861 ; *Annuaire de la noblesse de France ;* de Magny, *Nobiliaire universel,* 1861 ; d'Auriac et vicomte de Gennes, t. X de l'*Armorial de France.*

GAZAN. *France.*

Parti d'azur et d'argent, coupé de gueules ; l'azur au signe des comtes militaires ; l'argent au pin de sinople terrassé de même, fruité et accosté d'une pie de sable ; de gueules à la ruine d'argent.

L'unique représentant du nom, vicomte de Gazan, est juge à Saint-Omer.

GAZE. *Bourgogne.*

De gueules au croissant d'argent, accompagné de sept billettes du même, trois en chef, deux en flancs et deux en pointe.

Cette famille a pour seul représentant de Gaze, négociant, à Saint-Pierre, Martinique.

GAZEAU DES BOUCHERIES. *Bretagne.*

D'or à l'aigle éployée de sable.

Cette famille a pour unique représentant Mme la douairière de Gazeau des Boucheries, au château de la Villepelotte, par Josselin, département du Morbihan.

GEFFRARD. *Bretagne.*

Losangé d'argent et de gueules.

L'unique représentant du nom est la comtesse Francesca de Geffrard, dame chanoinesse du chapitre noble de Yeseck-Kepel, en Prusse, à son château de la Voûte, à Too ; par Montoire, département de Loir-et-Cher.

GEFFRIER. *Orléanais.*

De sable au triangle d'or chargé d'une rose au naturel, tigée du même ; à la bordure d'or.

Saint-Cyr-Guy-Geffrier, qui s'était fait protestant, fut nommé, par le prince de Condé, gouverneur d'Orléans, en avril 1562. Sa descendance est représentée par de Geffrier de Pully, au château de Pully, par Beaugency, département du Loiret ; de Geffrier de Pully, à Orléans ; un autre de Geffrier de Pully, à Orléans.

GEIGER. *Alsace.*

De gueules à une bande d'argent chargée de trois alérions ou aiglettes de sable et accompagnée de deux sirènes d'argent.

Cette famille a plusieurs représentants : le baron de Geiger, officier de la Légion d'honneur, conseiller général, ancien député et ancien maire à Sarreguemines, département de la Moselle ; de Geiger, receveur particulier des douanes, à Montbéliard, département du Doubs ; de Geiger, à Paris.

GÉMIER DE PERICHONS. *Forez.*

D'azur au chevron d'or accompagné en chef de deux étoiles du même et en pointe d'un lion d'argent.

L'unique représentant du nom, de Gémier des Périchons, est attaché à l'administration des lignes télégraphiques, à Beauvais.

GENEST. *Orléanais.*

De sable au chef vivré d'argent.

Cette famille a pour unique représentant de Genest, à Engerville, département du Loiret.

GENESTET DE PLANHOL. *Languedoc.*

D'azur au cœur d'or ailé d'argent.

Cette famille a plusieurs représentants : le baron de Genestet de Planhol, à Paris ; de Genestet de Planhol, officier de la Légion d'honneur, colonel au 4ᵉ régiment de dragons ; Genestet de Planhol, chevalier de la Légion d'honneur, lieutenant-colonel au 51ᵉ régiment d'infanterie.

GENET DE CHATENAY. *France.*

D'argent au chevron d'azur accompagné en chef de deux étoiles de gueules, et en pointe d'un genêt de sinople.

Cette famille est représentée par Jean-Baptiste de Genet de Châtenay, au château de Bernicourt, à Boost-Wareschin, qui a un fils, Alexandre.

GENIS. *Limousin.*

D'azur à une croix d'argent accompagnée en chef de quatre créneaux de sable mouvants du chef, deux de chaque côté.

L'unique représentant du nom de Genis réside au château de Voutezac, par Objat, département de la Corrèze.

GENNES. *Poitou.*

D'azur au chevron d'argent accompagné en chef d'une étoile du même entre deux roses d'or, et en pointe d'une coquille du même.

La Chesnaye-Desbois mentionne Pierre de Gennes, écuyer, conseiller et procureur du roi en la sénéchaussée et siége présidial du Mans ; mais il croit que cette famille s'est éteinte dans une fille. Nous ne pouvons donc affirmer si les représentants actuels du nom proviennent de la même souche. Les voici : de Gennes, conseiller général du département de la Vienne et conseiller à la cour de Poitiers; de Gennes, à Poitiers; de Gennes, au château de Cantelauze, par Saint-Lys, département de la Haute-Garonne.

GENNEVIÈRES. *Artois.*

D'or au chevron d'azur accompagné de trois hures de sable.

L'unique représentant du nom, comte de Gennevières, réside au château de Vielfort, par Béthune, département du Pas-de-Calais.

GENOUILLAC. *Quercy.*

D'azur à trois étoiles d'or rangées en pal.

On compte deux représentants du nom : le vicomte de Genouillac, au château de Chapelle-Chaussée, par Bécherel, département d'Ille-et-Vilaine ; de Genouillac, ingénieur des mines, à Rouen.

GENOUILLAC (DU VERDIER DE). *Limousin, Quercy, Anjou, Bretagne.*

Ecartelé : aux 1 et 4 d'azur à trois bandes d'argent chargées de charbons de sable ardents de gueules ; aux 2 et 3 de gueules au lion rampant d'or. Sur le tout : d'or à l'arbre de sinople, qui est de Verdier.

Cette famille se divise en deux branches.

La branche aînée avait pour chef de nom et d'armes Casimir du Verdier, comte de Genouillac, mort en 1867, au château de Rox, près Mauron, département du Morbihan, qui a laissé trois fils vivants aujourd'hui, savoir :

Sévère-Alexandre-Galiot du Verdier de Genouillac, fils aîné, héritier du titre, à Rennes; Olivier du Verdier de Genouillac, résidant au château du Rox; Victor du Verdier de Genouillac, résidant à Rouen.

La branche cadette est représentée par Paul du Verdier de Genouillac, frère de Casimir, au château de la Chapelle-Chaussée, près Bécherel, département d'Ille-et-Vilaine.

GENTIL (LE). *Bretagne, Normandie, Montpellier, Montauban.*

BRETAGNE. D'azur au serpent volant d'or, lampassé de gueules.

NORMANDIE. D'azur au dragon volant d'or, lampassé de gueules.

MONTPELLIER, MONTAUBAN. D'argent à la croix losangée d'argent et de sinople. — De sinople à l'aigle éployée d'argent, becquée, membrée et couronnée de gueules, tenant de la griffe dextre une épée flamboyante de gueules.

Le Gentil, en Bretagne, remonte à Pierre le Gentil, premier du nom, sieur de Poulers, en 1386, qui fut du nombre des gentilshommes députés pour aller chercher Jeanne, duchesse de Bretagne, fille du roi de Navarre.

Ce nom est représenté aujourd'hui par le Gentil de Baichis, chevalier de la Légion d'honneur, à Toulouse.

De Gentil de la Breuille, ancien colonel au 5e régiment des chaseurs à cheval, appartient à une autre famille (V. tome II p. 103).

GEOFFRE DE CHABRIGNAC. *Dauphiné, Limousin.*

Palé d'argent et de gueules de six pièces; au chef fascé d'azur et d'or de six pièces. Couronne: de marquis.

Devise : *J'offre tout à ma patrie.*

Etablie depuis deux siècles en Dauphiné et sortie d'une des plus anciennes du Limousin, où son nom est connu avec la possession de la terre de Chabrignac depuis le onzième siècle, cette famille a cinq représentants : Charles, marquis de Geoffre de Chabrignac, à Vendôme ; le marquis de Geoffre de Chabrignac, au château des Roches, par Montélimart, département de la Drôme ; Ferdinand, comte de Geoffre de Chabrignac, au château des Roches ; Alfred, comte de Geoffre de Chabrignac, au château des Roches ; le vicomte de Geoffre de Chabrignac, à Montélimart.

GEOFFROY. *Provence, Languedoc.*

Provence. Geoffroy de Bouret. Tranché de gueules sur argent.

Languedoc. D'azur au château d'argent maçonné de sable, donjonné de trois pièces du second. — D'azur à un triangle plein d'argent posé sur sa pointe, chargé en cœur d'un soleil de gueules.

A cette dernière famille appartenait Claude Geoffroy, secrétaire du roi et caissier général des finances, mort en 1770.

On retrouve encore deux autres représentants du nom de Geoffroy : de Geoffroy de Montreuil, curé-doyen à Aujances, département de la Creuse ; de Geoffroy de Villeneuve, député, à Fère-en-Tardenois, département de l'Aisne.

GERANDO. *Ile-de-France.*

Parti : au 1 coupé : *A* d'azur à la bande sénestrée d'une colombe et adextrée d'une sphère, le tout d'or ; *B* d'argent à cinq branches nouées de sinople ; au 2 d'argent à la fasce de sinople et à l'orle de gueules ; au franc quartier échiqueté d'or et de gueules.

Cette famille a trois représentants : le baron de Gerando, premier président honoraire à la Cour d'appel de Nancy ; de Gerando, chevalier de la Légion d'honneur, directeur des douanes, à Lyon ; Léo de Gerando, sous-ingénieur de la marine, à Cherbourg, département de la Manche.

GÉRARD DU BARRY. *Majorque, France.*

D'azur au croissant d'argent environné de cinq étoiles d'or rangées en orle. Casque : taré de front à cinq grilles. Couronne : de comte. Support : deux lions contournés.

Venue de Majorque en France dans le quinzième siècle, cette maison est représentée par la comtesse de Gérard du Barry, à Bergerac, et le comte Eugène de Gérard du Barry, au château du Barry, par Sarlat, département de la Dordogne.

GÉRARD. *Provence.*

De gueules à une fasce d'or, chargée d'une fasce vivrée d'azur et accompagnée de trois roses d'argent posées deux en chef, une en pointe.

Cette famille, dont les armes sont blasonnées dans Lachenaye-Desbois, qui charge la fasce d'or de trois chevrons d'azur rangés en fasce, et qui a donné Gaspard Gérard, conseiller-secrétaire du roi près la cour des aides de Provence, le 1ᵉʳ avril 1698, a deux représentants : de Gérard de Lamothe, au château de Melay, par Bourbonne, département de la Haute-Marne ; de Gérard de Saint-Amand, percepteur à Jalons, département de la Marne.

GÉRARD D'HANNONCELLES. *France.*

D'argent à la fasce de gueules, accompagnée en chef d'une aigle éployée de sable, armée et becquée de gueules, et en pointe de deux lions affrontés d'azur, armés et lampassés de gueules, le tout cantonné de quatre macles aussi de gueules.

De Gérard d'Hannoncelles, unique représentant de la famille, était conseiller de cour à Metz.

GERBAIX DE SONNAZ. *Bugey.*

Écartelé : au 1 d'argent à la croix de gueules ; aux 2 et 3 losangés de gueules et d'argent ; au 4 d'azur au chef d'argent, chargé de trois étoiles de gueules.

Cette famille, mentionnée dans Lachenaye-Desbois sous le nom de Gerbais, descend d'Amblard de Gerbais, seigneur de Mussel en Bugey, vivant en 1350. Elle est représentée par de Gerbais de Sonnaz, à son château, à Chamaix, département de la Savoie.

GERENTE. *Provence, Languedoc.*

D'or au sautoir de gueules.

Cette famille, qui descend de Gantelme de Gerente, établi à Sisteron, député en 1352 vers la reine Jeanne, comtesse de Provence, est représentée par Mme la douairière de Gerente, au château de Saint-Peyré, par Orange (Vaucluse).

GÈRES. *Bordeaux.*

Écartelé : au 1 de gueules au lion d'or armé et lampassé du champ ; au 2 d'or à deux vaches de gueules passantes l'une sur l'autre, accolées, accornées, clarinées et onglées d'azur, qui est de Béarn ; au 3 d'argent à la branche de lierre posée en bande, ondée et feuillée de sinople, grenée de sable ; au 4 de gueules a trois besants d'argent, qui est de Gères. Couronne : de marquis. Supports : un lion à dextre, en baroque, et une licorne à sénestre.

Devise : *Foy des de Gères.*

Cette famille est représentée par Jean-Luc-Jules, vicomte de Gères, au château de Mony, par Cadillac, département de la Gironde ; Auguste, comte de Gères, au château de Gamarsac, par Créon (Gironde) ; Henry de Gères, cours de Tournon, à Bordeaux ; Bertrand de Gères, à Bordeaux.

GÉRIN. *Provence.*

De gueules à trois chaînes d'or posées en bande ; au chef du même, chargé d'un cor de chasse de gueules.

Cette famille a pour chef de nom et d'armes Emmanuel, marquis de Gérin, qui a sa résidence d'hiver à Marseille, et celle d'été au château de Valdonne, département des Bouches-du-Rhône. Il a un fils : Constantin, comte de Gérin, à Paris. Il a aussi un frère : Théodore, comte de Gérin, à Marseille. Léon de Gérin, cousin des précédents, réside au château de Valdonne, département des Bouches-du-Rhône.

GERMAIN. *Paris, Limousin.*

Paris. Parti : au 1 d'azur à la tour d'or ajourée de sable ; au 2 d'azur à la barre d'argent accostée de deux aiglettes du même, le vol abaissé.

Limousin. D'argent à une main de gueules tenant une épée d'azur. — De gueules à une fleur de lis d'argent.

Lachenaye-Desbois constate que la famille de Germain est d'ancienne noblesse. Elle a cinq représentants : Oscar de Germain, trésorier des invalides de la marine, à Cette, département de l'Hérault ; de Germain, au château de Saint-Michel, par Auvillars, département de Tarn-et-Garonne; Germain de Montauzan, notaire à Saint-Etienne, département de la Loire; Germain de Saligny, inspecteur des contributions indirectes, à Autun, département de Saône-et-Loire ; Germain de Saint-Pierre, commandeur de l'ordre de la Rose, président (1870-72) de la société botanique de France, au château de Saint-Pierre-des-Horts, par Hyères, département du Var; et au château du Bessay (Nièvre).

GERMON. *Orléanais.*

D'azur au chevron de gueules accompagné en chef d'un croissant d'azur, et en pointe d'un rose du second.

Cette famille a deux représentants: de Germon de Malmusse et de Germon de Villebourgeois, tous deux à Orléans.

GERMONT. *Poitou.*

D'or à une bande de sable accompagnée de trois merlettes d'azur en chef, posées 2 et 1.

L'unique représentant du nom, de Germont, réside au château de Tennesse, par Amailloux, département des Deux-Sèvres.

GERSON. *Lyon.*

D'azur à deux épées d'argent passées en sautoir.

On ne retrouve plus qu'un unique représentant du nom, le comte de Gerson, adjoint au maire, à Mustapha, Algérie.

GERUS DE LABORIE. *Toulouse.*

Coupé: en chef de gueules à deux lions rampants et affrontés d'or ; en pointe d'azur à trois merlettes d'argent.

Cette famille est représentée par de Gerus de Laborie, capitaine de gendarmerie, officier de la Légion d'honneur, à Toulouse.

GERVAIN. *Guyenne, Agenois.*

D'azur au chevron d'or, accompagné de trois roses du même, deux en chef et une en pointe.

La famille de Gervain est représentée aujourd'hui par le baron de Gervain, maire de Lassen, par Damazan, département de Lot-et-Garonne, et par de Gervain, conseiller d'arrondissement à Verteuil, même département.

GERVAIS. *Bretagne.*

D'or à une pomme de pin de sable placée du côté dextre; en chef, un merle aussi de sable posé du côté sénestre du même chef et un crapaud, pareillement de sable, mise en pointe de l'écu.

Cette famille, maintenue en 1667 et 1703, remonte à Pierre Gervais, seigneur de Rocquepiquet, en Agenois, capitaine de la ville de Montclar en 1492.

Cette famille a deux représentants : de Gervais, chevalier de la Légion d'honneur, directeur de l'école supérieure de commerce, à Paris ; de Gervais d'Aldin, procureur au tribunal de Nogent-le-Rotrou, département d'Eure-et-Loir.

GERZAT. *Auvergne, Bourbonnais.*

D'azur à quatre pals d'argent.

Vers la fin du siècle dernier, cette famille formait trois branches :

Celle d'Ennezat, représentée aujourd'hui par Henri Gerzat, ancien maire d'Ennezat et membre du conseil général du département du Puy-de-Dôme, au Château d'Ennezat.

Celle de Gannat, d'où proviennent Alphonse et Armand de Gerzat, à Gauner, département de l'Allier.

Enfin celle de Champeyroux, qui s'est éteinte en 1856, dans la personne de Michel-Marie Gerzat, chevalier de la Légion d'honneur, conseiller à la cour de Riom, département du Puy-de-Dôme.

GESBERT DE LA NOE-SEICHE. *Alençon.*

D'azur à trois gerbes d'or liées de gueules, posées 2 et 1.

Gesbert de la Noe-Seiche a deux représentants : de Gesbert de la Noe-Seiche, officier de la Légion d'honneur, président honoraire de chambre à la cour de Rouen; de Gesbert de la Noe-Seiche, avocat général, à Amiens.

GESTAS. *Soule, Comminges, Guyenne, Gascogne, Champagne.*

D'azur à la tour ouverte, ajourée et crénelée d'argent, maçonnée de sable.

De Gestas, en Soule, Comminges, Guyenne, Gascogne et Champagne, qui a toutes les marques de la haute et ancienne noblesse, célèbre par ses services et emplois militaires aux douzième, treizième, quatorzième et quinzième siècles, ainsi que par ses grandes alliances, est représenté aujourd'hui par le comte de Gestas, à Amiens, et par de Gestas, à Lombez, département du Gers.

GEVIGNEY ou **GEVIGNY.** *Franche-Comté, Lorraine.*

Burelé d'or et de gueules.

L'unique représentant du nom, Mme la douairière de Gevigney ou Gevigny, réside à Besançon.

GEVIGNY DE POINTE. *France.*

D'or à trois lions naissants de sable; écartelé de Gevigny, qui est burelé d'or et de gueules de six pièces.

Cette famille n'est plus représentée que par de Gevigny de Pointe, officier de cavalerie.

GHELKE. *Flandre.*

De sable à la fasce d'or, accompagnée de trois besants d'argent, chargés chacun d'une croisette pattée, alésée et arrondie du champ.

Cette famille, représentée en France par de Ghelke, au château de Saint-Martin-en-Laert, par Saint-Omer, département du Pas-de-Calais, avait pour chef de nom et d'armes, en Belgique, de Ghelke, décédé juge de paix à Poperinghe.

GIBERT. *Provence.*

D'or au lion de gueules; au chef d'azur, chargé de trois étoiles du champ.

Cette famille, mentionnée par Lachenaye-Desbois, est représentée par de Gibert des Molières, notaire, à Saint-Denis, île de la Réunion.

GIBIEU. *Bourges.*

D'azur à trois étoiles d'argent; écartelé d'or à trois fers de flèche à l'antique de sable; sur le tout d'or à un chevron de gueules, accompagné d'un trèfle de sinople en pointe et surmonté d'un chef de sable.

Cette famille est représentée par Charles de Gibieu, au château de Chappe, par Bourges, département du Cher.

GIBON. *Bretagne.*

De gueules à trois gerbes d'or posées 2 et 1.

On retrouve deux représentants de cette famille : de Gibon, garde général des forêts, à Sétif, Algérie; de Gibon, capitaine d'état-major, à la 16e division.

GIBOT. *Maine.*

D'argent au léopard de sable.

Cette famille, maintenue en 1667, 1697, 1714, a donné Jean Gibot, seigneur de la Périnière, au diocèse d'Angers, vivant en 1456. Elle est représentée par le marquis de Gibot, au château de Mauvoisinières, par Bouzillé, département de Maine-et-Loire.

GICQUET DES TOUCHES. *Bretagne.*

D'azur au chevron d'argent, chargé de cinq coquilles de sable et accompagné de trois quintefeuilles du second. Couronne de marquis. Supports : deux lions.

Cette famille remonte à Gicaël, fils de Henri, baron d'Avaugour, qui vivait vers 1200. Elle est représentée par Albert-Auguste de Gicquet des Touches, commandeur de la Légion d'honneur, contre-amiral; Auguste de Gicquet des Touches, officier de la Légion d'honneur, capitaine de frégate, à Paris.

GIGAULT. *Champagne, Berry, Bretagne, Normandie.*

Champagne. D'or à trois fasces d'azur accompagnées de six merlettes de sable posées 4, 3, 2 et 1.

Normandie, Berry, Bretagne. D'azur au chevron d'or accompagné de trois losanges d'argent, deux en chef et une en pointe.

Gigault, en Champagne, a donné Jacques Gigault, seigneur de Han.

Gigault de Bellefonds, en Normandie, famille d'ancienne noblesse, des plus distinguées de la province, descend de Hélion Gigault, écuyer, vivant en 1489.

On compte aujourd'hui deux représentants du nom : de Gigault de la Bédollière, homme de lettres, à Paris ; Lucien de Gigault de la Bédollière, enseigne de vaisseau, à Toulon.

GIGNOUX DE BERNÈDE. *Montpellier, Montauban.*

D'azur à un arbre d'or mouvant à dextre d'un rocher, et à sénestre d'un cerf rampant aussi d'or.

On retrouve en France deux représentants de cette famille : de Gignoux de Bernède, sous-préfet, à Rochechouart, département de la Haute-Vienne ; de Gignoux de Bernède, adjoint au maire, à Grayssas, par Puymirol, département de Lot-et-Garonne.

GIGORD. *Dauphiné, Languedoc.*

De gueules à la rose d'argent ; au chef cousu d'azur chargé de trois faucons d'argent.

Cette famille nombreuse, maintenue par arrêt de la cour des francs fiefs de Montpellier du 19 décembre 1658, et par jugement de M. de Bezons, intendant de Languedoc, rendu le 16 janvier 1669, a huit représentants : le comte de Gigord, chef de nom et d'armes, au château de Rocher, département de l'Ardèche, qui a épousé Gabrielle de Gasté ; Léopold de Gigord, chef d'escadrons au 17e dragons, qui épousa : 1º Marie-Valentine Lopin de Gemaux ; 2º Bathilde de Sallmar ; Charles de Gigord, à Dijon, qui épousa Caroline-Marie de Coynart ; Raymond de Gigord, au château de Velagny, département de la Côte-d'Or, qui épousa Marie de Drouas ; Amédée de Gigord, garde du corps démissionnaire en 1830, à Joyeuse, département de l'Ardèche, qui épousa

Marie-Thérèse-Louise-Mathilde d'Allamel de Bournet, dont deux fils : Édouard de Gigord, religieux de la compagnie de Jésus; Jules de Gigord, ancien caporal aux zouaves pontificaux, qui épousa, le 6 février 1867, Marie-Laure O'Brien; Étienne-Charles de Gigord, ancien sous-préfet, au château de Grand-Mont, département d'Eure-et-Loir, qui épousa Claire-Madeleine-Adélaïdede Camina de Chatenay.

GIGOU. *Poitou.*

D'or au chevron de gueules, accompagné de trois cigognes de sable, posées 2 et 1.

Seigneurs de Vezançay, la Roche de Lyé, la Blanchardière, de la Croix de Chail, de Saint-Hilaire, de Saint-Simon, de Champlant, de Briaux, de Luché, de Cussé, etc., etc.

La famille, originaire du Poitou, est représentée au château de Nanteuil, près Sers, Charente, et à Angoulême, par J.-B.-Gustave de Gigou de la Groix, et par ses deux fils nés de son mariage avec Mlle Alexandrine Régnauld de la Soudière de Saint-Mary, en Angoumois, et dont l'aîné, J.-B.-Gabriel-Adrien, a épousé, le 1er juin 1869, Mlle Gabrielle de Bellivier de Prin, aussi du Poitou, dont un fils, Henri, est né le 15 octobre 1870.

Le deuxième, Joseph-Auguste, est âgé de vingt-sept ans (1873).

GILBERT D'HERCOURT. *Dauphiné.*

D'or au chef de sable chargé d'une tête d'aigle d'argent, becquée, languée et arrachée d'or.

Cette famille, qui descend d'Étienne Gilbert, député aux États généraux en 1641, est représentée par de

Gilbert d'Hercourt, au château de Long-Chêne, à Saint-Genis-Laval, département du Rhône.

GILÈDE. *Toulouse.*

D'argent au chevron de gueules accompagné en chef de deux lions grimpants et affrontés de sable ; en pointe d'un feu flambant de gueules ; au chef d'azur chargé d'un croissant d'argent accosté de deux étoiles d'or.

Cette famille a cinq représentants : de Gilède, chevalier de la Légion d'honneur, ancien lieutenant-colonel au 10e de chasseurs; de Gilède, au château de Comartin, par Saint-Lys, département de la Haute-Garonne ; de Gilède de Pressac, à Toulouse ; autre de Gilède de Pressac, à Toulouse ; de Gilède, à Toulouse.

GILLÈS. *Provence, Flandre.*

PROVENCE. D'azur au cerf rampant d'or, colleté de sable.

FLANDRE. D'azur au chevron d'or accompagné de trois glands tigés et feuillés de même.

Gillès est une des plus anciennes familles de la province d'Anvers. Elle a quatre représentants : le comte de Gillès, à Paris ; de Gillès au château de Saulchoir, par Molliens-Vidame, département de la Somme, maire à Clairy-Saulchoir ; de Gillès de la Tourrette, vice-président de la chambre consultative d'agriculture, à Loudun, département de la Vienne ; de Gillès de la Tourrette, médecin à Loudun.

GILLET D'AURIAG. *France.*

Écartelé : aux 1 et 4 de gueules à la croix fleuronnée d'argent; aux 2 et 3 d'azur au lion d'argent.

Édouard de Gillet d'Auriac, unique représentant, réside alternativement au château de Brons et à Saint-Flour, département du Cantal.

GILLET DE GRANDMONT. *Bugey.*

Parti : au 1 de gueules à une croix d'argent tréflée, cantonnée de quatre mollettes d'or ; au 2 d'azur à un lion d'argent et une bande de gueules brochante sur le tout du parti ; ledit écu timbré d'un casque de front taré et orné de ses lambrequins d'or, d'azur, d'argent et de gueules.

Devise : *Non in arcu meo, sed in Deo sperabo.*

La noble famille Gillet est originaire du Bugey : François Gillet est parmi les nobles qui ont prêté hommage à Amédée VIII, en 1430, pour le mandement de Châteauneuf, en Bugey ; Jean-Baptiste Gillet était premier président du Sénat de Chambéry, en 1560. Cette famille n'appartient à la France que depuis la cession de la Bresse et du Bugey, faite par Charles-Emmanuel Ier, duc de Savoie, à Henri IV, par le traité de Lyon, en 1601.

Pierre Gillet était châtelain royal de Bourg, en Bresse, en 1656 ; il eut plusieurs fils, qui se répandirent dans diverses provinces. L'un deux, Jean Gillet, s'établit à Beaune, ville dans laquelle vécut la famille jusqu'à la fin du dix-huitième siècle, en y occupant les plus hautes fonctions.

Pierre-Philibert Gillet, écuyer, seigneur de Grandmont par sa mère, conseiller du roi, auditeur à la chambre des comptes de Dôle, ancien lieutenant de police de Beaune, décédé le 4 mars 1767, fut inhumé en son église paroissiale de Saint-Pierre, de la ville de Beaune, diocèse d'Autun.

Jean-Baptiste-Marie-Thérèse Gillet de Grandmont,

écuyer, seigneur de Thorey, de Buisson-sur-Ouche, du chef de sa mère et de ses aïeux maternels, commissaire de la marine au département de Brest, habitait encore Beaune en 1799.

Cette famille est représentée par plusieurs membres, dont Pierre-Anatole Gillet de Grandmont, à Paris.

La même famille compte les Gillet de Thorey, les Gillet de Chalonge, les Gillet de Santenay, les Gillet de Pernay. Il est fort probable que les Gillet de la Caze, les Gillet de Saint-Germain, les Gillet de Kerveguen, les Gillet de Lhomond, les Gillet de la Renommière, les Gillet de la Tessonnière, etc., descendent des Gillet de la Savoie et du Bugey.

GILLOT DE L'ÉTANG. *Bourgogne.*

D'azur à une aigle éployée d'or tenant entre ses serres un serpent tortillé du même.

On retrouve en France deux représentants du nom : Gillot de l'Étang, au château de l'Étang, par Nontron, département de la Dordogne; Gillot de l'Étang, au château de Montroy, par Huriet, département de l'Allier.

GINESTE. *Toulouse.*

Écartelé : aux 1 et 4 d'argent à un genêt de sinople terrassé du même; aux 2 et 3 de gueules à trois branches de genêt d'argent.

On compte cinq représentants du nom : Ély de Gineste, chevalier de la Légion d'honneur, sous-commissaire de la marine, à Toulon; de Gineste, à Cheragas (Algérie); de Gineste, à Toulouse; autre de Gineste, à Toulouse; H. de Gineste, à Toulouse.

GINESTE (DE LA). *Toulouse*

D'or au palmier de sinople, au lion de gueules passant

et brochant sur le tronc du palmier; au chef d'azur chargé de trois étoiles d'or.

De la Gineste, unique représentant du nom, est maire à Couze-Saint-Front, par Lalinde, département de la Dordogne.

GINESTOUS. *Languedoc.*

D'or au lion de gueules lampassé, armé et vilainé de sable.

Cette ancienne famille noble tire son origine du château de Galand, près de la ville de Sumine, diocèse d'Alais, dans les Cévennes. Elle remonte à Hugues de Ginestous, qui, conjointement avec d'autres seigneurs, fit une reconnaissance et un traité avec Roger, vicomte de Béziers, le 11 des calendes de septembre, en 1180. Elle est représentée par le marquis de Ginestous, conseiller général, au Vigan, département du Gard, et par Ferrand de Ginestous, à Montardier, par le Vigan.

GINIÈS. *Quercy.*

De gueules; au chevron d'argent à la bordure d'azur.

Cette famille, dont était Jeanne de Giniès, reçue à Saint-Cyr, sur preuves de noblesse, en 1691, est représentée par de Giniès, chef d'escadrons en retraite, à Versailles.

GINOUX DE FERMON. *Provence.*

D'azur au chevron d'argent.

Cette famille est représentée par de Ginoux de Fermon, auditeur au conseil d'État, à Paris.

GIOVANNI. *Corse.*

D'or à la tour d'azur surmontant deux fasces de sable.

La famille de Giovanni est originaire de Stozzona, canton d'Orezza. Depuis près de deux cents ans, cette famille s'est divisée en deux branches. Une de ces branches est allée s'établir à Bastia; l'autre est restée à Stozzona. L'histoire nous montre les de Giovanni de Bastia mêlés à tous les grands événements de leur pays; ce nom figure sur la liste des plus anciens podestats de Bastia. Un de Giovanni, allié des généraux Ceccoldi et Motra, chefs de l'insurrection Corse contre les Génois, est arrêté à Bastia, en 1746, avec plusieurs autres notables, comme accusé de connivence avec les insurgés. Conduit à Gênes, il y fut, quelques mois après, décapité. Un de Giovanni, le révérend père Louis, est mort en Palestine, visiteur de la Terre-Sainte et gardien du Saint-Sépulcre. Un autre de Giovanni, arrivé, bien jeune encore, au grade de général, est enlevé par une mort précoce, en 1806, quelque temps après le siége de Gaëte, où il s'était fait remarquer par son courage et ses talents militaires. Il avait organisé quelques années auparavant le beau régiment Corse que l'empereur donna à son frère Joseph, roi de Naples, et qui contribua puissamment à la pacification des Calabres. Mathieu de Giovanni, un autre membre de cette famille, ajouta en 1747 à son nom celui de Limperani, en vertu d'une substitution fidéi-commissaire qui le rendit possesseur d'une des fortunes les plus considérables de l'île. Il a joué un rôle important sous le gouvernement du général Paoli, et a rendu à la cause de l'indépendance de son pays des services signalés, dont le témoignage se trouve consigné dans la correspondance de cet illustre général, publiée à Florence en 1847, par Niccolo Tommaseo. Les descendants de Mathieu de Giovanni Limperani sont plutôt connus sous ce dernier nom que sous celui de de Giovanni, qu'ils ne prennent que dans les actes publics. Nous citerons parmi ceux des descendants aujourd'hui vivants : 1° Joseph Limperani, qui a représenté la Corse à la Chambre des députés durant quatre législatures successives, de 1831 à 1842; 2° Mathieu Limperani, ancien chargé d'affaires au Chili, depuis consul général à Naples; 3° Léonard Limperani, avocat à la cour de Bastia.

L'autre branche a quitté Stozzona pour s'établir à Pietra di Verde, où elle vit depuis longtemps indépendante et honorée. Le membre le plus marquant de cette branche est Prete Carlo, décédé en 1827, curé de canton à Pietra, et qui, aux plus mauvais jours de la Révolution française, donna des preuves d'une foi inébranlable, en résistant aux offres séduisantes du ministre Saliceti, qui avait été son condisciple et qui était resté son intime ami, et en préférant s'expatrier plutôt que de commettre des actes contraires à sa conscience et à son honneur. Cette branche est représentée en ce moment par trois frères : Charles-Jean, Marco-Ricontino et Charles-Félix-Innocent, desservant à Penta.

GIRARD. *Champagne, Bourgogne, Languedoc, Guyenne, Normandie.*

Champagne. Girard de Chambrullard. Gironné d'or et d'azur de six pièces; au chef d'or.

Bourgogne. D'azur à trois trèfles d'or.

Languedoc. Écartelé : aux 1 et 4 d'argent à la fasce de gueules chargée d'un lion léopardé d'or et accompagnée en pointe d'une quintefeuille d'azur; aux 2 et 3 d'or à trois merlettes de sable; sur le tout de Girard, qui est losangé d'argent et de gueules.

Guyenne. Girard du Demaine. D'argent à la croix d'azur.

Normandie. D'argent à la fasce de gueules, chargée d'une croix alésée du champ, accompagnée en chef d'une devise vivrée d'azur, et en pointe d'un sphynx de sinople.

Girard, en Languedoc, a donné Henri de Girard, seigneur de Tillay, procureur général de la Chambre des comptes de 1619 à 1625.

Girard du Demaine, sort d'une maison noble de Bordeaux, qui a donné Bernard de Girard, seigneur de Haillon, historiographe de France sous Charles IX, en 1551, généalogiste de l'ordre du Saint-Esprit sous Henri III.

Ces différentes familles comptent encore en France de nombreux représentants. On distingue parmi eux : de Girard, à Lyon; de Girard, au château de Coutoudray, par les Matelles, département de l'Hérault; Léon de Girard, au château de Moulin-Neuf, par Saint-Florent, département du Cher; Louis de Girard, au château de Cornançay, par Saint-Amand, département du Cher; Eugène de Girard de la Barserie, chirurgien de la marine; Girard de l'Herm, au château de Dèze, par Collet-de-Dèze, département de la Lozère; le comte de Girard du Demaine, à Avignon; le chevalier Girard du Demaine, au château de Vaudieu, par Orange; de Girard de Saint-André, au château d'Escarrans, par Aups, département du Var; de Girard de Soubeyran, notaire à Poitiers; de Girard de Vasson, président du tribunal civil, à Napoléon-Vendée; de Girard de Vasson, avocat à Napoléon-Vendée; de Girard de Vasson, directeur des contributions directes, à Paris; de Girard de Vasson, élève commissaire de la marine, à Toulon; de Girard de Venezobre, à Montpellier; de Girard de

Villesaison, officier de la Légion d'honneur, ancien préfet à Périgueux.

GIRARD DE CHATEAUVIEUX. *Languedoc.*

D'azur à la tour d'argent, donjonnée de trois tourelles du même, le tout maçonné de sable; au chef cousu de gueules, chargé d'une étoile d'or adextrée d'un lion issant et senestrée d'un croissant versé d'argent.

Cette famille est représentée par de Girard de Châteauvieux, à Rennes, et par de Girard de Châteauvieux, au château d'Hairies, par Vitré, département d'Ille-et-Vilaine.

GIRARD DE LANGLADE. *Périgord.*

D'or au globe de gueules sommé de sa croix du même, accosté de deux branches de chêne de sinople fruitées et affrontées; le globe soutenu par une fleur de lys de gueules posée à la pointe de l'écu; au chef d'azur chargé de trois étoiles d'or.

Connue de temps immémorial à Périgueux, où elle a toujours joui de la plus grande considération par ses services rendus au roi du temps de la Ligue, cette famille est représentée par Girard de Langlade, à Eyliac, par Saint-Pierre-de-Chignac, département de la Dordogne.

GIRARD DE SAINT-GÉRAND. *France.*

D'azur à trois bandes d'or.

Cette famille a trois représentants : Charles de Girard de Saint-Gérand, inspecteur des eaux et forêts à Autun, département de Saône-et-Loire; de Girard de Saint-Gérand, attaché à l'administration des lignes télégraphiques, à Marseille; Guillaume-Stanislas de Girard de

Saint-Gérand, juge de paix, à Issy-l'Évêque, département de Saône-et-Loire.

GIRARDIN. *Bourgogne.*

Écartelé : au 1 fascé de gueules et d'hermines ; au 2 d'azur à l'épée d'argent garnie d'or ; au 3 d'argent à trois têtes de gérardines de sable ; au 4 d'hermines au sautoir ondé de gueules, chargé d'une étoile d'argent. — D'argent à trois têtes de corbeaux de sable, arrachées de gueules, allumées et becquées du même ; à la bordure aussi de gueules.

On compte trois représentants de cette famille : le marquis de Girardin, grand-officier de la Légion d'honneur, ancien sénateur, qui a sa résidence d'été au château d'Ermenonville, par Plessis-Belleville, département de l'Oise, et celle d'hiver à Paris ; le comte de Girardin, à Beaujon ; le comte Stanislas de Girardin, au château d'Ermenonville ; le comte Gustave de Girardin, appartenant à une branche cadette.

GIRARDOT. *Bourgogne.*

Écartelé : aux 1 et 4 de gueules au chevron d'argent ; aux 2 et 3 d'argent au lion de sable et sur le tout d'or plein.

Cette famille, dont était Prudent de Girardot, écuyer, seigneur de la Roche, conseiller au parlement de Dijon en 1531, est représentée par le baron de Girardot, officier de la Légion d'honneur, secrétaire général de la préfecture, à Nantes.

GIRAUD. *Provence.*

D'argent à trois bandes d'azur, la deuxième chargée de trois têtes de loups d'or.

Originaire d'Hyères, Henri Giraud fut reconnu par Henri III noble de nom et d'armes, par lettres patentes données à Paris le 6 juin 1586. Sa descendance a quatre représentants : de Giraud de Claude, à Niçe; de Giraud de Bernes, à Nice; de Giraud de Ruelle, percepteur à Châlons, département de Saône-et-Loire; de Giraud, à Tartas, département des Landes.

GIRAUD DE LA MOTHE. *Lyonnais.*

Gironné d'azur, d'argent et de gueules; à quatre besants et quatre étoiles alternés de l'un en l'autre.

Cette famille a trois représentants : de Giraud de la Mothe, à Chassiers, par Largentière, département de l'Ardèche; de Giraud de la Mothe, directeur des postes, à Mayres, même département; Charles de Giraud de la Mothe, attaché à l'administration des lignes télégraphiques, à Paris.

GIRAUD DE MÉMORIN. *Bourbonnais.*

De gueules au puits d'argent duquel sortent deux palmes de même, posées en bande et en barre; au chef cousu d'azur chargé d'une fleur de lys d'or et une cotice de gueules en barre, brochante sur le tout.

L'unique représentant de cette famille, de Giraud de Mémorin, réside à Moulins.

GIRAULT DE PRAUTHOY. *Bourgogne, Champagne.*

D'azur à la fasce accompagnée en chef de trois croissants et en pointe d'un bouc saillant, le tout d'argent; à la bordure engrelée d'or.

Cette famille de noblesse ancienne, tire son origine de la province de Bourgogne. Elle est établie à Langres depuis l'an 1400, suivant le nobiliaire de Champagne et l'inventaire des pièces produites le 31 décembre 1668, par devant M. de Caumartin, intendant de la Champagne pour la recherche des usurpateurs de la noblesse. Le P. Viguier, dans sa *Décade historique de la ville et diocèse de Langres*, page 621, dit que les Giraud sont estimés nobles d'ancienneté, qu'ils étaient qualifiés d'écuyers et seigneurs de Choissey ou Cheissey en 1416. Cet auteur n'en remonte la généalogie qu'à François Girault, dit le Roux, écuyer, seigneur de Choissey ou Cheissey en 1416, et qui fit une donation à l'église de Saint-Nicolas de Langres. Sa descendance est représentée par de Girault de Prauthoy, au château de Villa, par Prauthoy, département de la Haute-Marne.

GIRESSE. *Guyenne.*

Écartelé : aux 1 et 4 de gueules au lion d'or ; aux 2 et 3 d'azur à la fasce d'or, surmontée de deux palmes d'argent passées en sautoir.

Cette famille a plusieurs représentants : le baron de Giresse-la-Beyrie, à Lyon, ancien secrétaire des commandements du duc d'Angoulême, ancien préfet d'Eure-et-Loir. Il a trois fils : Ludovic, Éloi, Anatole, barons de Giresse-la-Beyrie.

GIROD DE L'AIN. *Province de Gex.*

Tiercé en bande d'or, d'argent et de sable ; au chevron d'argent brochant sur le tout.

Cette famille a deux représentants : le général baron de Girod de l'Ain, chef de nom et d'armes, qui a sa résidence d'été au château de Gex, département de Landes, et celle d'hiver à Paris ; Édouard de Girod de l'Ain, administrateur du chemin de fer de Lyon, à Paris.

GIROD DE MONTFALCON. *Dauphiné, Bugey.*

Écartelé : aux 1 et 4 d'argent à l'aigle de sable, becquée et membrée d'or; aux 2 et 3 losangé d'hermines et de gueules,

L'unique représentant du nom, baron de Girod de Montfalcon, chevalier de la Légion d'honneur, réside à Ruffieux, département de la Savoie.

GIRONDE. *Guyenne.*

Écartelé : aux 1 et 4 d'or à trois hirondelles de sable becquées et membrées de gueules, posées 2 et 1; aux 2 et 3 d'azur à une croix tréflée du même.

Connue dans la province de Guyenne dès le treizième siècle, par Arnaud de Gironde, vivant encore en 1388, cette famille remonte à Pierre de Gironde, damoiseau, seigneur de Gironde, d'Auriac, etc., qui, le dimanche après l'Ascension, en 1302, « reconnut tenir de Berault, seigneur de Mercœur, ce qu'il possédait dans le château de Gironde et ses dépendances, et plusieurs autres biens de la même province, ainsi qu'avaient fait de tout temps et de toute ancienneté ses prédécesseurs. » Sa descendance est représentée par Louis, comte de Gironde, à Castillonnès, département de Lot-en-Garonne, qui a quatre fils : Gaston, Henri, Paul et Armand. Elle est également représentée par le vicomte de Gironde, à Montauban; Léon, baron de Gironde, à Évreux; de Gironde, conseiller municipal à Montauban.

GIROUARD D'YMERAY. *Poitou.*

D'argent à la fasce gironnée d'or et d'azur.

De Girouard d'Ymeray, unique représentant du nom, réside à Orléans.

GIROUD DE VILLETTE. *Lyonnais.*

D'azur à la bande ondée d'or accostée d'une étoile du même et d'un croissant d'argent.

Cette famille n'a qu'un représentant, de Giroud de Villette, à Orléans.

GIRVAL. *Vigan.*

D'azur à une bande d'or chargée de trois croix ancrées de gueules.

Cette famille, qui a été représentée aux états-généraux du Languedoc, a de nombreux représentants. Le chef de nom et d'armes, de Girval, réside au château de Boissenois, par Selongey, département de la Côte-d'Or.

GIRY. *Gascogne, Bretagne.*

GASCOGNE. D'azur au rais d'escarboucle d'or.

BRETAGNE. Bandé d'or et de gueules, brisé en chef d'un lambel d'azur.

Giry a cinq représentants : de Giry, conservateur des hypothèques, à Avignon; de Giry, avoué, à Avignon; de Giry, au château de la Giry, par Pernes, département de Vaucluse ; de Giry, juge d'instruction à Saint-Étienne, département de la Loire; de Giry, inspecteur des contributions directes, à Nantes.

GISLAIN. *Normandie, Ile-de-France.*

NORMANDIE. D'azur au cerf passant d'or.

ILE-DE-FRANCE. D'argent à l'écureuil de gueules ; au chef d'azur chargée d'un soleil d'or, accosté de deux roses d'argent.

Gislain, en Normandie, famille maintenue et reconnue noble par sentence des États de Mortagne du 2 août

1634, par jugement du 9 mai 1642 et par une ordonnance de M. de Marle, commissaire député dans la généralité d'Alençon du 7 juillet 1666, depuis Jean Gislain, écuyer, seigneur de Boisguillaume, et de Mars de Colonge, vivant en 1490.

Ce nom est encore représenté par de Gislain, chevalier de la Légion d'honneur, chef de section au conseil d'État, à Paris.

GITTON DE LA RIBELLERIE. *Ile-de-France.*

D'argent à deux canons de sable montés sur leurs affûts, passés en sautoir et accompagnés en pointe d'un barillet du même.

L'unique représentant du nom, de Gitton de la Ribellerie, réside à Paris.

GIVÈS. *Orléanais.*

D'azur au chevron d'or chargé de cinq annelets de gueules.

Cette famille, qui a donné Henri de Givès, bailli de Chartres en 1335, conseiller aux requêtes suivant les lettres du roi Philippe de Valois de l'an 1342, a trois représentants : de Givès, au château de Fontaines, par la Motte-Beuvron, département de Loir-et-Cher ; de Givès, à Orléans ; autre de Givès, à Orléans.

GIVRY. *Bourgogne, Bourbonnais.*

BOURGOGNE. De sable à trois quintefeuilles d'argent.

BOURBONNAIS. D'azur à l'aigle d'argent, becquée et membrée d'or.

Cette famille a trois représentants : Ernest de Givry, colonel en retraite, à Paris ; Hugon de Givry, à son château, par Moulins, département de l'Allier; de Givry, au château de Villeines, par Poissy, département de Seine-et-Oise.

GLAS (LE). *Bretagne.*

D'argent au lion de sable.

L'unique représentant de la famille, Le Glas, sans fonctions et sans titres, réside au château de Motte, par Nantes.

GLATIGNY. *Normandie.*

D'or au gradin de quatre marches d'azur. — D'azur au dédale d'argent.

La première de ces familles est mentionnée dans l'histoire de la maison d'Harcourt; la seconde, de l'élection de Valogne, a donné de Glatigny, écuyer, seigneur de Villadon.

On compte deux représentants du nom : le comte de Glatigny, à Iserey, par Évreux, département de l'Eure; de Glatigny, à Rennes.

GLAVENAS. *Guyenne, Gascogne, Languedoc, Ile-de-France.*

Tercé en fasces : au 1 de gueules au lion léopardé d'or; au 2 d'azur à trois étoiles rangées d'or; au 3 d'azur à trois bandes d'or. Couronne : de marquis. Cimier : un lion. Supports : deux lions.

Devise : *Liesse à Pollalion.*

Marquis à Pollalion, barons de Glavenas et de Saint-Vidal, seigneur de Villars, de Bouzols, de Martesagne, du Champ, de Messignac, de Coudres, de Pertuis, de Launay, d'Aigneux, cette famille a pour unique représentant le baron de Glavenas, au château de Longsard, par Villefranche, département du Rhône.

GLEISES DE LABLANQUE. *Languedoc.*

Coupé : au 1 d'azur à l'église de trois cloches d'or, maçonnée de sable, ajourée et girouettée d'argent ; au 2 d'argent à la croix de gueules.

De Gleises de Lablanque, chevalier de la Légion d'honneur, unique représentant du nom, est conseiller à la cour d'appel, à Nîmes.

GLÈZE DE LA RIVIÈRE. *Toulouse, Montauban.*

D'hermines au sautoir de gueules et un chef du même.

De Glèze de la Rivière, unique représentant du nom, réside à Toulouse.

GODART. *Normandie, Champagne, Ile-de-France.*

NORMANDIE. D'azur au chevron d'argent accompagné en chef de deux molettes d'or, et en pointe d'une rose d'argent tigée et feuillée de sinople.

CHAMPAGNE, ILE-DE-FRANCE. De gueules à la bande losangée en pal, accompagnée de deux poissons du même en pal.

Le nom de Godart compte en France trois représentants : le marquis Godart de Belbeuf, commandeur de la Légion d'honneur, ancien sénateur, à Paris ; le comte Godart de Belbeuf, chevalier de la Légion d'honneur, son fils, maître des requêtes au conseil d'Etat, à Paris ; le comte Godart de Belbeuf, à Paris.

GODEFROY DE MENILGLAISE. *Ile-de-France.*

Écartelé : aux 1 et 4 d'argent à trois hures de sanglier de sable, arrachées et languées de gueules, qui est de Godefroy ; au 2 et 3 d'argent au chevron de gueules accompagné de trois quintefeuilles de sinople, qui est de Droullin de Menilglaise.

Illustrée dans les lettres et les sciences au seizième et dix-septième siècles, depuis longtemps en possession certaine de noblesse, sans point de départ connu, lorsqu'elle est entrée à la chambre des comptes à Lille, en la personne de Denis Godefroy, deuxième du nom, en 1688, cette famille est représentée par le marquis Godefroy de Menilglaise, chevalier de la Légion d'honneur, ancien sous-préfet, membre de plusieurs sociétés savantes, à Paris.

GODEFROY DE ROISEL. *Normandie.*

D'azur à deux chevrons d'argent accompagnés en chef de deux molettes d'or, et en pointe d'une rose du même.

Godefroy de Roisel, unique représentant du nom, réside au château de Grande-Maison, par Berry-au-Bac, département de l'Aisne.

GOBET DE LA RIBOULLERIE. *Vendée.*

Parti : au 1 d'azur au chevron d'or accompagné en chef de deux croisettes, et en pointe d'un vase aussi d'or ; au 2 d'azur à la tour ouverte et ajourée de sable, accompagnée en chef de deux étoiles, et en pointe d'un croissant d'argent surmonté au deuxième point en chef d'une croisette d'or ; au franc-quartier des membres du collége électoral brochant au neuvième de l'écu.

Jean Godet de Chambernier fut, en 1677, conseiller du roi, lieutenant général de police à Fontenay-le-Comte ; Julien Godet de Chambernier, son fils, devint, en 1706, seigneur de la Riboullerie.

Louis-Gabriel, baron Godet de la Riboullerie, a été député de la Vendée au Corps législatif en 1815.

Cette famille a cinq représentants : Marcelin-Eugène,

baron Godet de la Riboullerie, ancien membre du conseil général de la Vendée, ancien président du comice agricole de Fontenay-le-Comte, médaillé de Sainte-Hélène, au château de l'Hermenault, près Fontenay-le-Comte, département de la Vendée. Il a quatre fils : Arthur-Pierre de Godet de la Riboullerie, ancien conseiller de préfecture, à Sainte-Néomaie, près Niort, département des Deux-Sèvres ; Gabriel-Eugène Godet de la Riboullerie, ancien capitaine d'infanterie, chevalier de la Légion d'honneur, à la Rochelle ; Raoul Gobet de la Riboullerie, ancien capitaine d'infanterie, au château de la Grande-Cour, à l'Hermenault, département de la Vendée ; Louis Godet de la Riboullerie, au château de l'Hermenault.

GODIVIER DE BOIS-TALVAT DE LA RAINIÈRE. *Anjou.*

D'or au pal denché d'argent, adextré de trois lions de sable posés 2 et 1 et une fasce d'hermines brochante ; senestré d'une aigle de sable sur le tout.

Cette famille, originaire de la province d'Anjou, a habité, depuis le seizième siècle, son fief de la Rainière, duquel elle tire son nom, et situé dans la commune de Saint-Denis-d'Anjou. Plus tard, elle s'est établie dans la province du Maine.

Les armes des Bois-Talvat sont établies dans l'*Armorial d'Anjou*, qui est resté en manuscrit à la bibliothèque d'Angers.

Ils appartiennent par leurs alliances aux plus grandes maisons de Bretagne et d'Anjou, qui, par leurs mérites, ont tenu un rang d'honneur et de distinction dans l'Etat.

Plusieurs de ces membres ont appartenu à des ordres de chevalerie régulièrement constitués.

Elle a pris sa dernière alliance dans la maison Huguet, de la province de Touraine, en 1859 ; de cette alliance est né un descendant, Albert Godivier de Bois-Talvat de la Rainière, en 1860. Aujourd'hui cette famille habite sa terre patrimoniale de Brion-sur-Bert, commune de Daon, de l'ancienne province d'Anjou.

GODON. *Dauphiné.*

D'azur au cygne d'argent couronné d'or.

Jean Godon, docteur ès-droits, fut conseiller au grand conseil, par provisions données à Bourges, le 14 octobre 1506.

Godon est aujourd'hui représenté par Alexandre de Godon son père et ses deux fils, au château d'Aux, par Mirande, département du Gers.

GOER. *Limboury.*

D'or au lion de gueules armé et lampassé de même.

Cette famille remonte à Raoul de Goër, compris dans la liste des nobles du duché de Limbourg qui servirent sous Wencelin, duc de Brabant, Luxembourg et Limbourg, à la bataille de Baswire, le 21 août 1371. Elle est représentée par le baron de Goër de Herve, à Liége; par le baron de Goër, au château de Velu, par Bertincourt, département du Pas-de-Calais, et par de Goër, à Paris.

GOESBRIAND. *Bretagne.*

D'azur à la fasce d'or.

De Goësbriand, unique représentant du nom, réside au château de Kerdolas, par Landerneau, département du Finistère.

GOHIN DE CHARNÉ. *Touraine.*

D'azur à une croix tréflée d'or; écartelé d'argent à une aigle à deux têtes du même.

On retrouve en Bretagne un représentant du nom : Gohin de Charné, président honoraire du tribunal de Rennes.

GOILARD DE LA DROITURE. *Poitou, Touraine.*

D'azur à trois têtes et cols de lion d'or arrachées et lampassées de gueules.

De Goilard de la Droiture, unique représentant du nom, réside à Tours.

GOIRAND DE LA BAUME. *Languedoc.*

Ecartelé : aux 1 et 4 d'or au lion de sable; aux 2 et 3 d'or à trois bandes de gueules chargées de sept besants d'argent posés 2, 3 et 2.

Cette honorable famille de robe occupe encore des fonctions élevées dans la magistrature : Goirand de la Baume, officier de la Légion d'honneur, est président de la cour d'appel, à Nîmes ; Goirand de la Baume, chevalier de la Légion d'honneur, avocat général, à Montpellier; Alexis Goirand de la Baume est conseiller de préfecture à Nîmes.

GOISLARD. *Paris.*

D'azur à trois roses d'or. — D'azur à la fasce d'argent chargée d'une molette de gueules, accompagnée en chef de deux croix pattées d'argent, et en pointe d'un lion léopardé d'or.

Cette famille, distinguée dans la robe, remonte à Jacques Goislard, secrétaire du roi, le 21 octobre 1608. Elle a deux représentants: Goislard de Villebresme, à

Versailles; Timoléon Goislard de Villebresme, au château de Rocheux, près Freteval, département de Loir-et-Cher.

GOLBERG. *Lorraine.*

D'argent à trois cloches de sable chargées d'une croix alésée du champ. Couronne: de comte. Supports: deux lions d'or armés et lampassés de gueules.

Cette ancienne et bonne famille lorraine, qui a pour chef de nom et d'armes Philippe de Golberg, commandeur de la Légion d'honneur, général d'infanterie, est de noblesse d'épée, et, depuis quatre générations, ses représentants ont porté avec honneur les armes au service de la France.

I. Étienne de Golberg, commandant au régiment de Lorraine, chevalier de l'ordre royal et militaire de Saint-Louis, mort à Sierck en 1776, eut un fils, Nicolas, qui suit, II.

II. Nicolas de Golberg, capitaine commandant des hussard de la légion de Conflans, chevalier de l'ordre royal et militaire de Saint-Nicolas, mort avant son père, à Sierck, en 1771, eut un fils, Charles-Louis, qui suit, III.

III. Charles-Louis de Golberg, officier au régiment d'infanterie allemande de Nassau-Sarrebruck, au service de la France, lieutenant, à l'âge de vingt ans, au régiment d'Angoulême, et, par suite des événements révolutionnaires, devenu inspecteur des eaux et forêts, mort le 25 janvier 1845, eut un fils, Philippe, qui suit, IV.

IV. Philippe de Golberg, né à Lexy (Moselle), le 20 mars 1811, jour de la naissance du roi de Rome, dut à cette coïncidence heureuse d'être le filleul de l'empereur Napoléon 1er. Cet honneur détermina aussi la vocation de cet honorable officier. A l'exemple de ses pères, et après de bonnes études au collége de Metz, il embrassa la carrière des armes, en contractant un engagement volontaire au 47e régiment d'infanterie de ligne, le 13 août 1831. Douze années après cet engagement, à peu près passées en campagne, il recevait le brevet de capitaine.

Fourrier le 27 juillet 1832, sergent-major le 7 octobre 1833, il passa en Afrique et se distingua si bien au combat de la Tafna, qu'il fut cité à l'ordre du jour de son régiment, le 47e, le 25 avril 1836.

En 1837, étant alors secrétaire du brave colonel Combe, il fit partie de l'expédition de Constantine et monta à l'assaut de cette ville à côté de son colonel, dont la bravoure est restée légendaire dans l'armée française. Le sergent-major de Golberg, fut proposé, à la suite de l'assaut, pour la croix de chevalier de la Légion d'honneur, et il reçut aussi pour souvenir le hausse-col du colonel Combe, tué pendant ce brillant fait d'armes. Nommé sous-lieutenant le 27 avril 1838, lieutenant le 27 décembre 1840, il fut promu au grade de capitaine le 14 avril 1844, quelque temps après son retour d'Afrique et commença bientôt après l'époque la plus active de sa carrière. Rentré en Algérie en qualité de capitaine adjudant-major au 3e bataillon d'infanterie légère d'Afrique, le 28 octobre 1844, et campé à El-Arrouch, dans la province de Constantine, il cumula les fonctions diverses de commandant de place, de sous-intendant militaire, de maire, de juge de paix, de notaire et de membre de la commission consultative provinciale.

Ces devoirs multiples ne satisfaisaient pas ses besoins d'activité, et, tout en les accomplissant au milieu de circonstances critiques, rien ne pouvait éteindre en lui la passion des grandes expéditions militaires dont l'Algérie fut alors le théâtre. Le capitaine de Golberg assistait à l'expédition des Monts-Aurès, en mai 1845, et se trouvait, le Ier janvier 1846, à l'expédition de Bou-Taleh, où tant de soldats périrent dans les neiges, à quelques lieues de Sétif. A la suite de cette expédition, et en récompense de sa belle conduite devant l'ennemi, M. de Golberg reçut la croix de chevalier de la Légion d'honneur le 15 avril 1846, déjà demandée pour lui en 1837.

Au mois de mai 1847, le capitaine de Golberg fit partie d'une expédition sur Collo, commandée par le général Bedeau, et en 1849 il fit aussi partie de la première expédition sur Zaatcha, où il fut cité à l'ordre du jour de son corps pour sa brillante conduite.

Pendant l'expédition de la Petite-Kabylie, en mai 1849, il fut frappé d'une balle au cou chez les Beni-Sleman; l'artère carotide en fut lésée. Mais en cette circonstance, le général de Saint-Arnaud fit au capitaine Golberg l'honneur d'une visite, le félicita sur sa vaillance, et lui voua depuis une grande affection.

A peine guéri de sa blessure, le capitaine de Golberg, qui avait pris le commandement du 3e bataillon d'Afrique, en l'absence du commandant blessé, se rendit avec son corps à la seconde et célèbre expédition de Zaatcha, en novembre 1849, où l'armée française dut lutter pendant cinquante et un jours de tranchée ouverte contre le marabout Bou-Ziam et les Arabes guerriers qu'il avait fanatisés par sa parole. Nous avons, dans un autre ouvrage (1), recueilli les traits d'intrépidité accomplis par les soldats d'infanterie légère d'Afrique, les renommés zéphirs, dans cette expédition à jamais mémorable, et l'on peut compter comme un honneur insigne d'avoir exercé un commandement dans cette légion de braves, pendant l'un des événements de guerre les plus marquants de la glorieuse histoire de ses intrépides soldats.

En 1850, le capitaine de Golberg fit partie de l'expédition commandée par le valeureux général de Barral, qui tomba, frappé à mort, à la tête de son armée.

En 1851, M. de Golberg fit partie de la grande et magnifique expédition en Kabylie, commandée par le général de Saint-Arnaud, qui, en récompense, fut nommé ministre de la guerre, tandis que l'adjudant-major de Golberg obtint, en raison de sa brillante conduite, le commandement effectif de son corps, le 3ᵉ bataillon d'infanterie légère d'Afrique, en qualité de chef de bataillon.

En 1852, le commandant de Golberg fit encore partie de l'expédition commandée par le général Bosquet, de glorieuse mémoire. L'armée, surprise par les neiges, perdit beaucoup d'hommes et fut cruellement éprouvée. M. de Golberg, qui commandait l'arrière-garde, ne pouvait, à cause des neiges et du débordement des rivières, rejoindre l'armée qui était à Bougie. Le lendemain, deux cents zéphirs, commandés par le lieutenant Chabert, actuellement chef de bataillon et commandant de place à Embrun, se mirent à sa recherche et le rencontrèrent à quelques lieues de Bougie, ayant

---

1. *Lettres à l'Observateur belge sur la campagne d'Italie de 1859*; 2º lettre, du 30 avril, pages 31 et suivantes.

perdu ses chevaux et ramenant des traînards que la nuit allait encore surprendre.

La même année, il fit encore partie d'une nouvelle expédition, commandée en juin par le général de Mac-Mahon, qui crut de son devoir de mettre à l'ordre du jour de son armée les lignes qu'on va lire :

« Le 3ᵉ bataillon d'Afrique, commandé par le com-
« mandant de Golberg, s'est fait remarquer de toute
« l'armée à l'attaque de Djebel-Ghouffi (Kabylie). »

Là ne s'arrête pas encore la longue série d'actions d'éclat dont nous rappelons la mémoire. Promu le 24 mars 1855 au grade de lieutenant-colonel au 2ᵉ régiment de zouaves, M. de Golberg prit, en Crimée, le commandement en chef de son corps, à la date du 10 octobre 1855.

Le 13 juillet 1858, il fut promu au grade de colonel du 38ᵉ régiment d'infanterie de ligne. Il fut depuis nommé au grade supérieur et commandait la place de Mézières au début de la guerre franco-allemande en 1870.

Le général de Golberg fut alors appelé au commandement de la 2ᵉ brigade de la 1ʳᵉ division du 4ᵉ corps de l'armée du Rhin (général de Ladmirault). Blessé par un éclat d'obus le 18 août 1870 à Saint-Privat, il fut cité à l'ordre n° 20 du 4ᵉ corps d'armée, le 25 août 1870, pour s'être particulièrement distingué dans les batailles de Borny, Gravelotte et Saint-Privat, les 14, 16 et 18 août 1870.

Aujourd'hui, il exerce un commandement à Bougie, province de Constantine, dans cette Algérie où a si brillamment débuté sa carrière.

Le général Philippe de Golberg, commandeur de la Légion d'honneur depuis le 11 juillet 1862, a été promu officier de l'ordre en Crimée, le 16 avril 1856. Il portait la croix de chevalier, gagnée par ses services en Afrique, dès le 15 avril 1846. Il est aussi commandeur de l'ordre du Medjidié, compte vingt-deux années de campagne en Afrique et en Crimée, et il a assisté à plus de cinquante combats.

Il a épousé, à Marseille, Mlle Clara-Caroline Guise, de l'ancienne famille de ce nom, dont deux enfants : Paul de Golberg, né en 1851; Marie de Golberg, née en 1857.

GOMBERT. *Provence.*

Écartelé : aux 1 et 4 d'azur au lion d'or; aux 2 et 3 de gueules à la tour donjonnée de trois tourelles d'or, celle du milieu plus élevée. Couronne : de marquis.

Cette famille est une des plus anciennes de la Provence, où l'on trouve son nom dans plusieurs chartes de l'évêché de Marseille et de l'abbaye de Saint-Victor. Guillaume Gombert fut présent à l'acte passé dans le douzième siècle entre l'évêque de Marseille et les habitants de cette ville.

Voici la situation de la famille : Lodoix, marquis de Gombert, à Aix, département des Bouches-du-Rhône, épousa Marie-Gabrielle-Amélie de Ruffo la Fare; dont plusieurs enfants; Louis-Guillaume, comte de Gombert, à Rennes, épousa Philippine d'Albertas ; Maxime, vicomte de Gombert, conseiller de préfecture, à Rennes; Jules de Gombert, à Marseille, épousa N. de Samatan; Joseph-François de Gombert; Bathilde-Laurence-Louise de Gombert, épousa Maurice de Trouilloud de Lanversin; Gabrielle de Gombert, épousa Sébastien de Salve.

GOMER. *Picardie.*

D'or au lambel d'azur, accompagné de sept merlettes de gueules, quatre en chef et trois en pointe.

Cette famille noble est de haute ancienneté. N. de Gomer fit partie des seigneurs normands qui accompagnèrent Guillaume le Conquérant, duc de Normandie, à la conquête de l'Angleterre, en 1066. Sa descendance est représentée de nos jours par Maxime, comte de Gomer, chef de nom et d'armes, qui a sa résidence d'été au château de Quevauvillers, département de la Somme, et celle d'hiver à Amiens ; le comte de Gomer, à Amiens ; le comte de Gomer, au château de Courcelles, par Poix, département de la Somme.

GOMMEGNIES (Franeau de). *Angleterre, Cambrésis, Hainaut.*

De gueules à la licorne d'argent, assise et la queue relevée sur le flanc gauche. Supports : deux lions d'or armés et lampassés de gueules. L'écu entouré d'un manteau de gueules, doublé d'hermines, sommé de la couronne comtale.

Devise : *Taire ou bien dire.*

Cette maison, aussi ancienne que distinguée, a le rare privilége de pouvoir produire ses preuves authentiques et irrécusables depuis le douzième siècle. Ces preuves, qui s'exposent avec autant de clarté que d'exactitude, sont puisées dans les *Chroniques d'Angleterre*, par Thomas Précy, dans les archives du royaume de la Grande-Bretagne déposées à la tour de Londres, dans celles du royaume de Belgique, ainsi que dans les titres déposés au château de Gommegnies, fief auquel la famille emprunte son nom, une des quatre baronnies du Cambrésis, érigée en comté le 1er avril 1709, par Louis XIV, en faveur d'Albert-Michel-Joseph de Franeau, seigneur d'Hyon, baron de Gommegnies. Cette précieuse collection, formée conformément aux prescriptions de l'article 4 du règlement du 23 septembre 1769, pour servir de règle aux chapitres nobles des Pays-Bas, donne la généalogie de la maison de Franeau, officielle et attestée, établie à Paris le 15 mai 1675, par le seigneur de Waldancourt, chevalier, généalogiste ordinaire de Sa Majesté Très-Chrétienne.

De pure noblesse d'épée, la maison de Franeau de Gommegnies, anciennement Frenel, du nom de la seigneurie du comté de Harwick, qui fut son berceau, est originaire d'Angleterre, où l'une de ses branches est encore représentée.

Ses armes ont été enregistrées par d'Hozier dans l'*Armorial général de Hainaut et de Flandre;* elle a fait ses preuves de chapitre et ses preuves de cour, et de temps immémorial a siégé dans la chambre de noblesse des États du Hainaut. Elle a donné en Angleterre, comme dans la Flandre française et dans les provinces wallonnes des Pays-Bas autrichiens, un grand nombre de grands officiers et conseillers de la couronne, de vaillants officiers de terre et de mer, d'éminents prélats, des chevaliers, chefs de la milice, notamment Richard Frenel, seigneur dudit lieu et d'Harwick, capitaine général des Cantorbériens pendant la guerre contre les Français. Elle a contracté d'illustres alliances en Angleterre, aux Pays-Bas et en France.

D'importantes possessions seigneuriales ont également rehaussé le lustre de cette grande famille, dont voici la généalogie sommaire.

I. Wolkier Frenel, seigneur de Frenel, en la comté de Pembroke, au royaume d'Angleterre, mort avant le mois de juin 1183, eut un fils, Richard, qui suit, II.

II. Richard Frenel, chevalier, seigneur de Frenel et de Harwick, fut surnommé *the Cryer*, *le Crieur*, à la bataille de Clifford, contre les Français, où il conduisit à la charge le contingent de Cantorbériens qu'il commandait, en criant d'une voix si puissante *Enghelant! Enghelant!* qu'il fut entendu de toute l'armée et reçut ainsi le surnom sous lequel il fut connu. Il rendit de tels services et se distingua à tel point dans cette bataille célèbre, qui dura quinze heures, que le roi Jean Ier l'arma chevalier de sa propre main, le même jour, 2 juin 1188 (1).

Il eut de Cécile de Varennes un fils, Eustache, qui suit, III.

III. Eustache Frenel, seigneur de Frenel, d'Harwick et de Fockinghem, l'un des quatre justiciers d'Angleterre, adjugea à ce titre la comté de Mortaing, confisquée au profit de Richard Cœur de Lion, roi d'Angleterre, duc de Normandie, et en priva Robert, comte dudit lieu, pour cause d'attentat sur la personne de Jean Sans Peur, prince d'Angleterre, et pour cause d'intelligence avec Alexandre, roi d'Écosse.

Il avait épousé Éléonore de Meulant, morte en 1223, dont il eut deux enfants, savoir :

A. Raoul, qui continue la branche anglaise (2).

B. Henri, qui suit, IV.

IV. Henri Franeau, premier du nom de Franeau, sei-

---

1. Voir, aux archives de la Tour de Londres la *Chronique d'Angleterre*, folio 371, par Thomas Précy, qui dit : « Richard « Frenel, époux de Cécile de Varennes et fils de Wolkier Frenel, « mort à l'époque de la bataille de Clifford. »

2. Voir, pour la branche anglaise, la généalogie de la maison Franeau de Gommegnies dans notre ouvrage *la Belgique héraldique*, tome IV.

gneur de Harwick, en la comté de Pembroke, mort en 1280, et inhumé avec sa femme dans le chœur de l'église de Saint-Waudru, à Mons, l'un des plus valeureux chevaliers de la cour de Henri, roi d'Angleterre, tomba en disgrâce pour avoir tué, en combat singulier, lord Aliston, son parent. Il se retira aux Pays-Bas et se mit au service de Jean d'Avesne, comte de Hainaut, alors en guerre avec la comtesse Marguerite, sa mère.

Il avait épousé Béatrix, fille du seigneur La Haye, morte en 1280, dont quatre enfants, savoir :

A. Monet ou Simonnet Franeau, chevalier de l'ordre de Chypre, où il fut accrédité par Guy de Dampierre, comte de Flandre. Nommé chambellan d'Amoury, second fils du roi, il le tua, sur les conseils du pape, parce que ce prince avait usurpé la couronne sur son frère aîné, et mourut peu de temps après, fort regretté par toute la noblesse du royaume, qu'il avait rendue à son souverain légitime.

B. Jean, qui suit, V.

C. Williaume Franeau, prêtre et chanoine de la cathédrale de Notre-Dame de Cambrai, bienfaiteur de l'abbaye de Cortempré, où il fut inhumé en 1337.

D. Ida, épousa Jean, de l'illustre maison de Noyelles.

V. Jean Franeau, premier du nom, seigneur de Harwick, capitaine au service de Jean d'Avesnes, comte de Hainaut, qu'il suivit dans toutes ses guerres, se distingua par ses grands faits, notamment au siége et au sac du château de Berendorp, en 1303. Mort en 1329, il avait épousé : 1° Alison de Santines, héritière de Flavigny, morte sans hoirs, et 2° Marie de Harchies, dont il eut deux enfants, savoir :

A. Henri, qui suit, IV.

B. Edouard Franeau, châtelain du château et du fort

d'Escandœuvre-lez-Cambrai, par brevet d'Albert de Bavière, comte de Hainaut et de Hollande, en date du 6 mai 1393, épousa Agnès de Loyancourt, fille de Jean, seigneur de Loyancourt et de Marie de la Croix. Il mourut sans enfants.

VI. Henri Franeau, seigneur de Flavigny, mort en 1389, aliéna sa terre de Harwick, par abandon de toute idée de retour en Angleterre. Il la vendit pour 1,500 livres sterling au comte de Castelmare, et cette même seigneurie de Harwick fut érigée en baronnie par Charles Ier, roi d'Angleterre, en 1639.

Il épousa Adélaïde Quiéfrize, dame du Doncq, dont trois enfants, savoir :

A. Baudouin Franeau, écuyer, conseiller et maître des requêtes de Jacqueline, comtesse de Hainaut et de Hollande, passa en Hollande avec la comtesse et mourut sans alliance, tué dans un combat livré le 13 janvier 1427 contre le duc de Bourgogne.

B. Jean, deuxième du nom, qui suit, VII.

C. Anoise, héritière en partie de la seigneurie de Flavigny, épousa Guy de Testondant, chevalier bourguignon, gentilhomme de la cour de Philippe-le-Hardi, duc de Bourgogne, comte de Flandre, mort en 1405.

VII. Jean Franeau, deuxième du nom, seigneur de Flavigny, créé chevalier par le duc de Bourgogne, Philippe le Bon, au siége de Dinant en 1420 (1), épousa, en 1467, Ida de Renesse, dame de Warendreck, en Hollande, dont quatre enfants, entre autres deux fils qui suivent, savoir :

A. Henri, qui suit, VIII.

---

1. Titre original à la *Bibliothèque de Bourgogne*, à Bruxelles.

B. Vincent Franeau, docteur en droit et en théologie, chanoine de Tournai.

VIII. Henri Franeau, seigneur de Warendreck, qu'il aliéna de la vicomté de Leyde, en 1473, épousa, selon le savant généalogiste Philippe d'Alsigny, moine de l'abbaye de Cambrai : 1° Anastasie de Crehem ; 2° Anoise de Renarbaix, morte en 1485.

Il eut du second lit trois enfants, entre autres un fils, Claude, premier du nom, qui suit, IX.

IX. Claude Franeau, premier du nom, seigneur de Warendreck, qu'il vendit, en 1471, au seigneur de Duyenvoorde (1), épousa Marie Druart, dont cinq enfants, deux filles religieuses et trois fils, savoir :

A. Claude Franeau, chanoine de Soignies, protonotaire apostolique.

B. Jean, troisième du nom, qui suit, X.

C. Vincent Franeau, chevalier du Saint-Sépulcre, fit le voyage de la Terre-Sainte, et épousa Anne du Quesnoy, dont il eut deux enfants : Denis, écuyer, seigneur de Harlebois, maître d'hôtel du duc de Croy, épousa Marie Haliet ; Gillette épousa : 1° Hermès, seigneur du Payage, chevalier ; 2° Jean de Bovines.

X. Jean Franeau, troisième du nom, chevalier, seigneur de Harlebois, homme de fief, à la cour de Mons, en 1469, mort le jour de Saint-Martin, en 1503, conseiller et voué de l'abbaye de Saint-Ghislain, créé chevalier par lettres patentes de Charles le Téméraire, duc de Bourgogne, données à Arras, le 1er août 1475, dont le titre est conservé dans les archives de Gommignies. Il épousa Maigne Warnier, dont quatre enfants, entre autres deux fils, savoir :

---

1. Titre original aux archives de Commegnies.

A. Jean, quatrième du nom, qui suit, XI.

B. Claude Franeau, chevalier, en récompense de sa valeur dans la guerre en Italie, contre les Milanais et les Vénitiens, sous Antoine, duc de Lorraine, au service de Sa Majesté très-chrétienne.

XI. Jean Franeau, quatrième du nom, mort le 6 mars 1536, conseiller de la ville de Mons, distingué par l'empereur Charles-Quint pour l'importance de ses services, épousa : 1° Jeanne du Crocq, et 2° Jeanne de Haussin.

Il eut du premier lit plusieurs enfants, entre autres :

A. Jacques Franeau, homme d'armes de l'empereur, se fixa en Allemagne, où il laissa belle postérité.

B. Claude, quatrième du nom, qui suit, XII.

C. Gilles Franeau, capitaine et châtelain du château de Genappes, mort sans enfants le 26 décembre 1577, épousa Marguerite Jauwans.

XII. Claude Franeau, quatrième du nom, seigneur de Gaillard, Bourg à Pont, Brillon, etc., conseiller pensionnaire de la ville de Mons, maître ès arts, mort à Mons le 19 mai 1574, et inhumé à l'église de Sainte-Wudru, épousa à Mons, par contrat du 25 janvier 1529 (1), Jeanne Fourneau de Bagenrieux, dame de Caumont, morte le 7 novembre 1580, et inhumée près de son mari, dont six enfants, entre autres :

A. Jean, cinquième du nom, qui suit, XIII.

B. Philippe, fondateur de la branche des comtes de Gommegnies.

C. Adrien Franeau, écuyer, seigneur d'Abeâtre, premier échevin de Mons, épousa Catherine François,

---

1. Titre original aux archives de Commegnies.

dame de Boucault, sa belle-sœur, dont un fils, Sévérin, mort sans postérité.

D. Hermès Franeau, écuyer, né à Mons le 25 avril 1549, épousa Jeanne Joye, dame d'Audomez, dont il eut trois enfants, morts sans postérité.

XIII. Jean Franeau, cinquième du nom, écuyer, seigneur de Gaillard, Bourg à Pont, Beaumeteau, Caumont, Francmanteau, etc., né à Mons, le 21 décembre 1536, épousa, en 1558, Jeanne Vinchant, dame de Francmanteau, dont :

A. Claude, cinquième du nom, qui suit, XIV.

XIV. Claude Franeau, cinquième du nom, écuyer, seigneur de Gaillard, Caumont, Beaumeteau, Francmanteau, Bourg à Pont, etc., épousa Marie Bachelier, dame de Roisart, dont sept filles. L'aînée, seule héritière des fiefs de son père, contracta mariage. Elle épousa Charles de Roisin, chevalier, seigneur de Forest, du Parcq, etc.

XIII. Philippe Franeau, chevalier, par lettres patentes de Sa Majesté le roi d'Espagne, Philippe V, en date du 31 octobre 1583, et en considération des grands et signalés services rendus au roi pendant les troubles des Pays-Bas, seigneur de Brillon, Hyon, Arbre, Attre, Venize, etc., né à Mons, le 27 janvier 1539, grand prévôt de Mons, receveur général des aides de Hainaut, trésorier général de l'armée pendant les guerres des Pays-Bas, chef mayeur de la ville de Mons, l'un des membres du parti de l'*Union*, conclue à Bruxelles le 9 janvier 1579, épousa Jeanne François, dame de Bertemont, laquelle étant veuve testa à Mons, le 3 août 1590 (1). Il eut de son mariage Séverin, qui suit, XIV.

1. Titre original aux archives du château de Commegnies.

XIV. Sévérin Franeau, chevalier, par lettres patentes datées de Madrid, le 25 mars 1595 (1), seigneur de Hyon, Brillon, Arbre, Attre, Gommegnies, etc., né à Mons, le 22 janvier 1564, épousa Adrienne Van der Burch, sœur de Jean, archevêque de Cambrai, prince du Saint-Empire-Romain, fille de Jean, chevalier, seigneur de Cerfontaine, président du grand conseil de Malines, chef président du conseil d'Etat et privé de Sa Majesté, et de dame Françoise-Camille Diacetto, dame d'honneur de la reine de Hongrie, dont un fils unique, Philippe-François, qui suit, XV.

XV. Philippe-François de Franeau, chevalier, par lettres patentes datées de Madrid, le 12 août 1627, baron de Gommegnies, seigneur de Hyon, Blaregnies, Arbre, Attre, gentilhomme des archiducs Albert et Isabelle, né le 22 mai 1596, membre de l'état noble de Hainaut, etc., épousa Barbe-Marguerite d'Yve, fille de François, seigneur de Tavier, Soye, etc., et d'Anne Dawans de Lonchin, dont douze enfants, entre autres Philippe-François, qui suit, XVI.

XVI. Philippe-François de Franeau-Hyon, baron de Gommegnies, seigneur de Hyon, Brillon, Arbre, Attre, pair du Cambrésis, le 26 janvier 1634, mort le 11 novembre 1681, capitaine de cavalerie au service de Sa Majesté Catholique, épousa Anne-Isabelle d'Arlin, fille de Simon-Paul d'Arlin, baron de Bornival, et d'Isabelle-Alardine de Rodoan, dont sept enfants, cinq morts en bas âge ou sans alliance, et deux autres, savoir :

A. Albert-Michel-Joseph, qui suit, XVII.

B. Michel-François-Joseph de Franeau-Hyon, cheva-

---

1. Titre original aux archives du château de Commegnies.

lier de Gommegnies, capitaine des gardes wallonnes de Sa Majesté Catholique, né le 7 mars 1608, mort sans alliance, en janvier 1706, tué à l'attaque de Villaréal, où il entra le premier, l'épée à la main.

XVII. Albert-Michel-Joseph de Franeau-Hyon, comte de Gommegnies, par lettres patentes du roi Louis XIV, délivrées à Versailles en mai 1769, érigeant en comté la baronnie de Gommegnies (1); baron de Gommegnies, seigneur de Hyon, Arbre, Attre, etc., né le 15 juillet 1669, enseigne au régiment du prince d'Issenghien-Infanterie, fit enregistrer ses armes par d'Hozier, dans l'*Armorial de Hainaut et de Flandre*, le 6 juin 1698, folio 1339. Il épousa : 1° au château de Warelles, par contrat du 20 juillet 1698, Isabelle-Maximilienne d'Yve, baronne d'Ostiche ; 2° Alexandrine-Françoise de Basta, comtesse de Mouscron, dame de Heule et de Zult, veuve de Jacques-François-Hippolyte, marquis d'Ennretières et des Mottes.

Il eut du premier lit trois enfants, savoir :

A. François-Philippe-Joseph de Franeau-Hyon, comte de Gommegnies, vicomte de Canteleu et de Quesnoy, seigneur de Hyon, Blaregnies, Arbre, Attre, etc., pair du Cambrésis, major au service de France, né à Aitre le 27 avril 1702. Il adressa, en 1745, une supplique au comte d'Argenteau, ministre et secrétaire d'Etat de la guerre, à l'effet d'obtenir un dédommagement des pertes éprouvées dans les campagnes précédentes.

Il épousa Marie-Anne-Louise de Croix de Mauwe, fille d'Ignace-Ferdinand de Croix, membre de l'Etat noble de Hainaut, et de Ferdinande-Louise de Zom-

---

1. Titre original aux archives du château de Commegnies.

berghe, dont cinq enfants, entre autres quatre qui suivent :

a. François-Joseph-Ferdinand-Ghislain de Franeau-Hyon, comte de Gommegnies, vicomte de Canteleu et de Quesnoy, seigneur de Hyon, Blaregnies, Arbre, Attre, etc., pair du Cambrésis, conseiller intime d'État, chambellan actuel au service de la Cour impériale, membre de l'État noble du Hainaut, né le 10 novembre 1792, obtint, par lettres patentes délivrées à Vienne le 14 août 1738, d'entourer ses armes du manteau ducal, et de leur donner pour supports deux lions (1).

b. François-Joseph-Ghislain de Franeau-Hyon, comte de Gommegnies, mort sans alliance, l'an IX de la République française, capitaine au régiment de Saint-Ignon, chambellan et président du conseil souverain du Hainaut.

c. Eugène-François-Joseph-Ghislain de Franeau-Hyon, comte de Gommegnies, lieutenant-colonel au régiment de Latour-dragons, sans alliance.

d. Catherine-Josèphe-Ghislaine, née à Mons le 14 janvier 1748, morte au château d'Attre, le 8 février 1814, épousa Joseph-Constant-Fidèle, baron du Val de Beaulieu.

B. Jacques-Adrien-Joseph de Franeau-Hyon, chevalier de l'ordre militaire de Saint-Louis, vicomte de Canteleu, mort à Tournai en 1775; épousa Marie-Placide-Camille, baronne Vander Burch, vicomtesse d'Erembodeghem, dont deux filles : Marie-Françoise-Adrienne, épousa le 9 mai 1773, au château de Tournai, François-Augustin-Anne-Hubert-Collette, marquis de Hangouart, baron d'Avelin, dit alors le baron d'Op-

---

1. Titre original aux archives du château de Commegnies.

puers, chevalier de Malte; Ferdinande-Dorothée-Françoise-Josèphe, épousa, le 23 avril 1708, Augustin-François-Joseph de Lannoy, seigneur de la Chaussée.

C. Nicolas-Joseph, qui suit, XVIII.

XVIII. Nicolas-Joseph de Franeau-Hyon, épousa Marie-Catherine-Ignace de Boulé de Marsi, dont deux enfants, savoir :

A. Aimée-Rose-Josèphe, sans alliance.

B. Théodore-Joseph, qui suit, XIX.

XIX. Théodore-Joseph de Franeau-Hyon, comte de Gommegnies, après son oncle François-Ferdinand-Joseph, mort sans enfants, né à Valenciennes, le 4 juillet 1750, mort à Mons, le 21 mai 1814, capitaine de la compagnie des grenadiers du régiment du Maine-infanterie, chevalier de Saint-Louis, le 3 avril 1791, en récompense de sa brillante conduite pendant les campagnes d'Amérique de 1781, 1782, 1783, épousa, par contrat du 28 janvier an XI, Marie-Charlotte Waudru, vicomtesse Obert de Quévy, chanoinesse d'honneur de Boulangy, près de Châlon, morte à Mons, le 21 avril 1841, dont un fils unique, Philippe-Gustave-Ghislain-Adolphe, qui suit, XX.

XX. Philippe-Gustave-Ghislain-Adolphe, comte de Franeau de Gommegnies, chef de nom et d'armes de sa famille, né à Mons, le 6 janvier 1805, chambellan de Sa Majesté le roi Guillaume Ier des Pays-Bas, épousa, à Bruxelles, par contrat du 8 juin 1825, Caroline-Joséphine, comtesse de Mercy d'Argenteau, née à Liége, le 22 septembre 1794, morte à Paris, le 13 octobre 1859, fille de François-Joseph-Charles-Marie, comte de Mercy d'Argenteau d'Ochain, grand chambellan de Sa Majesté le roi des Pays-Bas, commandeur et chevalier de plusieurs ordres, et de Thérèse-Henriette de Paar, dont cinq enfants, savoir :

A. Edmond-Henri-François-Adolphe-Ghislain, comte de Franeau de Gommegnies, né à Bruxelles, le 8 janvier 1829, épousa : 1° à Blois, par contrat du 29 mai 1854, Marguerite-Stéphanie-Claire de Guisable de Lacotte, morte sans enfants, à Blois, le 14 juillet 1864 ; 2° au château de Saint-Vallerin (Saône-et-Loire), le 15 juillet 1867, Françoise Maublanc de Chiseuil, sœur de François-Georges, ci-dessous, dont il n'a pas d'enfants.

B. Caroline-Aldégonde-Marie-Ghislaine, née à Paris, le 28 octobre 1831, épousa, au château de Salbris, département de Loir-et-Cher, par contrat du 2 janvier 1856, Armand-René-François, vicomte du Tertre, comte d'Hust et du Saint-Empire-Romain.

C. Nathalie-Marie-Eugénie-Ghislaine, née au château d'Iwuy, département du Nord, le 26 janvier 1838, épousa, au château de Salbris, par contrat du 18 septembre 1859, Charles-Ernest de Valence, fils de Charles-Lia-Félix, comte de Valence.

D. Gustave-Henri-Alfred-Charles-Ghislain, comte de Franeau de Gommegnies, né au château d'Iwuy, le 18 août 1841.

E. Marie-Madeleine, née à Iwuy, le 13 juillet 1843, épousa, à Salbris, par contrat du 29 avril 1867, François-Georges Maublanc de Chiseuil, fils de François-Victor Maublanc de Chiseuil, ancien officier de cavalerie, chevalier de la Légion d'honneur, et de Clotilde-Antonine-Rose Poncet de Maupas, dont postérité.

GONDALLIER DE TUGNY. *Picardie.*

D'azur au lion d'argent ; au chef du même, chargé de trois roses de gueules.

Cette famille a trois représentants dans la magistrature et dans l'armée : de Gondallier de Tugny, président du tribunal civil, à Soissons; de Gondallier de Tugny, capitaine au 99ᵉ régiment d'infanterie; de Gondallier de Tugny, juge à Laon, département de l'Aisne.

GONDOUIN. *Paris.*

De sable à deux mains apaumées au naturel, posées en pal.

L'unique représentant du nom de Gondouin, est architecte à Paris.

GONDRECOURT. *Duché de Bar, Lorraine, Champagne.*

Écartelé : aux 1 et 4 d'azur à la fasce d'argent accompagné de deux éperviers d'or en chef et d'une molette du même en pointe; aux 2 et 3 d'azur à trois anneaux d'argent, deux en chef et un en pointe.

Humbert de Gondrecourt, fondateur d'une chapelle de Saint-Éloy, desservie par quatre chapelains à l'église paroissiale de Saint-Michel, est qualifié d'écuyer dans l'acte de cette fondation, passé le 6 septembre 1353, et dans une expédition du seigneur de Bar, faite au rapport de Humbert en 1358.

Sa descendance compte aujourd'hui trois représentants : le vicomte de Gondrecourt, chef de nom et d'armes, au château de Montplaisir, par Lusignan, département de la Vienne; de Gondrecourt, commandeur de la Légion d'honneur, général de brigade commandant la subdivision de Lot-et-Garonne; de Gondrecourt, conseiller de préfecture à Amiens.

GONET. *Provence.*

Fascé d'or et de sable de six pièces; à un massacre de cerf d'argent brochant sur le tout.

Cette famille a cinq représentants : le marquis de Gonet, à Paris ; de Gonet, conseiller de cour d'appel, à Montpellier ; de Gonet, ancien percepteur, à Strasbourg ; Gabriel de Gonet, à Paris ; Charles de Gonet, à Paris.

GONIDEC DE TRAISSAN (LE). *Bretagne.*

D'argent à trois bandes d'azur.

Cette famille, connue par les réformations de Bretagne des années 1440 à 1670, est représentée par Alfred-Marie Mériadec, comte le Gonidec de Traissan, à Rennes.

GONIN. *Lyon.*

De gueules au chevron d'or accompagné d'un chien d'argent en pointe.

L'unique représentant de la maison de Gonin réside à Toulouse.

GONNIVIÈRE (DE LA). *Normandie.*

Palé d'argent et de gueules ; au chef d'or.

Cette famille a pour représentant Adolphe de la Gonnivière, au château de Bois-Grimault, par Carentan, département de la Manche.

GONOD D'ARTEMARRE. *Bourgogne.*

D'azur au chevron d'or, accompagné de trois croissants d'argent, deux en chef, un en pointe.

Cette famille a deux représentants : de Gonod d'Artemarre, substitut du procureur, à Brioude, département de la Haute-Loire ; de Gonod d'Artemarre, percepteur, à Boulogne-sur-Seine.

GONTAUT. *Périgord, Guyenne.*

Écartelé d'or et de gueules ; l'écu en bannière.

Originaire de l'Agenais, cette illustre maison, dont la filiation authentique remonte à l'an 1120, a donné Gontaut de Biron, chevalier croisé en 1248, et quatre maréchaux de France : Armand, baron de Biron, en 1592 ; Charles, son fils aîné, duc de Biron, décapité en 1602 ; Armand-Charles, marquis de Biron, de 1734 à 1756 ; Louis-Antoine, de 1757 à 1759.

Le titre de duc, donné à cette maison en 1593, fut éteint une première fois en 1602. Rétabli en 1723, il s'éteignit de nouveau en 1793.

On compte aujourd'hui onze représentants du nom : de Gontaut, marquis de Biron, à Paris ; de Gontaut, marquis de Biron, au château de Biron, département de la Dordogne ; Armand de Gontaut, comte de Biron, à Paris ; de Gontaut, comte de Biron, à Paris ; Élie de Gontaut, comte de Biron, à Navaille-Angos, par Auriac, département des Basses-Pyrénées ; de Gontaut, comte de Biron, à Paris ; de Gontaut, vicomte de Biron, à Paris ; de Gontaut, vicomte de Biron, maire de Navaille-Angos, département des Basses-Pyrénées ; Auguste de Gontaut Biron, à Paris ; de Gontaut, marquis de Saint-Blancard, à Paris ; de Gontaut, au château de Goas, par Beaumont, département de Tarn-et-Garonne.

GONZAGUE. *France.*

D'argent à une croix pattée de gueules, cantonnée de quatre aiglettes de sable membrées et becquées de gueules ; la croix chargée d'un écusson de gueules au lion d'or ; écartelé d'or à trois fasces de sable.

L'unique représentant du nom, Louis de Gonzague, réside à Villers-le-Sec, département du Calvados.

GORCE (DE LA). *Vivarais, Montpellier, Montauban, Provence.*

Vivarais. D'or à trois pals de gueules; au chef d'azur chargé de trois fleurs de lis d'or.

Montpellier, Montauban, Provence. De gueules à trois rocs d'échiquier d'or, deux en chef et un en pointe.

De la Gorce, en Vivarais, tire son nom d'une ancienne baronnie vendue en 1581 par Yvon d'Apchie, chevalier de l'ordre du roi, à Mathieu de Merle, capitaine en chef de chevau-légers, gouverneur de Mende et de Gevaudan, gentilhomme du roi de Navarre.

On compte encore deux représentants du nom : de la Gorce, conseiller à la cour de Douai ; de la Gorce, substitut à Valenciennes, département du Nord.

GORCE. *Lyon.*

D'argent à deux chiens lévriers rampants et affrontés de gueules.

L'unique représentant du nom, de Gorce, est avocat à Angoulême, département de la Charente.

GORSSE. *Bretagne.*

De gueules à trois têtes de lion arrachées d'or ; au chef d'azur chargé d'un croissant d'argent accosté de deux étoiles d'or.

Cette famille a deux représentants : le général baron de Gorsse, commandeur de la Légion d'honneur, au château de Farsac, par Lavaur, département du Tarn, qui a un fils, sous-lieutenant au 86e régiment d'infanterie ; de Gorsse, juge suppléant au tribunal civil, à Toulouse.

GOSSE DE GORRE. *Artois.*

D'azur au chevron d'or, accompagné en chef de deux papillons du même, et en pointe d'un lion aussi d'or.

Gosse de Gorre a trois représentants : de Gosse de Gorre, officier de la Légion d'honneur, ancien sous-préfet à Béthune, département du Pas-de-Calais; de Gosse de Gorre, au château de Bois-de-la-Haye, par Viney, même département; de Gosse de Gorre, à Versailles.

GOSSELIN. *Normandie.*

D'argent au chevron d'azur chargé de sept besants d'or, accompagné en chef de deux molettes d'éperon de sable, et en pointe d'une aigle à deux têtes aussi de sable, au vol étendu et abaissé, et un chef de gueules.
— De gueules à trois pommes tigées et feuillées d'or.
— D'azur à deux fasces ondées d'argent, accompagnées en chef d'un besant d'or.

Gosselin de Boismontel, en Normandie, remonte à Jean-Jacques Gosselin, écuyer, seigneur de Boismontel, brigadier des gardes du corps du roi dans la compagnie d'Harcourt.

Cette famille est aujourd'hui représentée par Alexis de Gosselin, à Paris.

GOSSON. *Provence, Artois.*

Ecartelé : aux 1 et 4 de gueules fretté d'or; aux 2 et 3 d'argent burellé de gueules; au sautoir de sable brochant sur le tout.

Connue à Arles depuis la fin du quinzième siècle, cette famille, qui a siégé aux États de Provence en 1738, et qui s'est divisée en plusieurs branches, entre autres celle des seigneurs de Barlin, est représentée par de Gosson, architecte, à Hazebrouck, et par de Gosson, sans profession ni fonctions, dans la même localité du département du Nord.

GOUBERT DE GOUBERTVILLE. *Normandie, Bretagne.*

De gueules au grêlier contourné d'or, lié du champ, accompagné en pointe d'une molette du second.

L'unique représentant du nom de Goubert de Goubillevert, réside à Paris.

GOUBERVILLE. *Normandie.*

De gueules à la croix ancrée d'argent. — D'azur au chevron d'or accompagné de trois molettes du même.

Appartenant à l'élection de la Valogne et annoblie en 1578, cette famille a deux représentants : de Gouberville, au château de son nom, par Néhou, département de la Manche; de Gouberville, au château de Quesney, par Coutances, même département.

GOUBLAYE (DE LA). *Bretagne.*

De gueules fretté d'argent; à la bande d'azur brochante sur le tout.

Cette famille a deux représentants : de la Goublaye de Ménorval, receveur particulier, à Bellac, département de la Haute-Vienne; de la Goublaye de Nantais, au château de Nantais, par Pléneuf, département des Côtes-du-Nord.

GOUDAL. *Toulouse, Montpellier, Montauban.*

D'or à deux fasces d'azur et une tour donjonnée d'argent, brochante sur le tout.

De Goudal, unique représentant du nom, vit dans

ses terres, au château de Roquette, par Rodez, département de l'Aveyron.

GOUDART. *Montpellier, Montauban.*

De gueules au croissant d'argent accompagné de trois roses de même, deux en chef, une en pointe.

L'unique représentant du nom, de Goudart, réside à Toulouse.

GOUDON DE LA LANDE. *France.*

De gueules au cœur d'or en abîme, accompagné de cinq étoiles de même, deux en chef, deux en flanc, une en pointe ; à la fleur de lis d'argent en chef.

Cette famille, qui a donné Loys-Jehan Goudon, époux de Marie de Chabannait, qui obtint de Charles VII, en 1426, érection en comté de la châtellenie de Ghérondière, est représentée par Goudon de la Lande, comte de Ghérondière, à Montmorillon, département de la Vienne.

GOUE. *Bretagne.*

D'or au lion de gueules surmonté d'une fleur de lis d'azur.

Cette famille, qui a donné Jean-Baptiste Goué, seigneur de Fougerolles, la Prévotière et Villeneuve-la-Guyard, conseiller au grand conseil, le 27 novembre 1671, est représentée par de Goué, qui vit éloigné de toute fonction publique, à son château de Brunière, par Moutiers, département de la Vendée.

GOUIN DE LA FERRANDIÈRE. *Bretagne.*

D'or au chevron de gueules accompagné de trois roses du même.

De Gouin de la Ferrandière, unique représentant du nom, réside à Angers.

GOUJON. *Normandie.*

D'azur à deux goujons d'argent en sautoir, surmontant une rivière du même.

Cette famille a deux représentants : de Goujon de Cérisay, au château de Chevalerie, à Arconnay, département de la Sarthe ; de Goujon de Grondel, lieutenant de vaisseau, à Lorient.

GOULAINE. *Bretagne.*

Parti d'Angleterre et de France, savoir : au 1 de gueules à trois demi-léopards d'or ; au 2 d'azur à une fleur de lis et une demie d'or.

Cette ancienne maison doit son nom à une terre et seigneurie du diocèse de Nantes, érigée en marquisat en faveur de Gabriel de Goulaine, seigneur de Goulaine, de Faouët et de Saint-Nazaire, par lettres patentes données en octobre 1621.

Elle est représentée par le marquis de Goulaine, au château de Goulaine, par Verton, département de la Loire-Inférieure, et par de Goulaine, au château de Port-d'Or, par Redon, département d'Ille-et-Vilaine.

GOULARD. *Toulouse Montauban.*

D'or à trois corneilles de sable, membrées et becquées de gueules, deux en chef et une en pointe.

Cette famille a trois représentants : de Goulard, à Toulouse ; de Goulard, au château de Lucan, par Saint-Bertrand-de-Comminges, département de la Haute-Garonne ; de Goulard, à Bagnères-de-Bigorre, département des Hautes-Pyrénées.

GOULLET DE RUGY. *Bretagne.*

D'azur au lion d'or, rampant contre une fontaine d'argent.

Cette famille a deux représentants : Aymar, vicomte de Goullet de Rugy, au château de Villy, par Viliers-Bocage, département du Calvados; de Goullet de Rugy, sans fonctions et sans titre, à Metz.

GOUPIL. *Touraine, Bretagne, Normandie.*

TOURAINE. D'azur à trois merlettes d'argent posées 2 et 1 et un croissant de même en pointe; au chef d'or.

BRETAGNE. D'azur à trois coquilles accompagnées en abîme d'une fleur de lis, le tout d'or.

NORMANDIE. D'azur au chevron d'or bordé de gueules et accompagné de trois croissants du second.

Cette famille a trois représentants : de Goupil de Bouillé, aumônier des sœurs de Saint-Martin, à Bourgueil, département d'Indre-et-Loire ; de Goupil de Bouillé, au château de Pavée, par Bourgueil; de Goupil des Loges, au château des Loges, par Château-Gonthier, département de la Mayenne.

GOURCUFF. *Bretagne.*

D'azur à la croix pattée d'argent, chargée d'un croissant de gueules.

Cette famille a deux représentants : de Gourcuff, directeur de la compagnie d'assurances générales, à Paris ; de Gourcuff, directeur d'assurances maritimes, à Paris.

GOURCY. *Lorraine.*

D'argent à trois fasces de gueules, accompagnées de neuf mouchetures d'hermines, posées 4, 3 et 2 ; au chef de gueules chargé de trois annelets d'or mis en fasce.

Cette famille n'est plus représentée que par le vicomte de Gourcy, au château de Couddes, par Contres, département de Maine-et-Loire.

BOURDEN. *Bretagne.*

D'azur à deux flèches d'argent en sautoir, accompagnées en chef d'un croissant et en pointe d'une étoile, le tout du même.

De Gourden, chef de nom et d'armes de sa famille, réside à Rennes. Il a un fils qui réside également à Rennes.

GOURDON. *Guyenne.*

D'azur à trois étoiles d'or rangées en pal.

Le comte de Gourdon, grand officier de la Légion d'honneur, contre-amiral, unique représentant de sa famille, réside à Paris.

GOURDON DE GENOUILLAC. *Quercy.*

D'azur à trois étoiles d'or en pal, écartelé, bandé d'or et de gueules de six pièces.

Cette famille considérable, qui remonte à Pons Richard, chevalier, capitaine de Gourdon pendant la guerre du Languedoc, sous le sire de Craon, en 1352, est représentée par de Gourdon de Genouillac, homme de lettres, à Paris.

GOURGAUD. *Ile-de-France.*

Coupé : au 1, parti à dextre d'azur à la Fortune sur sa roue d'or, adextrée en chef d'une étoile du même, et à sénestre de gueules à l'épée haute en pal d'argent ; au 2 d'argent au Saint-Michel à cheval terrassant un dragon, le tout de gueules, soutenu de deux torches de sable en sautoir, allumées de gueules.

Cette famille est représentée par le comte de Gourgaud et le baron de Gourgaud, tous deux à Paris.

GOURGUES. *Guyenne, Ile-de-France.*

D'azur au lion d'or, armé et lampassé de gueules.

Cette famille a deux représentants : le comte de Gourgues, qui a sa résidence d'été à son château d'Aulnay, par le Bourget, département de la Seine, et sa résidence d'hiver à Paris ; le vicomte de Gourgues, à Langnais, par Lalinde, département de la Dordogne.

GOURJAULT. *Poitou, Touraine, Bourgogne.*

De gueules au croissant d'argent.

On compte deux représentants de cette famille: le marquis de Gourjault, à Paris ; le comte de Gourjault, qui a sa résidence d'été au château de Saint-Ouën, par Amboise, département d'Indre-et-Loire, et sa résidence d'hiver à Paris.

GOURMONT. *Normandie.*

NORMANDIE. D'argent au croissant de sable ; au chef de gueules chargé de trois roses d'or.

FRANCE. D'or à la croix ancrée de gueules.

L'unique représentant du nom, de Gourmont, est juge à Bayeux, département du Calvados.

GOURY DE ROSLAN. *Orléanais.*

D'azur à trois bandes d'or.

L'unique représentant de la famille, baron de Goury de Roslan, commandeur de la Légion d'honneur, est ministre plénipotentiaire de France, à Bogota, Colombie.

GOUSSENCOURT. *Picardie.*

D'hermines au chef de gueules.

Cette famille a deux représentants : le général comte de Goussencourt, commandeur de la Légion d'honneur, à Paris ; de Goussencourt, au château de Catillon, par Saint-Just-en-Chaussée, département de l'Oise.

GOUT. *Guyenne, Gascogne.*

D'or à trois fasces de gueules. Cimier : un phénix semé de fleurs de lis. Couronne de marquis. Supports : deux lions d'or contournés, armés et componés de gueules.

Anne-Sophie-Jean du Gout, marquis de Casaux, qui épousa, le 21 avril 1868, Mlle Jacqueline de la Béraudière, est le seul et unique descendant du nom de Casaux, de la grande maison noble du Gout, dont le nom, dans les histoires anciennes, est indifféremment écrit : en latin, *de Guto, de Guttoet* ou *de Guoto;* et en français, *de Got* et *de Goth, Gout* et *du Gout.*

Cette maison gothique, une des plus nobles et des plus illustres des provinces de Guyenne et de Gascogne, descend, selon l'opinion commune, des princes Goths qui ont commandé autrefois en Guyenne. Il est avéré qu'au commencement de la dernière race des rois de France, alors que toute la noblesse du royaume prit les noms de fiefs, ils ne voulurent jamais changer leur nom de Goth, afin de laisser à la postérité cette preuve de leur descendance des princes goths qui avaient autrefois commandé en Guyenne.

Un des plus illustres personnages de la race des du

Gout, un des premiers dont l'histoire fasse mention, est Acquiert de Goth, général des armées des rois d'Angleterre en Espagne et en Italie, où il fit triompher les desseins de ses souverains selon leur projet. On lui donna en Espagne un sobriquet par lequel chacun le désigna sous le nom de Matagot.

La maison dont ce grand homme de guerre fut une des plus belles illustrations, s'est distinguée dans les armes et a occupé entre autres le comté d'Armagnac, le vicomté de Lomagne, celui d'Auvilar et le marquisat de Rouillac.

Elle a également brillé dans l'Église par des personnages considérables, entre autres :

Bertrand de Goth, évêque d'Agen et ensuite de Langres, avec le titre de duc et pair de France.

Bertrand de Goth, archevêque de Lyon, envoyé le 27 juillet 1597 par Boniface VIII, ambassadeur en Angleterre, pour traiter de la paix entre le roi de France et celui d'Angleterre, réussit dans sa mission. Il mourut l'année même de son ambassade.

Un autre Bertrand de Goth fut élevé à la plus haute dignité de la chrétienté. D'abord évêque de Comminges, puis archevêque de Bordeaux, il fut sacré pape sous le nom de Clément V.

Raymond de Goth, neveu de ce souverain-pontife, devint cardinal sous son règne.

La maison de du Gout a aussi l'insigne honneur d'avoir contracté alliance avec la maison royale de Navarre, par le mariage de Renée de Goth, nièce de Raymond-Gracie de Goth, chef de la maison de du Gout actuelle, avec Jean 1er, comte d'Armagnac.

GOUT D'ALBRET (DU). *Guyenne, Gascogne.*

D'or à trois fasces de gueules.

Cette famille est aujourd'hui représentée par le vicomte du Gout d'Albret, à Châteaufort, par Domazan, département de Lot-et-Garonne.

GOUTTES. *Toulouse, Mautauban.*

De gueules à trois gouttes d'eau ou larmes d'argent et un chef cousu d'azur chargé d'un soleil d'or, accosté de deux étoiles du même.

Cette famille a deux représentants : de Gouttes, au château de Lagrave, par Gaillac, département du Tarn ; de Gouttes, grand-officier de la Légion d'honneur, sous-directeur au département des finances, à Paris.

GOUTTES (COGNET DES). *Forez.*

De gueules au chevron d'or.

Cette famille dont était Jacques Cognet, seigneur des Gouttes et de Marchapt, écuyer, chevalier de l'ordre du roi, conseiller et maître d'hôtel de Sa Majesté, vivant en 1660, est représentée par Paul de Cognet des Gouttes, au château des Gouttes, par Feurs, département de la Loire.

GOUVELLO. *Bretagne.*

D'argent au fer de mule de gueules accompagné de trois molettes du même.

Cette famille a pour unique représentant le marquis de Gouvello, député du Morbihan, au château de Kerlévenan, par Sarzeau, fondateur de trois orphelinats agricoles, dont un dans le Morbihan et deux dans le Loir-et-Cher.

GOUVION SAINT-CYR. *France.*

Coupé : au 1 parti *a* : d'azur à une épée d'argent garnie d'or, à la filière d'argent : *b* d'azur à une étoile d'or ; au 2 de sable plein.

L'unique représentant de la famille, marquis de Gouvion Saint-Cyr, a sa résidence d'été au château de Reverseaux, par Voves, département d'Eure-et-Loir, et sa résidence d'hiver à Paris.

GOUY D'ARCY. *Picardie, Soissonnais.*

Écartelé : aux 1 et 4 d'argent à l'aigle éployée de sable, armée, languée, et chaque tête couronnée de gueules ; aux 2 et 3 de gueules à la bande d'or.

Fixée, vers la fin du quinzième siècle, dans le Beauvaisis, cinq fois admise aux honneurs de la cour, cette famille, qui a donné plusieurs abbesses au chapitre de Remiremont, remonte à Arnaud, sire de Goy, Pittigen, Estoc, vivant en 1350.

Gouy d'Anseroeul, qui est une branche de Gouy d'Arcy, porte écartelé aux 1 et 4 comme ci-dessus, aux 2 et 3 contre-écartelé d'or et de sable, qui est de Lens, l'or bordé de gueules ; à la croisette de gueules brochante sur les écartelures.

Ce grand nom est représenté par le comte de Gouy d'Arcy, à Paris,

GOUYON-DUVERGER. *France.*

D'or à deux chicots de gueules en face, l'un sur l'autre.

L'unique représentant de cette famille, Hyacinthe-Adolphe de Gouyon-Duverger, est attaché à l'administration des lignes télégraphiques, à Paris.

GOUYON. *Bretagne.*

Écartelé : aux 1 et 4 d'argent au lion de gueules armé, couronné et lampassé d'or, qui est de Gouyon ; aux 2 et 3 d'or à deux fasces nouées de gueules, accompagnés de neuf merlettes du même posée en orle, 4, 2 et 3, qui est de Matignon.

Transportée de Bretagne en Normandie, de race chevaleresque, en possession, depuis le douzième siècle, du château de Laroche-Gouyon, devenu propriété militaire sous Louis XIV, cette famille est représentée par de Gouyon de Matignon de Saint-Loyal, à Paris ; par Alexandre de Gouyon de Pontouraude, officier de la Légion d'honneur, à Brest ; par de Gouyon de Beaufort, au château de Beaufort, par Vieux-Bourg, département d'Ille-et-Vilaine ; par de Gouyon de Beaucorps, sous-inspecteur des douanes, à Nantes.

GOUYON DE COIPEL. *Bretagne.*

D'argent à la croix pleine de sable.

On compte en France deux représentants de cette belle famille : de Gouyon de Coipel, au château de la Villejanvier, par La Jacilly, département du Morbihan ; de Gouyon de Coipel, au château de Munehorne, par Guingamp, département des Côtes-du-Nord.

GOY. *Pays-Bas.*

Écartelé : aux 1 et 4 d'or à la fleur de lis de gueules ; au chef de sable chargé de trois coquilles d'argent ; aux 2 et 3 d'azur, à trois cors de chasse d'or virolés de même.

Cette famille, qui a donné plusieurs hauts baillis en Brabant et en Hainaut, est représentée par de Goy, ancien inspecteur des contributions directes, à Metz.

GOYER DE SENNECOURT. *Perche.*

D'azur au chevron d'or surmonté d'une merlette d'argent, accompagné en pointe d'une dextrochère de gueules, mouvant du flanc sénestre, tenant une branche de laurier de sinople.

Cette famille, qui est une des plus anciennes du Perche et qui a une origine commune avec l'illustre maison des comtes de Goyet-Montmirail, est représentée par Hippolyte de Goyet de Sennecourt, ancien capitaine, au château de Neuvillette, près Doullens, département de la Somme.

GOYON. *Guyenne et Bretagne.*

De gueules au lion d'or.

Cette famille, une des plus illustres de la Bretagne, remonte à Guillaume Goyon, témoin des chartes de donation faites à l'abbaye de Saint-Florent-lez-Saumur, sous le pontificat de Grégoire VII, au onzième siècle. Elle a plusieurs représentants: le général de division, comte de Goyon, grand-officier de la Légion d'honneur, ancien sénateur, à Paris; de Goyon, sous-lieutenant au 90e régiment d'infanterie; le vicomte de Goyon, à Paris; de Goyon, au château de Condom, département du Gers.

GOZON. *Rouergue, Quercy.*

De gueules à la bande d'azur bordée d'argent; à une bordure componée aussi d'argent.

D'ancienne noblesse, cette famille, qui tire son nom de la terre de Gozon, remonte à noble Jean Raymond de Gozon, seigneur de Gozon, de Melac et de Saint-Victor, vivant encore le 8 septembre 1458.

Elle compte de nos jours deux représentants: de

Gozon, au château d'Ayx, par Montcuq, département du Lot; de Gozon, au château de Favols, par Montclar, département de Tarn-et-Garonne.

GRAILLY. *Touraine.*

D'or à une croix fichée de sable, chargée de cinq coquilles d'argent.

Cette famille est représentée par le marquis de Grailly, au château de Panloy, par Saint-Porchaire, département de la Charente-Inférieure, et par le comte de Grailly, au château de Bomale, par Saint-Denis-d e-Pile, département de la Gironde.

GRAINDORGE DE MENIL-DURAND. *Normandie.*

D'azur au chevron d'argent accompagné en chef de deux lions affrontés d'or, et en pointe d'une gerbe de trois épis d'orge du même, liés de gueules.

Le chef de nom et d'armes, baron de Graindorge de Menil-Durand, réside à son château à Echauffour par Saint-Gauburge, département de l'Orne. Il a un frère, Louis-Faustin-Marie.

GRAMMONT (MACHARD DE). *Orléanais.*

D'azur à une fasce d'or chargée d'un tourteau de gueules.

Cette famille a trois représentants: Machard de Grammont, adjoint au maire d'Orléans, officier d'Académie, qui a deux fils: Abel Machard de Grammont, percepteur à Loury (Loiret); Théophile Machard de Grammont, à Orléans. Ils ont des fils en bas âge.

GRAMMONT. *Franche-Comté.*

D'azur à trois bustes de reine de carnation, couronnées à l'antique, d'or.

Cette maison, une des plus anciennes et des plus illustres de la province, est issue d'un puîné des sires de Granges, dont la terre comptait trente-trois villages et formait une des plus importantes baronnies de la Franche-Comté. Elle descend de Guillaume, sire de Granges, fils de Guy, qui avait concouru à la fondation de l'abbaye de Lieu-Croissant, en 1134.

Elle est représentée aujourd'hui par le marquis de Grammont, à Villersexel, département de la Haute-Saône; le comte de Grammont, conseiller général, à Villersexel.

GRAMONT. *Navarre, Bigorre.*

Écartelé: au 1 d'or au lion d'azur, armé et lampassé de gueules, qui est de Gramont; aux 2 et 3 de gueules à trois flèches d'or, armées et empenées d'argent en pals, les pointes en bas, qui est d'Aster; au 4 d'argent, au levrier de gueules colleté d'azur; à l'orle de sable semé de besants d'argent, qui est d'Aure; sur le tout de gueules à quatre otelles d'argent, qui est de Comminges.

Originaires d'Aragon, anciennement Agramonte et Agramontos, établis vers la fin du dix-neuvième siècle en Navarre, dont ils étaient *Ricos hombres*, ceux du nom de Gramont possédaient en pleine souveraineté la principauté de Bidache et Barnache, où ils exerçaient des droits régatiens, celui de vie et de mort, de battre monnaie à l'effigie et aux armes de leur maison, de lever des troupes marchant sous leur étendard, connues dans l'histoire de Navarre sous le nom de bandes gramontaises. Ils comptent aujourd'hui dix représentants: Agénor, duc de Gramont, grand-croix de la Légion d'honneur, ancien ambassadeur de France en Autriche, au château de Bidache, département des Basses-Pyrénées, qui a trois fils; Agénor de Gramont, duc de Guiche; Armand et Alfred de Gramont; Auguste, duc de Gramont de Lesparre, officier de la Légion d'honneur, général de brigade de cavalerie; Alfred, comte de Gramont, commandeur de la Légion d'honneur, général de brigade, commandant la subdivision de la Vienne, qui a un fils, Arnaud de Gramont; Agénor, comte d'Asser de Gramont de Guiche, ancien pair de France par hérédité, qui a un fils, Antoine de Gramont de Guiche, sous-lieutenant au 4⁰ régiment de hussards; le comte de Gramont, à Paris.

GRANAL. *France.*

D'argent à trois tiges de maïs de sable, terrassées de même, surmontée d'un soleil de gueules; parti d'azur à trois roses feuillées et tigées d'argent; au chef d'argent chargé d'un croissant et de deux étoiles de gueules.

De Granal, unique représentant du nom, réside à Toulouse.

GRAND. *Bourgogne.*

D'azur à la fasce d'or accompagnée de trois étoiles du même; à la bordure d'argent.

Le baron de Grand, unique représentant du nom, vit dans ses terres, à Esnon, par Brienon, département de l'Yonne.

GRANDCHAMP. *France.*

D'azur à trois bandes d'or.

Cette famille, dont les armes sont données par Lachesnaye-Desbois, a deux représentants: de Grandchamp, directeur des contributions directes, à Agen, département de Lot-et-Garonne; de Grandchamp, à Orléans, département du Loiret.

GRANDCLOS. (Meslé de). *Bretagne.*

D'azur au vaisseau d'argent voguant sur une mer cousue de sinople, accompagné en chef à dextre d'une étoile d'or et d'un dauphin se jouant sur les eaux.

Cette famille a pour unique représentant mâle le baron Meslé de Grandclos, receveur particulier, au château de Villers-Bocage, département du Calvados.

GRANDCOURT. *Flandre.*

D'azur à deux dauphins d'or en chef et un léopard du même en pointe.

Le comte de Grandcourt, unique représentant de cette famille, réside à Paris.

GRANDEFFE DE GUILLOTEAU. *Anjou, Berry, Poitou.*

D'azur à l'aigle éployée à deux têtes d'or, couronnées de même.

Cette famille, qui a donné Thomas Guilloteau, écuyer du connétable Duguesclin, vivant en 1371, est représentée par Raoul-Louis-André, comte de Grandeffe de Guilloteau, ancien lieutenant de cavalerie de la garde royale, en 1820. Il réside à son château d'Englesqueville, par Bayeux, département du Calvados.

GRANDIÈRE (de la). *Normandie.*

D'azur au lion d'argent, couronné, armé et lampassé d'or.

Cette famille, dont était Marie-Madeleine de la Grandière, reçue à Saint-Cyr, en mai 1686, prouve sa noblesse depuis Amelin de la Grandière, qui épousa, en 1370, Marie de Méridor. Elle a plusieurs représentants : de la Grandière, commandeur de la Légion d'honneur, gouverneur, vice-amiral, à Saïgon (Cochinchine) ; de la Grandière, au château de Trohannet, par Brest ; de la Grandière, à Paris ; William de la Grandière, attaché à l'administration des lignes télégraphiques, à Bordeaux.

GRANDIN. *Normandie.*

D'azur à la barre d'or côtoyée de deux molettes du même. — D'azur au chevron d'or, accompagné de trois étoiles du même, deux molettes en chef et une en pointe.

Cette famille descend de Thomas Grandin, d'ancienne noblesse, vivant en 1330, qui possédait la terre et seigneurie de Fleury, dans l'évêché de Coutances. Elle a trois représentants : de Grandin de l'Eprevier, au château de la Villette, à Elbeuf, département de la Seine-Inférieure ; de Grandin de l'Eprevier, au château de Villeties, par le Neubourg, département de l'Eure ; de Grandin de Sacy, à Paris.

GRANDJEAN. *Normandie.*

Ecartelé ; au 1 d'azur à trois têtes de lion d'or lampassées de gueules ; au 2 de gueules à l'épée d'argent ; au 3 d'argent au chevron de gueules chargé de trois étoiles du champ et accompagné en cœur d'un coq de sable ; au 4 de gueules au mouton heurtant d'argent.

Le nom de Grandjean a trois représentants : Constant de Grandjean, attaché à l'administration des lignes télégraphiques, à Paris ; de Granjean de Bouzanville, au château de Favrolles, par Salbris, département de

Loir-et-Cher ; de Grandjean de Fouchy, aide-commissaire de la marine, à Toulon.

GRANDLAUNAY (Guérin du). *Normandie et Anjou.*

D'azur, en pointe à un croissant, à dextre à une épée et à senestre à une palme, le tout d'argent ; chargé en cœur d'un écusson d'argent au lion de gueules.

Cette famille a trois représentants : Charles et Gaston Guérin du Grandlaunay, à Angers, et Alexandre Guérin du Grandlaunay, magistrat à Nantes. (Voir la notice au mot Guérin).

GRANDMAISON. *Touraine.*

D'azur au château d'or.

Le comte de Grandmaison, unique représentant du nom, réside à Paris.

GRAND'RY. *Provinces rhénanes, pays de Liége*

D'argent au fléau de balance en équilibre de sable, à deux lions rampants et affrontés de gueules, posés sur les bouts du fléau et supportant la languette ; le tout accompagné en pointe d'un croissant de gueules, surmontant des ondes d'azur.

Cette famille, qui obtint concession du titre de chevaliers héréditaires le 10 mars 1777, est représentée en France par de Grand'Ry, au château de Brenaudière, par Gien, département du Loiret.

GRANDSAGNE. *Berry.*

De sable à la fasce fuselée d'argent.

Cette famille est représentée par le comte de Grandsagne d'Ajasson, au château de Grandsagne, par Bonnat, département de la Creuse.

GRANDVAL. *Ile de France.*

D'azur à tête de léopard d'or, accompagnée de trois coquilles d'argent.

Cette famille est représentée par le marquis de Grandval, à Paris ; le comte de Grandval, à Paris ; le vicomte de Grandval, à Paris ; de Grandval, au château de Grouarié, par le Mans, département de la Sarthe.

GRANDVILLE. *Caen.*

D'azur à un dextrochère d'or mouvant du flanc d'une nuée du même, lequel tient une épée d'argent, la garde et la poignée d'or, et qui est surmontée d'un soleil rayonnant du même.

Le comte de Granville, unique représentant du nom, réside à Paris.

GRANGE (DE LA). *Bourbonnais, Bretagne, Berry, Bourgogne, Limousin, Champagne, Picardie.*

BOURBONNAIS. De gueules au chevron d'argent, accompagné en pointe d'une gerbe d'or ; au chef cousu d'azur, chargé de deux étoiles d'or.

BRETAGNE. D'azur au chevron d'or accompagné de trois losanges d'argent.

BERRY. D'azur à trois renchiers d'or posés 2 et 1.

BOURGOGNE. D'azur au chevron d'or, chargé d'un croissant de gueules, accompagné en chef de deux étoiles d'or, et en pointe d'une rose d'argent.

LIMOUSIN. de gueules à trois merlettes d'argent posées 2 et 1 ; au franc-quartier d'hermine.

CHAMPAGNE ET PICARDIE. Losangé d'or et de sable, au franc-quartier d'argent, chargé de neuf croissants de gueules, posés 1, 3, 2 et 3 ; à l'étoile du même en cœur.

De la Grange, en Berry, est une famille ancienne qui a donné un maréchal de France, un grand-maître de l'artillerie, un cardinal, des chevaliers des ordres du roi et une reine de Pologne.

Jean de la Grange, le premier du nom dont il soit fait mention dans l'*Histoire des grands-officiers de la couronne*, vint s'établir en Berry, et vivait encore en 1442.

De la Grange, en Limousin, fut maintenu dans sa noblesse, le 21 avril 1706.

Le nom de la Grange compte en France douze représentants : le comte Frédéric de la Grange, grand-officier de la Légion d'honneur, à Paris ; le comte J. de la Grange, chevalier de la Légion d'honneur, conseiller général, à Gisors, département de l'Eure ; le comte de la Grange, au château d'Azay, par Loches, département d'Indre-et-Loire ; le comte Ollivier de la Grange, à Paris ; le baron de la Grange, au château de la Motte-au-Bois, à Morbecque, département du Nord ; le baron Charles de la Grange, au château de Sapignies, par Bapaume, département du Pas-de-Calais ; de la Grange, commandant de la gendarmerie, à Rennes ; de la Grange, au château de Vadencourt, par Villers-Bocage, département de la Somme ; de la Grange, au château de la Grange, par Annecy, département de la Haute-Savoie ; de la Grange, au château de Royallieu, par Compiègne ; de la Grange, juge, à Montluçon, département de l'Allier ; de la Grange de Chancel, juge de paix, à Lamentin, Martinique.

GRANGES (des). *Franche-Comté, Dauphiné.*

Franche - Comté, *Armes anciennes* : de gueules au sautoir d'or. *Armes modernes* : d'azur à trois bustes de carnation couronnés à l'antique d'or.

Dauphiné. D'azur à trois aiglettes d'or. — D'azur au lion d'or.

Les seigneurs de Granges étaient du nombre des anciens barons du comté de Bourgogne. Guillaume, sire de Granges, premier du nom, chevalier, assista, en 1105, à la fondation du prieuré de Froide-Fontaine, par Thierry, comte de Montbeillard. Sa descendance est représentée par Frédéric des Granges, à Limoges.

GRANIER DE CASSAGNAC. *Montpellier.*

D'argent à trois grenades au naturel posées 2 et 1.

Cette famille a trois représentants : de Granier de Cassagnac, commandeur de la Légion d'honneur, député du département du Gers; l'abbé de Granier de Cassagnac, chevalier de la Légion d'honneur, officier de l'instruction publique, à Perpignan; de Granier de Cassagnac, à la Basse-Terre, Guadeloupe.

GRANT DE LUXOLIÈRE DE BELLUSSIÈRE. *Angleterre, Périgord.*

D'azur à trois serpents ou dragons volants d'or posés l'un sur l'autre.

Cette famille, originaire d'Angleterre, n'est représentée en France que par deux branches. L'aînée a trois représentants : Alexandre Grant, baron de Luxolière de Bellussière, maire de Ladosse, au château de Bellussière, département de la Dordogne; il a un fils, Robert. Philippe Grant de Luxolière de Bellussière, à Sorges, appartient également à cette branche aînée.

La seconde branche a pour représentants : Armand Grant de Luxolière de Bellussière, vice-président de la Société départementale d'agriculture, au château de Laxion, département de la Dordogne. Il a deux fils :

Fernand, attaché à l'administration télégraphique, et Albéric, lieutenant au 4ᵉ dragons; Eugène Grant de Luxolière de Bellussière, président de la Société de secours mutuels de Bourdeilles, au château de la Borde, même département de la Dordogne.

GRANVAL. *France.*

De gueules coupé d'or à un lion d'argent brochant sur le tout.

L'unique représentant du nom, marquis de Granval, réside au château de Neuville-au-Plein, par Sainte-Mère-Église, département de la Manche.

GRANVILLE. *Normandie.*

D'azur au dextrochère armé d'argent, issant d'une nuée à senestre, et tenant une épée haute en pal, aussi d'argent; au soleil d'or en chef.

De Granville a deux représentants : de Granville, au château de Granville, par Port-Saint-Père, département de la Loire-Inférieure ; de Granville, au château d'Yvetaux, par Brionzé, département de l'Orne.

GRAS (LE). *Ile-de-France.*

D'azur à trois rencontres de cerf d'or.

Cette famille a trois représentants : le baron le Gras, au château de Boissières, par Épernon, département de Seine-et-Oise ; son fils, Marius-Alphonse-Pacôme le Gras, notaire à Riom, qui a épousé dame de Ravel de Mortagny, d'une belle famille du Forez ; Antoine le Gras à Saint-Chef, département de l'Isère.

GRASLIN. *Touraine.*

D'argent au chevron d'azur, accompagné en chef de

deux étoiles du même, et en pointe d'un coq au naturel ; au chef de sinople chargé d'un croissant d'argent, accosté de deux cloches d'or, bataillées de sable.

Cette famille n'est plus représentée que par de Graslin et ses deux fils, Adolphe et Roger de Graslin, au château de Malitourne, par Château-du-Loir, département de la Sarthe.

GRASSE. *Provence.*

D'or au lion de sable couronné à l'antique du même, armé et lampassé de gueules.

L'ancienneté et le lustre de la maison de Grasse sont prouvés par les pièces les plus authentiques. Elle remonte à Rodoard, vivant au dixième siècle, et qui eut la moitié du diocèse d'Antibes. Elle est représentée par le marquis de Grasse, à son château de Mesnil-Théribus, département de l'Oise ; elle l'est encore par le comte de Grasse, au château de Ponly, par Envermeu, département de la Seine-Inférieure, et par le comte de Grasse, officier supérieur de cavalerie, son fils.

GRASSET. *France.*

D'azur à la colombe d'argent portant dans son bec un rameau incliné du même ; au chef cousu de gueules chargé de trois étoiles d'or.

Cette famille ancienne, originaire de Pevenas, et dont les armes furent enregistrées en 1696, est représentée par de Grasset, au château de Térailhon, ancienne baronnie, par Narbonne, et au château de Saint-Pierre, par Théréby, département de l'Hérault. Il a deux fils : de Grasset, ancien conseiller, à Servian, département de l'Hérault, et Charles de Grasset, sans fonctions.

GRASSIN. *Bourgogne.*

De gueules à trois lis de jardin d'argent, posés 2 en chef et 1 en pointe.

Cette famille, qui est une des plus anciennes et des plus considérables de la ville de Sens, où elle possédait les premières charges, remonte, par pièces authentiques, à Guillaume Grassin, vivant en 1440. Elle est représentée par le comte de Grassin, au château de Bernarde, par Saint-Germain-Lespinasse, département de la Loire, et par de Grassin, chef de station des lignes télégraphiques, à Bourges, département du Cher.

GRATET. *Dauphiné.*

D'azur au griffon d'or.

Cette famille, dont était François de Gratet, chevalier, seigneur de Dolomieu, Saint-Didier, Tuelin-les-Champagne, a cinq représentants, savoir: Auguste de Gratet, comte du Bouchage, au château de Triors, département de la Drôme; Émile de Gratet, appelé le vicomte du Bouchage, chef d'escadron au 1er régiment de chasseurs d'Afrique; Gustave de Gratet, dit le vicomte du Bouchage, chef de la branche cadette, ancien sous-préfet sous Louis XVIII et Charles X, au château de Cornage, près Vizille, département de l'Isère; Louis-Pierre-Robert de Gratet, appelé le vicomte du Bouchage, à Paris.

GRATIEN. *Bretagne.*

D'azur au chevron d'or accompagné en pointe d'un lion couronné du même. — D'azur au chevron d'argent accompagné de trois aiglettes d'or.

L'unique représentant de la famille de Gratien, réside au château de Mallerie, par Ploubalay, département des Côtes-du-Nord.

GRATIER. *Bourgogne.*

D'azur à une fasce d'argent accompagnée de trois têtes de bélier arrachées du même, posées 2 et 1.

L'unique représentant du nom, de Gratier, chevalier de la Légion d'honneur, est conseiller à la Cour d'Amiens.

GRAVEL. *Paris.*

D'azur à une ancre d'argent et un chef cousu de gueules, chargé de trois soleils d'or, accolé d'azur à un chevron d'or, accompagné en chef de trois chardons d'argent, tigés de même, et en pointe d'une hure de sanglier aussi d'argent.

Cette famille est représentée par de Gravel, au château de Rouillières, par Forcalquier, département des Basses-Alpes, et par de Gravel, à Valx, par Manosque, même département.

GRAVEROL. *Ile-de-France.*

D'argent au chevron de gueules accompagné de trois merlettes de sable.

L'unique représentant du nom, de Graverol, est juge de paix, à Barre-des-Cévennes, département de la Lozère.

GRAVERON. *Normandie.*

De gueules à la bande d'or chargée d'une branche écotée de même.

Maintenue dans sa noblesse par arrêt du 11 septembre 1666, cette famille est représentée par de Graveron, maire d'Heudreville-sur-Eure, par Louviers, département de l'Eure. Elle l'est aussi par Adrien et Maurice de Graveron.

GRAVES. *Languedoc.*

Écartelé : aux 1 et 4 d'or à cinq merlettes de sable; aux 2 et 3 d'azur à trois fasces ondées d'argent.

Cette famille a deux représentants : le marquis de Graves, au château de Vilarelle, par Narbonne, département de l'Aude; de Graves, au château de Saint-Georges, par Villeneuve, département de l'Aveyron.

GRAVIER. *Guyenne, Auvergne.*

De gueules au coq d'or, crêté et barbé de gueules; au chef cousu d'azur, chargé de trois étoiles d'or. — GRAVIER DE VERGENNES. De gueules à trois oiseaux d'or.

Claire-Élisabeth-Jeanne et Jeanne-Françoise-Adélaïde de Gravier de Vergennes, furent du nombre des dames chanoinesses de Saint-Antoine de Viennois, de l'ordre de Malte.

De Gravier compte aujourd'hui deux représentants : le baron de Gravier, président de la Société des vignerons, à Pernaut, département de la Côte-d'Or; de Gravier de Bourdillon, au château de Chignat, par Vertaison, département du Puy-de-Dôme.

GRAVILLE. *France.*

De gueules à trois boucles ou fermaux d'or posés 2 et 1.

Le marquis de Graville, dont nous n'avons pas la généalogie, unique représentant du nom, réside à Paris.

GREAULME. *Touraine.*

D'argent à une grue de sable, armée d'or, posée au milieu de l'écu; au chef de sable chargé de trois coquilles d'argent.

Le comte de Gréaulme, unique représentant du nom, réside au château de Launay, par Chinon, département d'Indre-et-Loire.

GRÉBAN DE PONTOURNY. *Ile-de-France, Compiègne.*

D'azur au chevron d'argent, accompagné de trois étoiles d'or, mal ordonnées, en chef et d'une canette du même, en pointe.

Cette famille militaire a plusieurs représentants : Amédée de Gréban, commandeur de la Légion d'honneur, colonel de génie en retraite, chef de nom et d'armes de sa famille, qui a trois fils et deux filles : Amédée de Gréban, substitut du procureur, à Dijon ; Arthur de Gréban, chevalier de la Légion d'honneur, capitaine au 18e bataillon de chasseurs à pied ; Alphonse de Gréban de Pontourny ; Amélie de Gréban ; Cécile de Gréban. Il a un frère, de Gréban de Pontourny, lieutenant de vaisseau, à Paris.

GREEN DE SAINT-MARSAULT. *Angleterre, Limousin.*

Parti : au 1 de gueules à trois demi-vols d'or, posés 2 et 1 ; au 2 de gueules à onze clochettes d'argent bataillées de sable, posées 4, 4 et 3, ou parti : au 1 de gueules à trois demi-vols d'or ; au 2 de gueules à trois M couronnés d'or à l'antique.

Cette famille, qui descend de Bault Green, venu d'Angleterre sous les ordres du duc de Lancastre, pendant les guerres du règne de Charles V, et qui épousa l'héritière de la terre de Saint-Marsault, en Périgord, est représentée par le comte de Green de Saint-Marsault, grand-officier de la Légion d'honneur, à Paris, et par le comte de Green de Saint-Marsault, secrétaire de la Chambre d'agriculture, à la Rochelle.

GREFFULHE. *Ile-de-France.*

Écartelé : au 1, coupé *a* de gueules à quatre cotiers en barres d'argent ; *b* d'azur à trois molettes d'or ; au 2 d'argent au chevron d'azur, chargé de trois étoiles d'or et surmonté d'un globe d'azur cintré d'or ; au 3 d'argent au griffon de sable ; au 4 fasce d'argent et de gueules de huit pièces.

Cette famille est représentée par le comte Charles de Greffulhe, ancien pair de France, à Paris, et par le comte Henri de Greffulhe, à Paris.

GREILS DE MESSILLAC. *Auvergne.*

De gueules au chevron d'or chargé de cinq tourteaux d'azur.

L'unique représentant du nom de cette famille, le comte de Greils de Messillac, vit dans les terres dont ses aïeux sont originaires, au château de Messillac, par Vic-sur-Cère, département du Cantal.

Le titre de comte, fort ancien dans la famille, a été officiellement reconnu au père du titulaire actuel, dans un brevet du roi Louis XVIII dont voici la teneur :

« N° 1079. Aujourd'hui quatorze février 1815, le Roi étant à Paris, et prenant une entière confiance en la valeur, la bonne conduite et la fidélité du sieur comte de Greils de Messillac (Bertrand-Joseph), chevau-léger titulaire dans la compagnie des chevau-légers de sa garde, Sa Majesté lui a conféré le grade de capitaine de cavalerie, pour tenir rang à dater du quatorze février mil-huit-cent quinze. Mande Sa Majesté à ses officiers généraux et autres à qui il appartiendra, de reconnaître le sieur comte de Greils en cette qualité. »

GRENAUD. *Bourgogne.*

De gueules à deux bandes ondées d'argent.

Il ne reste plus qu'un unique représentant de cette famille : de Grenaud, maire à Vallières, par Rumilly, département de la Haute-Savoie.

GRENIER. *Normandie, Franche-Comté, Guyenne, Gascogne.*

Normandie. De gueules à trois épis de blé d'or posés en pal l'un à côté de l'autre, et un chevron aussi d'or chargé de cinq étoiles d'azur. — De gueules à trois épis de blé d'or ; au chef cousu du premier, chargé de cinq étoiles du second.

Franche-Comté. D'argent à trois chapeaux à l'antique de sable.

Guyenne, Gascogne. D'argent à trois grenades au naturel.

Guyenne. De gueules à la fasce d'or, accompagnée en chef de deux molettes d'éperon du même, et en pointe d'un agneau passant d'argent.

Distinguée par ses services militaires sur mer depuis plus de trois cents ans, la branche cadette des Grenier, en Normandie, celle des seigneurs de Cauville, fut anoblie en 1655. Cette branche est issue d'Antoine-Jacques, dit aussi Jacques-Antoine Grenier, écuyer, capitaine de la compagnie des grenadiers de Neufchâtel, au régiment des grenadiers royaux de Le Camus, tué d'un boulet de canon à la bataille de Menden, le 1er août 1759.

De Grenier de Cauville compte aujourd'hui plusieurs représentants : Charles de Grenier de Cauville, chef de nom et d'armes de sa famille, à Fiennes, département du Pas-de-Calais, qui a un fils : Emmanuel de Grenier de Cauville; Henri de Grenier de Cauville, frère du chef de la famille, au château de Barreaux, près Marquise, département du Pas-de-Calais, qui a un fils : René de Grenier de Cauville.

On rencontre encore en France cinq autres représentants du nom : de Grenier de Cardenal, avocat, à Villeneuve, département de Lot-et-Garonne ; de Grenier d'Ernemont, au château de Neuilly, par Pacy, département de l'Eure ; de Grenier de Lassansay, chevalier de la Légion d'honneur, ancien capitaine au 1er chasseurs ; de Grenier de Saint-Martin, médecin, à Paris ; de Grenier de Salancourt, attaché à la mairie de Sétif, Algérie.

GRENTE. *Normandie.*

Fascé d'argent et d'azur à la croix pommelée de gueules, ou, selon La Roque, ancrée de gueules.

Appartenant au bailliage de Caen et maintenue dans sa noblesse le 11 février 1669, cette famille est représentée par le vicomte de Grente, au château de Fatouville, par Beuzeville, département de l'Eure.

GREY. *Normandie.*

Fascé d'argent et d'azur de six pièces, la première chargée de trois tourteaux de gueules.

Cette famille n'est plus représentée que par de Grey, avoué, à Lyon.

GRILLE. *Provence.*

De gueules à la bande d'argent chargée d'un grillon de sable.

Cette famille, originaire de Gênes, l'une des vingt-quatre qui ont gouverné la république, est issue d'Estienne Grille, noble Génois, dont les enfants vinrent s'établir à Arles, vers 1640. La terre d'Estoublon fut érigée pour eux en marquisat en avril 1664. Ils jouirent des honneurs de la cour en 1787. Ils ont donné un lieutenant-général et plusieurs officiers généraux. Eugène, marquis de Grille, fut député avant la révolution de 1848.

De Grille compte aujourd'hui quatre représentants : le marquis de Grille, au château de Montpaon, par Arles, département des Bouches-du-Rhône ; le comte de Grille, au château de Manville, par Arles ; le vicomte de Grille, au château de Manville, par Saint-Rémy, même département ; de Grille, sans titre, à Saint-Egrève, département de l'Isère.

GRILLET. *Piémont, Avignon, Normandie.*

De gueules à la fasce ondée d'or, accompagné en chef d'un grillon et en pointe d'une étoile du même.

Originaire de Queurs, en Piémont, cette famille a donné Nicolas de Grillet, seigneur de Pomiers, qui épousa Marie de Gonde. Après la mort de son mari, la petite ville de Saint-Triviers, en Bresse, lui fut inféodée avec le titre de comté par Emmanuel Philibert, duc de Savoie, le 8 janvier 1725.

Cette famille est aujourd'hui représentée par de Grillet de la Perruise, chef de bureau aux finances, à Paris.

GRILLON. *Guyenne, Bourgogne, Provence.*

D'azur à une fasce d'or accompagnée en chef d'un lion naissant d'argent, lampassé et armé de gueules, tenant en ses pattes une demi-fleur de lis d'argent, et en pointe un croissant aussi d'argent.

L'unique représentant du nom, de Grillon, réside au

château de la Grave, à Ebreuil, département de l'Allier.

GRIMALDI. *Provence.*

Fuselé d'argent et de gueules.

Cette ancienne et illustre maison a donné un amiral de France, trois chevaliers des ordres du roi, des lieutenants-généraux, des ambassadeurs. Sa branche principale est celle des princes de Valentinois, ducs de Monaco, pairs de France.

Grimaldi, proprement dit, a cinq représentants : de Grimaldi, officier de la Légion d'honneur, sous-préfet, à Châlons-sur-Saône ; de Grimaldi, marquis de Regusse, avocat, à Marseille ; de Grimaldi, chevalier de la Légion d'honneur, à Paris ; de Grimaldi d'Esdra, médecin-major de 1re classe au 22e régiment d'artillerie ; de Grimaldi d'Esdra, maire à Castifao, Corse.

GRIMAUDET DE ROCHEBOUET. *Bretagne, Anjou.*

D'or à trois lions de gueules.

Cette famille a trois représentants : le comte Amédée de Grimaudet de Rochebouët, au château de Rochebouët, près Suette, département de Maine-et-Loire ; le vicomte Gaston de Grimaudet de Rochebouët, son fils ; Gaëtan de Grimaudet de Rochebouët, grand-officier de la Légion d'honneur, général de division d'artillerie, membre du comité consultatif de l'artillerie, à Paris.

GRIMAUDIÈRE (DE LA). *Poitou.*

De sable au pal d'or accompagné de deux léopards d'argent.

L'unique représentant du nom, de la Grimaudière, sans fonctions et sans titre, réside à Rennes.

GRIMORAUD. *Poitou.*

D'argent fretté de gueules; au franc-quartier d'azur.

Cette famille est issue de Geoffroy, seigneur du Péré, chevalier des ordres du roi en 1625. Elle a formé quatre branches. La seconde est éteinte. La première a pour chef de nom et d'armes Jacques-Raoul de Grimoraud, secrétaire général à la préfecture de Quimper, au château des Places, à Faymoreau, département de la Vendée. Il a un oncle : Emmanuel de Grimoraud, ancien officier de chasseurs, au château des Rhues, à Aigonnay, département des Deux-Sèvres.

Les deux autres branches, la troisième et la quatrième ont deux représentants : Henri-Julien, comte de Grimoraud de Saint-Laurent-la-Salle, au château de la Vergne, à Loge-Saint-Sauveur, département de la Vendée; René-Julien, comte de Grimoraud, aux églises d'Argenteuil, département de la Charente-Inférieure.

GRIMOULT. *Normandie.*

De sable, semé de grillets d'or et fretté d'argent.

De l'élection de Falaise, cette famille, qui a donné N... de Grimoult, écuyer, seigneur de la Moisson, est représentée par de Grimoult, au château d'Esson, par Thury-Harcourt, département du Calvados.

GROLÉE DE VIRVILLE. *Dauphiné.*

Gironné d'or et de sable, ou suivant Lachenaye-Desbois, parti coupé, tranché et taillé or et sable, à la couronne de sinople en cœur.

De Grolée, baronnie du Bugey, fut érigée en comté par lettres d'Emmanuel Philibert, duc de Savoie, le 29 juin 1580, en faveur de Claude, baron de Grolée, descendant de Jacques de Grolée, sénéchal de Lyon, en 1220.

Le marquis de Grolée de Virville, unique représentant de ce nom, vit dans la retraite au château de Courtine, par Avignon.

GROLLIER. *Auvergne, Dauphiné, Lyonnais.*

D'azur à trois besants d'or, surmontés chacun d'une étoile du même.

L'origine de cette famille se perd dans l'obscurité des temps, et son berceau est la ville de Vérone. Etienne, Antoine et Eustache Grollier vivaient à la fin du quinzième siècle. C'est par eux qu'un célèbre historien commence la généalogie d'une famille bien antérieure à cette époque, et qui est représentée aujourd'hui par le marquis de Grollier à Paris.

GROS. *France.*

D'argent au chevron d'azur accompagné de trois demi-vols de même; au chef de gueules chargés de trois besants d'argent.

Cette famille, dont le titre de baron fut octroyé par lettres patentes du 8 février 1793, est représentée par le baron Gros, chevalier de la Légion d'honneur, ancien sénateur, à Paris.

GROBOIS DE SOULAINE. *Blaisois.*

D'azur à une coquille d'argent, accompagnée en chef de trois besants du même et en pointe d'un triangle vidé de sable, enfermant un croissant d'argent.

Cette famille, connue depuis le seizième siècle en Touraine, et qui l'était depuis le treizième en Blaisois, est représentée par Marie-Charles-Henry de Grobois de

Soulaine, chef du service télégraphique du ministre de la marine, à Paris.

GROSMESNIL. *Normandie.*

De gueules à trois boucles ou fourneaux d'argent posés 2 et 1.

Cette famille, que Lachenaye-Desbois croyait éteinte, tire son nom de la terre du Grosmesnil, au bailliage de Caen. Elle est représentée par le comte du Grosmesnil, au château de Rambosc, par Malauney, département de la Seine-Inférieure.

GROSOURDY DE SAINT-PIERRE. *Languedoc.*

De gueules à la fasce d'argent accompagnée d'un croissant en chef et de deux roses du même en pointe.

L'unique représentant du nom, de Grosourdy de Saint-Pierre, réside à Silly-en-Gouffern, par Exmes, département de l'Orne.

GROSSOLLES-FLAMMARENS. *Guyenne.*

D'or au lion de gueules naissant d'une rivière d'argent; au chef d'azur, chargé de trois étoiles d'or.

Cette famille est une des plus distinguées de la province, où elle possédait des emplois et dignités honorables, ecclésiastiques et militaires, et elle a pris ses alliances dans les maisons les plus illustres de la France. Considérable dans le Périgord, dès le commencement du treizième siècle, elle compte aujourd'hui deux représentants : le marquis de Grossolles-Flammarens, chevalier de la Légion d'honneur, qui a sa résidence d'été au château de Fourges, par Ecos, département de l'Eure, au château de Flammarens, par Miradoux, département du Gers, et celle d'hiver, à Paris ; le comte de Grossolles-Flammarens, officier de la Légion d'honneur ancien sénateur, qui à sa résidence d'été au château de Saint-Martin, par Saint-Clar-de-Lomagne, même département.

GROUCHY. *Normandie.*

D'or fretté de six pièces d'azur et sur le tout un écusson d'argent chargé de trois trèfles de sinople posés 2 et 1.

L'origine de cette famille remonte à plusieurs siècles.

Au nombre des Normands qui envahirent l'Angleterre sous Guillaume le Conquérant en 1066, se trouvait un Grouchy, dont le dernier descendant est mort vers le commencement du siècle, membre de la Chambre des lords.

Les sires de Grouchy figurent au nombre des chevaliers qui, vers la fin du onzième siècle (1096), prirent part à la première croisade. Robert et Henri de Grouchy étaient de l'Hoste-le-Roi à la croisade de saint Louis. Leurs armes figurent au musée de Versailles (salle des Croisades).

Jean de Grouchy, premier du nom, sire de Monteroliers, surnommé le Frère des Cauchois, après avoir battu les Anglais dans diverses rencontres, les chassa d'Harfleur, dernière place qu'ils occupassent en Normandie. Bien qu'âgé de quatre-vingt-un ans, il monta à l'assaut et fut tué sur la brèche. C'est en souvenir de ce glorieux événement qu'est célébrée tous les ans, le 4 novembre, une messe commémorative dans l'église d'Harfleur.

Presque tous les Grouchy de France ont servi dans les armées de terre et de mer.

A cette famille appartient le maréchal de France, marquis de Grouchy, mort le 26 mai 1847, qui avait épousé Félicité-Céleste de Pontécoulant, et dont les deux fils, Alphonse et Victor, furent généraux de division dans l'arme de la cavalerie. Sa fille avait épousé le marquis d'Ormesson.

Elle compte aujourdhui trois représentants : le marquis de Grouchy chevalier de la Légion d'honneur, capitaine d'état-major, aide de camp du général Ressayre, qui a sa résidence d'été au château de Laferrière-Duval, par Aunay-sur-Odon, Calvados ; le vicomte de Grouchy, grand officier de la légion d'honneur, ancien député, à Paris ; le vicomte de Grouchy, chevalier de la Légion d'honneur, attaché au département des affaires étrangères, à Paris.

GROUST DE LA PLANCHE. *Paris.*

De gueules à trois têtes de léopard d'or.

On compte deux représentants de cette famille : de Groust de la Planche, au château de Montervan, par Chaumont-sur-Tharonne, département de Loir-et-Cher ; de Groust de la Planche, à Orléans.

GROUSSEAU. *Saintonge.*

Taillé d'argent et de sable à la levrette courante de l'un en l'autre.

Cette famille, originaire de la sénéchaussée de Saintonge, a donné un capitaine au régiment d'infanterie de Bigorre, chevalier de Saint-Louis, aïeul du chef de nom et d'armes actuel, et un chef de bataillon, chevalier de Saint-Louis. Denis-Gustave de Grousseau, fils de ce dernier, avocat, ancien membre du conseil d'arrondissement de Poitiers, propriétaire directeur de la colonie agricole des Bradières, a épousé Geneviève-Théano Guimard, dont il a un fils et une fille.

GROUT DE BEAUFORT. *Normandie.*

De gueules au chevron d'or accompagné de trois étoiles d'argent posées 2 et 1. — De gueules au chevron d'or accompagné de trois roses d'argent, deux en chef, une en pointe et à la pointe extérieure de l'écu une tête de carnation portée par une main gantée de fer.

Louis-Hardouin de Grout ou Grouth de Beaufort, premier du nom, chevalier de l'ordre du roi, gentilhomme ordinaire de la chambre, nommé major des gardes du corps du roi, vint d'Allemagne en France sous Louis XII, et fut honoré des bontés de la reine-mère Anne d'Autriche. Sa descendance est représentée par Marie-Charles-Henri de Grout de Beaufort, attaché à l'administration des lignes télégraphiques, à Caen, département du Calvados.

GROZIEUX DE GUERENNE. *Bourbonnais.*

De sinople à trois lapins courants d'or; au chef cousu d'azur chargé d'une lune d'argent.

Cette famille a pour unique représentant, de Grozieux de Guerenne, au château de Mont, par Montluçon, département de l'Allier.

GRUBIS DE L'ISLE. *Dauphiné.*

D'azur au lion d'or ; coupé, cousu de gueules à un chevron d'or accompagné de trois besants du même, posés 2 et 1.

L'unique représentant du nom de Grubis de l'Isle, est maire de Courtenay, par Morestel, département de l'Isère.

GRUEL. *Normandie.*

D'azur à trois grues d'argent, becquées et membrées d'or, posées 2 et 1.

Louise-Renée de Gruel de Boismont fut reçue à Saint-Cyr, en octobre 1686, sur preuves qu'elle descendait de Nicolas de Gruel, vivant en 1536.

L'unique représentant du nom, de Gruel, vit dans la retraite, éloigné de toute fonction publique, dans ses terres, au château de Forêt-Auvray, par Putanges, département de l'Orne.

GRUNDLER. *Champagne.*

D'argent à cinq cotices d'azur posées en barres ; sur le tout, d'or, chargé d'un vaisseau antique de sable.

Devise : *Ubique similis.*

Cette famille, originaire de Bavière, reçut en 1813 des lettres d'anoblissement avec titre de baron et dotation en Hanovre. Le 17 décembre 1818, le roi lui conféra le titre de comte. Elle a deux représentants : le comte Grundler, officier supérieur, et le vicomte Grundler, conseiller de préfecture de l'Aube.

GRUYER. *Bourgogne.*

De sable au château donjonné de deux tours d'or.

Le baron de Gruyer, chevalier de la Légion d'honneur, unique représentant de la famille, est receveur général, à Montauban, département de Tarn-et-Garonne.

GUAIS DES TOUCHES. *Touraine.*

De gueules à un guéridon d'argent et une couronne du même en chef.

L'unique représentant du nom, de Guais des Touches,

réside au château de Villette, par Bierné, département de la Mayenne.

GUAITA-FRENZ. *Flandre.*

Coupé : au 1 de gueules à l'aigle couronnée à l'antique d'or; au 2 d'argent à trois chevrons de sable et une bordure componée de sable et d'argent.

Cette famille est représentée en France par de Guaita-Frenz, au château d'Atteville, par Dieuze, département de la Meurthe.

GUALY. *Rouergue.*

D'or à une bande d'azur chargée de trois roses d'argent et accompagnée de dix losanges de sable rangés en bande, cinq en chef et cinq en pointe, posés 2, 3, 3 et 2.

Maintenue dans sa noblesse par ordonnance de M. Pelot, intendant de la Guyenne, cette famille, qui vient de Bertrand Gali, qualifié écuyer dans une ordonnance du 11 des calendes de décembre 1262, est représentée par Pierre-Marie-Édouard, vicomte de Gualy, au château de Greyssels, département de l'Aveyron.

GUARDIA. *Roussillon.*

Parti : au 1 de gueules à l'œil humain d'or; au 2 coupé : *a* d'or à un arc bouclé de gueules en fasce, encoché d'une flèche du même; *b* d'azur à une tour d'argent à dextre, donjonnée d'or, ouverte et ajourée de gueules, maçonnée de sable; au dextrochère paré d'or, mouvant du flanc sénestre, la main de carnation tenant une épée d'argent en pal, garnie d'or.

Cette famille a deux représentants : de Guardia, ancien sous-préfet, à Castelnaudary, département de l'Aude; de Guardia, notaire, à Perpignan.

GUAY (DU). *Bretagne, Bourgogne.*

BRETAGNE. D'azur au cheval gai d'argent.

BOURGOGNE. D'azur au coq d'or, crêté et barbé de gueules.

Cette famille, qui a donné le comte du Guay, chef d'escadre, commandant de la marine à Brest et commandeur de l'ordre du Saint-Esprit en août 1754, a deux représentants : le baron du Guay, vice-président de la chambre consultative d'agriculture, à Alençon ; du Guay du Palland, sous-préfet, à Sisteron, département des Basses-Alpes.

GUDIN. *Paris.*

D'argent au coq au naturel, soutenu d'un croissant d'argent et surmonté de trois étoiles rangées en chef.

Cette famille a deux représentants : le comte de Gudin, grand-officier de la Légion d'honneur, ancien sénateur, à Paris ; de Gudin du Pavillon, avoué, à Château-Chinon, département de la Nièvre.

GUÉAU DE REVERSEAUX. *Orléanais, Ile-de-France.*

Écartelé ; aux 1 et 4 d'azur à la Croix de Jérusalem d'or ; au chef cousu de gueules, chargé d'un gland de chêne, feuillé du second ; aux 2 et 3 d'azur, au chevron d'or, accompagné de trois croissants d'argent.

A cette famille appartenait Étienne Guéau, seigneur de Reverseaux, célèbre avocat au parlement, secrétaire du roi en 1737. Elle est aujourd'hui représentée par le marquis Guéau de Reverseaux et par le comte

Guéau de Reverseaux, auditeur au conseil d'État, à Paris.

GUÉBRIANT (BUDES DE). *Bretagne.*

D'argent au pin arraché de sinople, sommé d'un épervier d'or, accosté de deux fleurs de lis de gueules.

On retrouve à Paris les deux représentants de cette famille : le comte Budes de Guébriant, chef de nom et d'armes et le vicomte Budes de Guébriant.

GUÉHÉNEUC. *Bretagne.*

De gueules au lion d'argent, accompagné de cinq étoiles du même, posées 2, 2 et 1 ; au franc-canton d'azur plein.

Le comte de Guéhéneuc, chef de nom et d'armes, de sa famille, réside au château de Louvigny, par Mamers, département de la Sarthe ; de Guéhéneuc, sans titre, réside au château de Leplessis, par Montauban ; de Guéhéneuc, autre représentant, sans titre, réside au château de Léoville, par Montauban ; un quatrième représentant, de Guéhéneuc, sans titre également, a fixé sa résidence au château de Cahan-Bois, par Grand-Fougères, département d'Ille-et-Vilaine.

GUÉNEBAULT. *Bourgogne.*

Écartelé : au 1 de gueules, au sanglier passant d'argent ; au chef d'or, chargé d'un lévrier de sable colleté d'argent ; au 2 d'or à une bande vivrée de sable ; au 3 d'or à deux chevrons de sinople ; au 4 de gueules, au sautoir d'or.

Devise : *Vertus et fides.*

Cette famille, qui a donné un secrétaire de la reine-mère, en 1580, et un chevau-léger à la garde du roi, tué à la bataille de Seneffe, est représentée par Louis-Marie-Ange de Guénébault, homme de lettres, à Paris. Il a épousé Marie-Antoinette-Louise de Loën d'Enschede, dont deux fils.

GUÉNET. *Normandie.*

D'azur au chevron d'or accompagné de trois dauphins d'argent.

Cette famille, qui a possédé plusieurs fiefs importants dans le Perche et en Normandie et qui s'est distinguée dans l'Eglise, au parlement de Normandie et dans l'armée, est représentée par le marquis de Guénet, au château d'Argeronne, par Louviers, département de l'Eure. Elle est également représentée par le colonel de Guénet, en retraite, à Versailles.

GUÉNIFEY. *Ile-de-France.*

D'azur au léopard d'argent, lampassé, armé et couronné de gueules.

L'unique représentant du nom, baron Guénifey, réside à Paris.

GUER. *Bretagne.*

D'azur à sept mâcles d'or; au franc-quartier d'argent, fretté de huit pièces de gueules.

Devise : *Sine maculis.*

Cette famille, qui obtint concession du titre de marquis de Pontcaller en 1657, a deux représentants : le marquis de Guer, au château de Kérusseau, par Pont-Scorff, département du Morbihan; le comte de Guer, frère cadet, à son château, par Guer, même département.

GUÉRIFF. *Bretagne.*

D'argent à trois feuilles de houx de sinople.

Cette famille n'a qu'un représentant : de Guériff, au château de Plessis-Fabron, par Lohéac, département d'Ille-et-Vilaine.

GUÉRIN. *France, Normandie, Lorraine, Orléanais, Auvergne, Languedoc, Artois, Maine, Bretagne, Provence, Savoie, Dauphiné.*

FRANCE. D'or à la fasce de gueules.

NORMANDIE. D'azur à trois palmes d'or ; au chef cousu de gueules, chargé de trois roses d'argent. — GUÉRIN D'AGON. D'azur à trois molettes d'or ; au chef du même, chargé d'un lion issant de gueules. — GUÉRIN DE LA PIVERDIÈRE DU GRANDLAUNAY. D'azur au croissant en pointe, accompagné à dextre d'une épée et à sénestre d'une palme, le tout d'argent.

LORRAINE. D'azur à la pointe d'or, chargée d'une croix potencée d'azur et accompagnée en chef de deux croix potencées d'or.

ORLÉANAIS. GUÉRIN DE BEAUMONT. D'azur à trois lions de sable, armés, lampassés et couronnés de gueules.

AUVERGNE, LANGUEDOC. GUÉRIN DU CAILA. De gueules à six besants d'argent ; au chef cousu d'azur.

ARTOIS. GUÉRIN DE FLAUX. D'or à trois chevrons d'azur, accompagnés en pointe d'un lion de gueules ; au chef du second, chargé de trois étoiles à cinq rais d'or.

MAINE. BRETAGNE. GUÉRIN DE FRONTIGNÉ. De gueules à trois écussons d'or.

PROVENCE. GUÉRIN DE FAVEAU. De gueules à la colombe essorante d'argent, becquée et membrée d'or.

BRETAGNE. GUÉRIN DE LA GRASSERIE. D'azur au chevron d'or, accompagné en chef de trois besants du même ; à la bordure engrelée d'argent. — GUÉRIN DE

La Grée. D'azur au sautoir d'argent, cantonné de quatre flammes d'or. — Guérin de La Landelle. De gueules au chef d'argent chargé de trois mouchetures d'hermines de sable.

Auvergne. Guérin de Lugeac. Losangé d'argent et de sable; à la bordure de gueules.

Savoie, Dauphiné. Guérin de Tencin. D'or au laurier arraché de sinople; au chef de gueules chargés d'une étoile à cinq rais d'or, entre deux besants du même.

Languedoc. Guérin de Tournel. Tranché de gueules et d'argent.

Les Guérin sont d'ancienne et belle noblesse. Un d'eux faisait partie des cent vingt chevaliers qui défendirent le Mont-Saint-Michel contre les Anglais, en 1427. Cette famille vint s'établir en Anjou de 1520 à 1550. Sa descendance non interrompue habite l'ancienne Châtellenie, fief et seigneurie du Grandlaunay, dont la mouvance s'étendait sur trois paroisses : Brain, Corné et Andard. A cette famille appartiennent Charles, Gaston et Alexandre Guérin du Grandlaunay. (Voir p. 216).

Guérin de Beaumont a donné Didier Guérin, seigneur de Sauvelle, au seizième siècle.

Guérin, en Provence, est originaire de la ville de Brignolles et établie à Aix depuis François de Guérin, conseiller au parlement en 1580.

Guérin, en Bretagne, fut maintenu, par arrêt du 4 octobre 1688, et figure à l'article d'une monstre des gens de guerre de Bertrand du Guesclin, connétable de France, faite à Caen, le 1er décembre 1470, parmi les deux cents écuyers montés et armés qui y sont mentionnés.

Guérin de Lugeac, en Auvergne, a donné Charles-Antoine de Guérin de Lugeac, brigadier d'infanterie, colonel du régiment de Beauvoisis, en 1757.

A Guérin, en Dauphiné, appartenait Antoine Guérin, seigneur de Tencin, mort en octobre 1705, premier président du sénat au conseil supérieur de Chambéry.

On compte encore dix représentants du nom : le comte de Guérin, à Paris ; de Guérin d'Ambreville, au château de Troncq, par le Neubourg, département de l'Eure ; de Guérin la Grasserie, au château de Branselin, par Montfort, département d'Ille-et-Vilaine ; de Guérin de Litteau, ingénieur, à Paris ; de Guérin de la Roche-Giffart, à Rennes ; de Guérin de Tencin, chevalier de la Légion d'honneur, à Paris ; de Guérin de Vaux, chevalier de la Légion d'honneur, ancien conseiller général à Chablis, département de l'Yonne ; de Guérin, au château de Cayla, par Castelnau, département du Tarn ; de Guérin, inspecteur des écoles primaires, à Lodève, département de l'Hérault ; Hippolyte de Guérin de Sauville, à Paris.

GUERMEUR DU HUCHET. *Bretagne.*

Écartelé : aux 1 et 4 d'argent au croissant de gueules ; aux 2 et 3 d'azur fretté d'argent.

Cette famille a deux représentants : de Guermeur du Huchet, à Brest ; de Guermeur du Huchet, conseiller général à Saint-Nicolas-du-Pelem, département des Côtes-du-Nord.

GUERNIZAC. *Bretagne.*

D'or à la fasce de gueules chargée de trois molettes d'éperon d'argent.

Le comte de Guernizac, conseiller général du Finistère, président de la Société des courses de Morlaix, maire de Plouigneau, descendant de l'ancienne famille des comtes de Penhoët, et son frère, le vicomte de Guernizac, sont aujourd'hui les seuls représentants de cette famille.

GUERRANDE (DE LA). *Bretagne.*

D'argent à l'aigle éployée de sable, tenant de sa griffe dextre un rameau de laurier de sinople.

Devise : *Virtute fideque probata.*

D'ancienne extraction établie par huit réformations et par les arrêts de maintenue du 22 novembre 1668, 18 juillet 1669, 24 mai 1670, l'unique représentant de cette famile réside au château de Neuvais, par Moncontour, département des Côtes-du-Nord.

GUERRE. (DE LA) *Guyenne.*

De gueules à trois fasces d'argent.

Cette famille a deux représentants : de la Guerre, au château de Dame, par Saint-Martin-d'Aux, département du Cher; de la Guerre, au château de Godinière, par Nantes.

GUERVILLE. *Normandie.*

De gueules au lion d'argent; au chef d'azur chargé de trois roses d'or. — De gueules à trois M antiques d'or.

On retrouve en France de Guerville, à Sedan, et de Guerville, homme de lettres, à Paris.

GUESNET. *Bretagne.*

D'azur à la cuirasse d'or, surmontée d'un casque du même, orné de trois plumes d'argent; au chef d'hermines.

De Guesnet, unique représentant du nom, réside au château du Vieux-Château, par Landerneau, département du Finistère.

GUET (DU). *Champagne.*

Écartelé : au 1 d'argent à quatre bandes de gueules ; aux 2 et 3 de gueules plein ; au 4 d'argent au lion de gueules.

Lachenaye-Desbois donne les armes de cette famille dont l'unique représentant du nom, du Guet, est percepteur, à Mézières, département des Ardennes.

GUEYDON. *Provence, Périgord.*

D'azur au lion d'or, tenant dans ses pattes une pique du même, à la banderole d'argent.

On compte encore trois représentants de cette famille : le comte de Gueydon, grand officier de la Légion d'honneur, vice-amiral, commandant en chef l'escadre d'évolutions ; de Gueydon, à Toulouse ; de Gueydon de Dives, au château de Dives, par Saint-Astier, département de la Dordogne.

GUEYFFIER DE TALAYRAT.

D'azur bordé d'or, à six trèfles du même, posés 3, 2 et 1 ; au chef d'argent bordé de gueules, chargé d'un lion issant au naturel.

Jean François, baron de Gueyffier de Talayrat, chevalier de la Légion d'honneur, ancien maire de Brioude, unique représentant de la famille, réside au château de Besset, près Brioude, département de la Haute-Loire.

GUICHE (DE LA). *Paris, Bourgogne, Bourbonnais.*

De sinople au sautoir d'or.

La terre et seigneurie de la Guiche, avec titre et marquisat, en Bourgogne, a donné son nom à une maison également ancienne et illustre qui a produit un grand maître de l'artillerie, un maréchal de France, trois chevaliers de l'ordre du Saint-Esprit, un ambassadeur et un évêque. Elle est représentée par le marquis de la Guiche, officier de la Légion d'honneur, dont la résidence d'été est au château de Chaumont, par Saint-Bonnet-de-Joux, département de Saône-et-Loire, et celle d'hiver, à Paris.

GUICHON DE GRANDPONT. *Champagne, Franche-Comté.*

D'azur à la licorne saillante d'argent.

Des cinq représentants du nom, quatre appartiennent à la marine, et un au barreau.

Hubert-Éléonore-Napoléon-Philibert-Philippe-Alfred Guichon de Grandpont, commissaire général de la marine, commandeur de la Légion d'honneur, grand officier de l'ordre de Saint-Stanislas de Russie, officier de l'Instruction publique, etc.; Jacques-Marie-Louis Edouard Guichon de Grandpont, capitaine de frégate en retraite, officier de la Légion d'honneur; Auguste-Marie-Eugène Guichon de Grandpont (fils de Hubert-Alfred), sous-commissaire de la marine, chevalier de l'ordre de Pie IX; Louis Guichon de Grandpont (fils de Jacques-Edouard), avocat, juge suppléant à Toulon; Paul Guichon de Grandpont (fils du même), écrivain de la marine, aux colonies.

GUIGNARD. *Dauphiné.*

Ecartelé : aux 1 et 4 d'argent à trois merlettes de sable ; aux 2 et 3 d'azur au chevron d'argent, accompagné en chef de deux tours d'or maçonnées de sable.

On rencontre en France quatre représentants de cette famille : le duc de Guignard de Saint-Priest d'Almazan, à Paris ; le vicomte de Guignard de Saint-Priest, à Paris ; le vicomte Charles de Guignard de Saint-Priest, à Paris ; de Guignard de la Ronloue, au château de Chaloche, par Suette, département de Maine-et-Loire.

GUIGNÉ. *Picardie, Champagne.*

D'argent à trois maillets de gueules posés 2 et 1.

De Guigné, chevalier de Légion d'honneur, chef de nom et d'armes, ancien auditeur au conseil d'État, à Paris, et de Guigné, à Toulouse, représentent la famille.

GUIJOT DE SAINT-MICHEL. *Bourgogne.*

D'argent, *alias* d'or à trois têtes d'ours de sable muselées d'argent.

De Guijot de Saint-Michel, unique représentant de cette famille, réside à son château de Bougy, par Combefontaine, département de la Haute-Saône.

GUILHE DE VILLERS. *Italie, Dauphiné.*

D'azur au chevron d'or, accompagné de trois fers de lance d'argent ; au chef d'argent chargé de trois molettes d'éperon de gueules.

Originaire d'Italie, passée en Dauphiné et tirant son nom d'une terre de Picardie, cette famille est représentée par de Guilhe de Villers, à Rennes.

GUILHEM DE LAGONDIE. *Toulouse.*

Fascé de gueules et d'or ; au chef d'argent, chargé de cinq moucheture's de sable.

De Guilhem de Lagondie, chevalier de la Légion

d'honneur, unique représentant de la famille, est colonel d'état-major.

GUILHERMIER. *Dauphiné.*

D'azur à trois goubeaux de gueules.

Le comte de Guilhermier, chef de nom et d'armes, réside à Avignon ; le vicomte de Guilhermier, autre représentant du nom, réside au château d'Olonne, par Vaison, département de Vaucluse ; le comte de Guilhermier, à Saint-Pierre, près Bollène, et de Guilhermier, à Toulouse, appartiennent à une branche cadette.

GUILHERMY. *Comtat-Venaissin.*

D'azur à trois bandes d'or.

Cette famille a quatre représentants : la baron de Guilhermy, chevalier de la Légion d'honneur, ancien conseiller référendaire à la cour des comptes, à Paris ; Emmanuel de Guilhermy, chevalier de la Légion d'honneur, capitaine de vaisseau ; Gustave de Guilhermy, chef d'escadrons de l'artillerie de marine et des colonies ; le Révérend Père Esléban de Guilhermy, de la compagnie de Jésus.

GUILLART DE FRESNAY. *Poitou, Maine.*

Ecartelé : aux 1 et 4 de gueules à deux bourdons de pèlerin d'or posés en chevron, accompagnés de trois montjoies d'argent, qui est de Guillart ; aux 2 et 3 d'argent au chevron d'azur, chargé de trois besants d'or, accompagné en chef de deux étoiles de sinople, et en pointe d'un lion de sable armé et lampassé de gueules, qui est de Fresnay.

Cette famille, qui a pour auteur Jean Guillart, gentilhomme du Poitou, secrétaire du roi, seigneur de l'Epichellière (Marne), confirmé dans sa noblesse en 1664, est représentée par le marquis Charles Guillart de Fresnay, au château de Montcorbeau, département de la Mayenne.

GUILLAUME DE SAUVILLE. *Champagne.*

D'azur à la fasce d'or, accompagnée en chef de deux croix ancrées et en pointe d'une hure de sanglier d'argent.

Cette famille, issue de Jean Guillaume, chevalier, bailli de Troyes en 1370, est représentée par Antoine-Emile de Guillaume de Sauville, chevalier de la Légion d'honneur, ancien sous-préfet, à Versailles, qui a sa résidence au Vivier-Guyon, département des Ardennes.

GUILLEBON. *Picardie.*

D'azur à la bande d'or accompagnée de dix besants du même.

On compte en France quatorze représentants du nom: le comte de Guillebon, à Amiens; René, chevalier de Guillebon, à Amiens; Ernest de Guillebon, au château d'Essertaux, par Flers, département de la Somme, qui a quatre fils : Amédée de Guillebon, inspecteur des forêts, à Bordeaux ; Gaétan de Guillebon, vicaire à la cathédrale d'Amiens ; Charles et Jules de Guillebon ; Emmanuel de Guillebon, au château de Flers, par Saint-Saulieu, département de la Somme ; de Guillebon, au château de Hein, par Doullens, département de la Somme; de Guillebon, au château de Fumechou, par Saint-Just-en-Chaussée, département de l'Oise ; de Guillebon, procureur impérial, à Marennes, département de la Charente-Inférieure ; de Guillebon, receveur de l'enregistrement, à Maignelay, département de l'Oise ; de Guillebon, receveur particulier, à Belley, département de l'Ain ; de Guillebon, maire de Beauvoir, par Breteuil, département de l'Oise.

GUILLEMETEAU DE ROCHE. *La Rochelle.*

D'azur au lion d'or accompagné de trois merlettes de même, deux en chef et une en pointe.

Cette famille se divise en deux branches. L'aînée a pour chef de nom et d'armes Eugène de Guillemeteau, chevalier de la Légion d'honneur, à Nantes ; la cadette est représentée par Edouard de Guillemeteau de Roche, chevalier de la Légion d'honneur, qui a un fils : Georges Guillemeteau de Roche, à Paris, père de deux enfants : Gaston et Jeanne.

GUILLIER. *Bourgogne.*

D'azur à une bande d'argent dentelée. — D'azur à trois tours d'argent.

Cette famille des Guillier, seigneurs de Sérigny et de la Motte, a donné Guillaume-Léonor Guillier de Sérigny, né à Chalon-sur-Saône le 14 octobre 1711, capitaine d'une compagnie au régiment de Royal-Comtois, infanterie, chevalier de Saint-Louis.

Elle compte de nos jours trois représentants : le comte de Guillier, au château de Guillier, par Jugon, département des Côtes-du-Nord ; le baron de Guillier de Souancé, chevalier de la Légion d'honneur, ancien officier d'ordonnance de l'empereur ; de Guillier de Lastouche, au château d'Erigné, par le Pont-de-Cé, département de Maine-et-Loire.

GUILLOT. *Touraine.*

D'argent à la fasce de gueules, accompagnée de

trois aigles à deux têtes, au vol abaissé de sable.

Cette famille a quatre représentants : le baron de Guillot, chevalier de la Légion d'honneur, à Paris ; de Guillot de la Poterie, officier de la Légion d'honneur, colonel commandant de place de 1re classe, à Lille ; de Guillot de la Poterie, juge de paix, à Saint-Calais, département de la Sarthe ; de Guillot de Saint-Bris, à Versailles.

GUINEBAUD. *Poitou.*

De gueules à trois roses d'argent.

De Guinebaud, unique représentant du nom, réside au château de Millière, par La Motte-Achard, département de la Vendée.

GUINGUAN DE SAINT-MATHIEU. *France.*

D'azur au lion d'or ; au chef d'argent chargé de trois mouchetures d'hermines de sable.

Le vicomte de Guinguan de Saint-Mathieu, unique représentant de la famille, a sa résidence d'été au château de Tharaud, par Aix-sur-Vienne, département de la Haute-Vienne, et celle d'hiver à Paris.

GUINY. *Bretagne.*

D'azur au croissant montant d'or. — D'argent à deux épées de sable en sautoir, les gardes en haut, accompagnées d'un croissant de gueules en chef et d'une étoile du même en pointe.

Originaire de Bourgogne, d'une noblesse ancienne et bien alliée, cette famille, qui vient d'Eonnet de Guiny, vivant en 1360, est représentée par du Guiny, au château de Haie-de-Bencé, par Savenay, département de la Loire-Inférieure.

GUIOT. *Basse-Marche, Poitou, Touraine, Berry, Angoumois.*

D'or à trois perroquets de sinople, becquetés, guidonnés, membrés et pattés de gueules, posés 2 et 1.

Guiot, qui remonte suivant les titres de la famille à Perrot Guiot, écuyer, en 1391, gouverneur et sénéchal de la Basse-Marche, a sept représentants : de Guiot d'Asnières, à l'Isle-Jourdain, département de la Vienne ; de Guiot de Ferandière, au Mans ; de Guiot de Molans, à Peyroux, département de la Vienne ; de Guiot de Repaire, à Saintes, département de la Charente-Inférieure ; de Guiot de la Rochère, officier de la Légion d'honneur, colonel au 8ᵉ régiment de cuirassiers ; de Guiot de la Rochère, docteur-médecin, à l'Isle-Jourdain ; de Guiot de Saint-Rémy, juge au tribunal civil, à Nancy.

GUIRARD. *Guyenne, Gascogne.*

Parti : au 1 d'azur au lion d'or ; au 2 de gueules à l'épervier d'argent empiétant une perdrix du même et accompagné en chef d'une clochette entre deux étoiles d'or.

Cette famille a deux représentants : le vicomte de Guirard de Montarnal, receveur particulier à Abbeville, département de la Somme ; de Guirard, curé à Valette, près Castillonnès, département de Lot-et-Garonne.

GUIRAUD. *Montpellier, Montauban.*

De gueules au chevron d'or accompagné de trois

molettes du même, une en chef et une en pointe ; au chef denché d'argent.

L'unique représentant du nom, baron de Guiraud, réside à Paris.

Louis de Guiraude, baron de Saint-Mézard, qui porte les mêmes armes, réside au château de Savignac, arrondissement de Bazan, département de la Gironde.

GUIRONNET DE MASSAS. *Languedoc, Ardèche.*

D'azur à trois fasces ondées d'argent ; au chef de sable chargé de trois fleurs de lis d'or, soutenu d'un triangle du même.

Originaire du Languedoc, fixée dans l'Ardèche après la révocation de l'édit de Nantes, cette famille a pour chef de nom et d'armes : Alexandre de Guironnet de Massas, chevalier de la Légion d'honneur, maire de Monestier-de-Clermont, membre du Conseil général de l'Isère, réside à son château de Rivoiranche (Isère).

Son frère, Adrien de Guironnet, vicomte de Massas, colonel en retraite, officier de la Légion d'honneur, réside à son château de Selles-sur-Cher (Loir-et-Cher).

GUITARD ou **GUITTARD DE RIBEROLLES.** *Angoumois.*

D'azur au mouton d'argent.

Cette famille a trois représentants : de Guitard de Riberolles, au château de Riberolles, par la Rochefoucauld, département de la Charente ; de Guitard de Riberolles, au château de Martinanches, par Saint-Dier-d'Auvergne, département du Puy-de-Dôme ; de

Guitard de Riberolles, au château des Granges, par Vergers, département de la Nièvre.

GUITAUT. *Bourgogne.*

Gironné d'argent et de gueules à quatre tourteaux d'azur sur argent.

Cette famille a deux représentants : le comte Charles de Guitaut, au château d'Epoisse, département de la Côte-d'Or ; le vicomte de Guitaut, à Paris.

GUITON-VILLEBERGE-CRESCENT. *Normandie, Bretagne.*

D'azur à trois angons d'argent, posés 2 et 1.
Devise : *Diex Bix*.

Cette famille, qui a donné un archevêque à Rouen et deux compagnons de Guillaume le Conquérant, à la conquête de l'Angleterre en 1066, et au duc Robert son fils, un compagnon en Palestine en 1098, a pour chef de nom et d'armes le comte et vicomte de Guiton-Villeberge-Crescent, au château de Montanel, par Avranches. Il a un fils : François-Anne-René, vicomte de Guiton-Villeberge, au château de Bonnefontaine, près Antrain, département d'Ille-et-Vilaine.

GUIZELIN. *Boulonnais.*

D'azur à trois paons d'or à queue naissante, posés 2 et 1.

Cette famille, qui descend de Michel Guizelin, écuyer, vivant en 1513, a pour chef de nom et d'armes Auguste de Guizelin, ancien lieutenant d'infanterie, au château de Bienassise, près Guines, département du Pas-de-Calais, qui a deux fils : Auguste et Alfred. Elle compte en outre sept autres représentants mâles : Charles de Guizelin, chevalier de Malte, à Guines ; Léon de Guizelin, ancien membre du Conseil général du département du Pas-de-Calais, au château de la Walle, près Guines, lequel a un fils, Gustave ; Alphonse de Guizelin, au château de Pihen, près Guines, lequel a un fils, Arthur ; Oudart de Guizelin, fils d'Alphonse, chevalier de la Légion d'honneur, capitaine commandant au 5e régiment de dragons ; Edmond de Guizelin, au château de Quilen, près Montreuil, département du Pas-de-Calais, qui a un fils, Amédée de Guizelin.

GUY. *Champagne, Languedoc, Ile-de-France.*

CHAMPAGNE. De gueules à la croix d'argent accompagnée aux deux premiers cantons de deux molettes d'éperon d'or.

LANGUEDOC. D'azur à la gerbe d'or.

ILE-DE-FRANCE. D'argent à trois boucles ou fermeaux de sable posés en bande.

Guy d'Airebeaudegousse, en Languedoc, fut maintenu dans sa noblesse le 10 décembre 1668, ayant fait remonter ses preuves jusqu'en 1554.

Le nom de Guy est représenté aujourd'hui par de Guy de Conflandey, à Conflandey, par Port-sur-Saône, département de la Haute-Saône.

GUY DE FERRIÈRES. *Ile-de-France.*

D'argent à trois fermeaux de gueules ; au chef d'azur.

A la révolution de 1789, il existait deux frères, originaires de Barbezieux, et tous deux anciens élèves de l'Ecole militaire :

L'aîné, capitaine au régiment de Vermandois, continua à servir sous l'Empire, devint général de brigade et gouverneur de Montpellier, où il se maria. Sa petite fille, Félicie de Guy de Ferrières, vicomtesse de Ginestous, est aujourd'hui le seul rejeton de cette branche.

Le cadet, Pierre, chevalier de Guy, lieutenant au régiment de Bourgogne, chevalier de Saint-Louis, émigra, servit dans l'armée de Condé, et épousa, à sa rentrée en France, Mlle Labat, veuve de M. de Tizon. Il n'a laissé qu'un seul fils, Pierre-Charles, chevalier de la Légion d'honneur, ingénieur, chef du service des ponts et chaussées à l'île de la Réunion, aujourd'hui en retraite, ancien membre du Conseil colonial et du Conseil général de l'île, ancien maire de Saint-Joseph (Réunion), marié à demoiselle Anne-Henriette Frappier de Montbenoît.

De cette union, il reste une fille, Anne-Mathilde, mariée à M. A. de Veillechèze de la Mardière, ancien officier d'artillerie, membre du conseil général, et maire de Saint-Louis (Réunion), et un fils, Pierre-Charles-Henri, actuellement juge au tribunal civil de Saint-Denis (Réunion).

GUYANCOURT DU CROQUET. *Île-de-France.*

De gueules à trois grappins d'or.

L'unique représentant du nom, de Guyancourt du Croquet, réside à Amiens.

GUYON DE GEYS DE PAMPELONNE. *Languedoc.*

Parti : au 1 d'azur à la tour crénelée d'argent, maçonnée de sable, soutenue par deux lions d'or, accompagnée en pointe de trois badelaires d'argent à la garde d'or, posés en fasce, l'un au-dessus de l'autre, qui est de Guyon ; au 2 de gueules à la bande d'or, chargée de huit points de sable, et accompagnée de trois fleurs de lys d'argent, deux en chef et une en pointe, qui est de Geys.

La branche aînée de cette maison possède encore les mêmes terres et seigneuries que ses aïeux possédaient de temps immémorial. Elle porte le nom de Guion de Geys de Pampelonne et habite le château de Pampelonne, canton de Rochemaure (Ardèche). Le chef actuel est le baron Jean-Joseph de Pampelonne.

Voir pour les titres et la généalogie : Bibliothèque nationale (article Guyon de Geys); le marquis d'Aubais, t. II (article Guyon); la Chesnaye-Desbois, t. XIV; le *Nobiliaire Universel*, de Saint-Allais, tome XIX, et Borel-d'Hauterive (année 1858).

GUYON-DESDIGUIÈRES. *Normandie.*

D'argent au cep de vigne, fruité de trois grappes de raisin de gueules.

Maintenue en 1666, par de Marle, comme étant d'ancienne noblesse, cette famille se subdivise en trois branches : de Vauloyer, à Alençon et à Argentan; de Cuigny, à Moulins-La-Marche, département de l'Orne; de Desdiguières, à Argentan, à Sévigné et à Beaumais.

GUYON. *Normandie, Orléanais.*

D'or à trois fasces ondées d'azur en chef, et une branche de sinople renversée en pointe.

Cette famille se divise en deux branches : la branche aînée a pour chef, aujourd'hui, le marquis Guyon de Guercheville, membre du conseil général de l'Orne, chevalier de la Légion d'honneur, ancien capitaine de cavalerie. La branche cadette, dite de Montlivault (du nom d'une terre qu'elle possède depuis plusieurs siècles, aux environs de Blois), a pour chef le comte Guyon de Montlivault, à Tours, et se subdivise en plusieurs rameaux, existant dans l'Orléanais et la Touraine.

GUYOT D'AMFREVILLE. *Normandie.*

D'azur au chevron d'argent accompagné de trois champignons d'or, posés 2 et 1, *alias*, trois guis d'or.

Cette famille, originaire de Normandie, a trois représentants : Alexandre-Félix-Hippolyte de Guyot d'Amfreville, officier de la Légion d'honneur, chef de bataillon au 94º de ligne ; Pierre-Alexandre-Ferdinand-Olivier Guyot d'Amfreville, avocat général à la Cour d'appel de Limoges ; Louis-Guillaume-Roger de Guyot d'Amfreville, à Luzy, département de la Nièvre, attaché au ministère de l'intérieur.

La famille de Guyot a possédé en Normandie la baronnie de Thibouville, les fiefs de Lambert, du Mesnil-aux-Guiot, de Sainte-Marguerite-des-Loges, de Canteleu, de Lescure, de Carneville, des Fontaines, d'Amfreville-sur-Iton, d'Estalleville, d'Eclot, etc. Elle a fait ses preuves de noblesse, en 1463, devant Le Fourastier, roy d'armes de Normandie (Recherches de Montfault, *Olim de la cour des aydes*), les 6 avril et 13 juillet 1667, devant Guy de Chamillard et Barrin de la Galissonnière, commissaires de la noblesse. Antoine-Jean-Baptiste Guyot, comte d'Amfreville, a comparu avec ce titre, les 15 et 23 avril 1789, à l'assemblée générale de la noblesse de Rouen, pour l'élection des États-Généraux. Sa généalogie, dressée par Chérin et conservée à la Bibliothèque nationale, appuyée de plusieurs actes authentiques par chaque degré, constate sa filiation depuis Claude Guiot, escuyer, seigneur de Canteleu-sur-Croisset-les Rouen, en 1494.

Illustrations : Aleaume de Guiot, baron de Thibouville, et Raoulin de Guiot, sénéchal de Roncheville, chevaliers croisés, en 1147 (deuxième croisade). — Robert de Guiot, seigneur de Sainte-Marguerite, chevalier croisé, 1198-1202 (troisième croisade).— Raoulin de Guiot, chevalier, sieur du Mesnil-Guiot, figurent avec six armures de fer à la Journée des Éperons-d'Or, en Flandre, sous Philippe-le-Bel, en 1302. — Robert de Guiot, escuyer, lieutenant-général du grand prévost de Caen, seigneur de Carneville-sur-Mer, en 1457. — Les anciens rôles et preuves de noblesse constatent l'identité de l'origine, du nom et des armes de tous ces membres de la famille de Le Guiot, de Guiot, Guyot, l'une des plus anciennes de Normandie.

GUYOT DE LA POMMERAYE. *Paris.*

Ecartelé : aux 1 et 4 de sable à trois poissons d'argent ; aux 2 et 3 d'argent à trois fontaines de sable.

Cette famille a pour chef de nom et d'armes Félix de Guyot de la Pommeraye, avoué, à Naples. Il a un frère, Edouard de Guyot de la Pommeraye, avocat, à Marseille, qui a deux filles.

GUYOT. *Lorraine, Champagne, Nivernais.*

LORRAINE, CHAMPAGNE. D'azur à une perdrix d'or membrée de gueules.

LORRAINE. D'azur à deux flambeaux d'or, allumés d'argent, posés en sautoir.

CHAMPAGNE. D'azur au chevron d'argent accompagné en chef de deux besants d'or.

NIVERNAIS. D'argent à trois Guyots ou poissons nageants au naturel ; celui du milieu contourné, et une mer ondée d'azur en pointe.

Guyot, en Nivernais, vient de Jean Guyot, commandant de Saverne, dont le fils, Léonard de Guyot de

Saint-Amand, mourut en 1372, conseiller au Parlement de Paris.

Le marquis de Guyot de Saint-Amand réside au château de Saint-Amand, département de la Nièvre; de Guyot du Buisson, receveur de l'enregistrement à Longui, département de l'Orne; de Guyot de Cami, au château de Cami, par Peyrac, département de l'Orne; de Guyot de l'Espart, commandeur de la Légion d'honneur, général de brigade, au Mans; de Guyot de Grandmaison, à Paris; de Guyot de Laval, aumônier de l'asile des convalescents au bois de Vincennes, Paris; de Guyot de Lavaline, au château de Lachaux-Montgros, par Vic-le-Château, département du Puy-de-Dôme; de Guyot de Saint-Michel, au château de Bougey, département de la Haute-Saône; de Guyot de Preignan, à Toulouse; le château et le hameau de Preignan sont situés à peu de distance de Lavaur (Tarn); de Guyot de Salins, percepteur à Bubry, par Plouay, département du Morbihan; de Guyot de Salins, notaire, à Quimperlé; de Guyot de Villeneuve, chevalier de la Légion d'honneur, membre du conseil d'escompte, à Paris; de Guyot de Villeneuve, à Mormont, département du Loiret; de Guyot de Villeneuve, avocat, à Paris; de Guyot de Villeneuve, à Paris; le comte de Guyot, à Paris.

H

HABERT. *Artois, Ile-de-France.*

Artois. D'azur au chevron d'or accompagné de trois anilles ou fers de moulin d'argent.

Ile-de-France. D'argent au chevron de gueules accompagné en pointe d'un arbre de sinople ; au chef d'azur, chargé d'un croissant d'or, accosté de deux étoiles d'argent.

Habert, seigneur de Mesnil et de Montmort, originaire d'Arras, remonte à Pierre Habert qui, de Jeanne Bellot, eut Philippe Habert, procureur, clerc du gref criminel au parlement de Paris en 1519.

Cette famille est représentée par Albert de Habert, à Paris, et par autre de Habert, propriétaire à Paris.

HACQUEVILLE. *Ile-de-France.*

D'argent au chevron de sable, chargé de cinq aiglons d'or et accompagné de trois têtes de paon d'azur, deux en chef et une en pointe.

Cette famille, originaire d'Artois, établie à Paris au XIVᵉ siècle, et qui a donné d'illustres magistrats, est représentée par d'Hacqueville, au château de Launay, département du Calvados.

HAECX. *Flandre.*

D'or à trois crosses de sable en pal rangées en fasce; à deux fasces du même brochantes sur le tout.

Cette famille est représentée par de Haecx, à Lille, et par de Haecx-Lacoste, à Lille, également.

HAFFRINGUES. *France.*

D'azur à la fasce d'or accompagnée de trois étoiles du même rangées en chef, et en pointe d'un oiseau d'or accompagné en chef de deux têtes et cols de licornes affrontées d'argent; la corne, le coin et la barbe d'or, et en pointe d'une syrène d'argent chevelée d'or, et une bordure aussi d'or et de gueules.

D'Haffringues, unique représentant du nom, réside au château de la Roncière, par Loury, département du Loiret.

HAGÉRUE DE BEUGNY. *Picardie.*

D'argent à l'aigle à deux têtes, éployée de sable, au pairle d'or brochant sur le tout.

Cette famille est représentée par Amédée-Louis d'Hagérue de Beugny, au château de Losinghem, par Lillers, département du Pas-de-Calais. Il a deux fils : Georges et Paul d'Hagérue de Beugny.

HAILLY. *Cambraisis.*

De gueules à la bande fuselée d'or.

D'Hailly, unique représentant du nom, est sous-inspecteur des douanes, à Saint-Malo.

HALGOUET. *Bretagne.*

D'azur au lion d'or.

Cette famille ancienne, qui remonte à Charles du Halgouet, chevalier vivant en 1380, est représentée par du Halgouet, au château de Les Hayes, par Plelan-le-Grand, département d'Ille-et-Vilaine ; elle l'est encore par du Halgouet, à Rennes, et par du Halgouet, au château de Juset, par Guéméné-Penfao, département de la Loire-Inférieure.

HALLEZ-CLAPARÈDE. *Alsace, France.*

ALSACE. D'or au palmier arraché de sinople ; au chef d'azur chargé d'une croix d'argent, accostée de deux étoiles du même.

FRANCE. Parti d'azur et de gueules, coupé d'or : l'azur au signe des comtes militaires ; le gueules à trois étoiles d'argent posées en pal ; l'or au casque de sable, rehaussé d'or, panaché et garni de gueules, soutenu par deux branches de laurier de sinople, croisées en sautoir par les tiges.

Hallez, en Alsace, s'est divisé en plusieurs branches, Hallez-Claparède à deux représentants : le comte d'Hallez-Claparède, chevalier de la Légion d'honneur, à Paris ; le vicomte d'Hallez-Claparède.

HALLOUIN DE LA PÉNICIÈRE. *Bretagne.*

D'or au cœur ailé de gueules, surmonté d'une ancre de sable ; au chef d'azur chargé de trois étoiles d'or.

L'unique représentant de la famille, d'Hallouin de la Pénicière, vit dans ses terres, au château de Rochefort, par Haie-Touassière, département de la Loire-Inférieure.

HALLUIN *Picardie.*

D'argent à trois lions de gueules, armés, lampassés, couronnés d'or.

Cette famille a cinq représentants : d'Halluin, notaire, à Quesnay (Nord); d'Halluin, curé d'Aubourdin (Nord); d'Halluin-Cleuet, à son château, à Blendeques, département du Pas-de-Calais; d'Halluin-Lecroart, à Roubaix ; d'Halluin-Lepert, à Roubaix.

HALNA DU FRÉTAY. *Bretagne.*

D'argent au chevron de sable accompagné en chef de deux haches d'armes adossées du même.

Cette famille se divise en deux branches. La branche aînée a six représentants : Charles Halna du Frétay, général de division, commandeur des ordres de la Légion d'honneur et de Pie IX, commandant la division de cavalerie, à Melun; Hippolyte Halna du Frétay, officier de la Légion d'honneur, capitaine de vaisseau, à Brest; Victor Halna du Frétay, chevalier de Pie IX, ancien officier d'artillerie, à son château de Lacé, département d'Ille-et-Vilaine; Georges Halna du Frétay, chevalier de la Légion d'honneur, inspecteur général d'agriculture, à Ingrande; Maurice et Fortuné Halna du Frétay.

La branche cadette est représentée par Auguste Halna du Frétay, conseiller-général à Plouaré, département du Finistère.

HAMEL (DU). *Picardie.*

D'argent à la bande de sable chargée de trois sautoirs ou croix de Saint-André d'or. Couronne de marquis. Supports : deux cigognes.

La branche de Guyenne a chargé ses armes sur le tout d'un *Hamel* d'argent en champ d'azur, en souvenir de la seigneurie du Hamel, berceau de la famille de Picardie.

Cette ancienne et illustre maison est originaire de la Picardie. Divisée en deux branches, elle se fixa en Guyenne et en Champagne. Elle a donné entre autres personnages un chevalier croisé, Josselin du Hamel (charte de Damiette de 1218), plusieurs gentilshommes de la maison du roi, lieutenants-généraux, chefs d'escadre, gouverneurs de ville, ambassadeurs, chevaliers commandeurs, grands dignitaires de l'ordre de Malte, des ordres militaires de France et d'ordres étrangers, des chanoinesses dans les chapitres royaux de Saint-Louis de Metz et de Remiremont, un évêque, des conseillers d'État, présidents à mortier, maires de Bordeaux, préfet, membres de nos assemblées nationales, etc.

Elle tient par ses alliances, souvent illustres et toujours honorables, aux maisons les plus nobles et les plus considérables de France.

La filiation de cette ancienne maison est prouvée par titres authentiques depuis Wautier 1er du Hamel, sire de Hamel et de Cerisy, près Corbie, en Picardie, qui épousa, en 1209, Ermine de Crèvecœur.

En 1788, les bénédictins dom Caffiaux et dom Villevieille, dressèrent la généalogie de la maison du Hamel, qui a été imprimée en 1834, par les soins de M. le chevalier de Saint-Pons et MM. de Courcelles et Lainé. Nous ne reproduirons pas cette filiation et nous nous bornerons à citer dans cette riche succession de glorieux ancêtres, Jacques du Hamel, dont le portrait existe au musée historique de Versailles. Ce vaillant et habile capitaine, ambassadeur de France, fut chargé par le roi Louis XIII, de plusieurs missions importantes en Allemagne et en Suède, dont il sut s'acquitter avec distinction.

Louis-Joseph, comte du Hamel, mort le 11 février 1859, chevalier de Malte de minorité, tenu sur les fonts de baptême par Son Altesse Royale Monsieur, depuis Louis XVIII, et par sa femme, la princesse de Savoie ; chevalier de Malte, maître des cérémonies et introducteur des ambassadeurs à la cour de Napoléon Ier, successivement préfet des Pyrénées-Orientales, de la Dordogne et de la Vienne, puis député de la Gironde, et enfin, conseiller d'État, épousa dame Henriette Chasseigner de la Chasseigneraie, dont un fils, Victor, comte du Hamel, chef de nom et d'armes de sa famille, né à Paris, le 17 avril 1810.

Destiné d'abord à la carrière administrative, les événements de 1830 le détournèrent de cette voie et il put dès lors se livrer à sa véritable vocation, les études historiques et littéraires.

C'est ainsi qu'après plusieurs années de recherches patientes et laborieuses, il publia l'*Histoire constitutionnelle de la Monarchie espagnole*, qui lui valut l'approbation des principaux écrivains politiques, et marqua sa place dans leurs rangs, provoqua le rapport de Mignet, rempli d'éloges mérités, rapporteur de l'Académie des sciences morales et politiques, suivi d'une mention honorable.

Cette œuvre importante lui valut, en outre, en 1847, la nomination de chevalier de la Légion d'honneur.

Le rang distingué que ces travaux historiques donnèrent à M. le comte du Hamel parmi les écrivains de l'époque, lui valurent aussi les plus honorables distinctions. Déjà membre du Comité de la Société des gens de lettres, colloborateur de grands journaux politiques, profondément versé dans une foule de questions industrielles et d'économie politique et sociales, il s'exprima avec tant d'énergie et de talent sur les excès qui suivirent la révolution de 1848, que le prince président le rangea au nombre des hommes éminents dont il cherchait à s'entourer pour accomplir son œuvre de régénération politique et sociale.

Préfet du Lot en 1849, il rendit de tels services à ses administrés, qu'ils voulurent lui en témoigner leur reconnaissance par une souscription publique destinée à lui offrir une épée d'honneur portant sur la poignée cette inscription aussi flatteuse que méritée : *Énergie, sagesse, dévouement*. Un décret, en date du 9 février 1852, autorisa M. le comte du Hamel à accepter, comme témoignage de reconnaissance publique pour les services qu'il a rendu à ce département, cette épée qui lui fut remise, avec une adresse, par les députés du Lot, au nom des habitants du département.

Préfet du Pas-de-Calais, le 7 mai 1842, il reçut peu de temps après, la décoration de commandeur de l'ordre de Saint-Grégoire le Grand en récompense de services éminents rendus au Saint-Siége. En septembre 1854, le roi des Belges, Léopold Ier, qu'il alla recevoir et complimenter à Calais, lui remit également les insignes de commandeur de son ordre.

Partout, dans le département du Pas-de-Calais, il laissa des traces de son passage aux affaires. Une délibération du conseil municipal d'Arras décida que son nom serait gravé dans un médaillon, à la porte Ronville, reconstruite sous son administration; à Saint-Pol, il fit reconstruire une belle rue qui porte son nom; à Montreuil, on lui a consacré une table de marbre dans la salle principale du nouvel Hôtel-Dieu qu'il a fait reconstruire. A Boulogne, deux inscriptions semblables rappellent la part qu'il a prise à l'érection du palais de justice et d'un pont monumental.

Appelé en septembre 1854 à la préfecture de la Somme, il prit encore l'initiative pour un grand nombre de fondations importantes. Il est le premier préfet de France qui institua une commission spéciale chargée d'étudier l'exposition, au point de vue des intérêts agricoles et manufacturiers du département, et ce qui distingua surtout son passage aux affaires, c'est qu'il prit l'initiative de la mise en valeur des biens communaux. Les effets de cette excellente mesure sont généralement appréciés aujourd'hui.

En 1856, avec l'autorisation du souverain, il quitta la carrière administrative pour se consacrer à celle du législateur. Candidat au Corps législatif, dans la troisième circonscription du département des Deux-Sèvres, son nom fut proclamé à l'immense majorité de 15,000 voix sur 15,700 votants.

Outre son *Histoire constitutionnelle de la monarchie espagnole*, M. le comte du Hamel a produit de nombreux écrits dont nous citerons les principaux : *Considérations sur l'état politique de la noblesse*, Paris, 1840, 2 vol. in-8°; *La ligue d'Avilla ou l'Espagne en* 1820, Paris, 1840, 2 vol. in-8, traduit en espagnol et en anglais; *Mémoires d'un vieux de la Gastine*, feuilleton d'un journal qui fut imprimé sous le titre : *Le château de Rochecourbe*, Paris, 1843; 3 vol. in-8; *La duchesse d'Halluge*, roman de mœurs, Paris, 1847, 2 vol. in-8; *El Menditero*, recueil de nouvelles, Paris, 1847, 2 vol. in-8; une comédie en vers : *Le bonheur chez soi*, représentée sur le théâtre de l'Odéon; *Don Juan de Padilla*, 1 vol.

Il a publié aussi un grand nombre d'ouvrages politiques dont voici les principaux : *L'Italie, l'Autriche et la guerre; Venise; l'Angleterre; la France et la guerre; la Paix de Villafranca.*

Officier de la Légion d'Honneur, commandeur des ordres des Saints-Maurice et Lazare, de Léopold de Belgique, de Saint-Grégoire le Grand, M. le comte du Hamel, mort le 6 novembre 1870, a épousé, le 23 janvier 1851, Berthe de Roncherolles, fille du marquis de Roncherolles, anciennement premier baron de Normandie, et de Delphine de Levis-Mirepoix, dont postérité.

HAMEL DE BELLENGLISE (DU). *Artois*.

De gueules au chef d'or chargé de trois merlettes de sable.

Cette famille a pour unique représentant du Hamel de Bellenglise, au château de Hamel, par Bondues, département du Nord.

HAMEL DE BREUIL (DU). *Normandie*.

D'argent au chevron de gueules.

On compte trois représentants de cette famille : le baron du Hamel, à Paris; le baron du Hamel de Breuil, au château de Rosnay, département de la Marne; le baron du Hamel de Breuil, capitaine de hussards.

HAMEL DE CAUCHY (DU). *Picardie*.

D'azur à la bande d'or chargée de trois roses de gueules.

Cette famille compte deux représentants : Arthur-Louis-François du Hamel de Cauchy, chevalier de la Légion d'honneur, capitaine instructeur à l'école de cavalerie ; du Hamel de Cauchy, à Paris.

HAMEL DE FOUGEROUX. *France.*

D'azur à trois genettes passantes d'argent posées 2 et 1.

Il existe en France trois représentants de cette famille : du Hamel de Fougeroux, au château de Denainvilliers, par Pithiviers, département du Loiret ; du Hamel de Fougeroux, au château des Essarts, par Pithiviers ; du Hamel de Fougeroux, au château de la Folie, par Pithiviers.

HAMEL DE WERBIER. *France.*

D'azur à trois nénuphars tigés et feuillés d'argent.

Cette famille a plusieurs représentants : Ludovic-Beaudoin du Hamel de Werbier, au 8e régiment de lanciers ; Edmond du Hamel de Werbier, aux chasseurs à cheval ; Edouard du Hamel de Werbier, ancien zouave pontifical, au château d'Hesmont, par Campagne-les-Hesdin, département du Pas-de-Calais.

HAMELIN. *Bretagne.*

Ecartelé : aux 1 et 4 d'argent au cygne de sable ; aux 2 et 3 d'azur à l'ancre d'or.

Le baron d'Hamelin, unique représentant du nom, réside à son château à Montéclin, à Bièvres, département de Seine-et-Oise.

HAMELIN D'ÉCLOT. *Normandie.*

D'azur à la fasce de gueules, chargée d'une épée

d'argent garnie d'or et accostée en pointe d'un lièvre-courant d'argent; au chef du même chargé de trois merlettes de sable.

L'un des deux représentants du nom, d'Hamelin d'Eclot, réside au château de Saint-Waast-la-Hougue, département de la Manche; l'autre est maire au même Saint-Waast-la-Hougue.

HAMILTON. *Angleterre, Ile-de-France.*

Ecartelé : aux 1 et 4 de gueules à trois quintefeuilles d'argent; aux 2 et 3 de gueules au navire d'argent.

Hamilton, originaire d'Ecosse, a donné un duc de Châtellerault sous le roi Henri II, Jacques d'Hamilton, en récompense de son activité et de ses soins dans les négociations qui aboutirent au mariage de Marie Stuart avec François, dauphin de France, depuis roi sous le nom de François II. Sa descendance est représentée par le duc de Hamilton, à Paris.

HAMON DE LA THÉBANDIÈRE. *Bretagne.*

De sable à trois colombes d'argent, membrées et becquées de gueules.

Cette famille a deux représentants : d'Hamon de la Thébandière, secrétaire de la Chambre d'agriculture à Savenay, département de la Loire-Inférieure; d'Hamon de la Thébandière, juge de paix, à Nantes.

HANGEST. *Picardie.*

D'argent à la croix de gueules chargée de cinq coquilles d'or.

Cette grande maison qui remonte à Florent Ier, seigneur de Hangest, mort au siége de Saint-Jean-d'Acre, en 1191, a donné plusieurs grands-officiers de la couronne : un grand échanson, deux grands maîtres des arbalétriers de France, un maréchal de France et deux évêques de Noyon, est aujourd'hui représentée par d'Hagest, qui, dans la simplicité de sa vie rurale, est adjoint au maire du Saulchoy, par Crévecœur, département de l'Oise.

HANTE (DE LA) *Champagne.*
De gueules à une hante d'or.
De la Hante, chevalier de la Légion d'honneur, unique représentant de la famille, réside à Paris.

HARANGUIER DE QUINCÉROT. *Bourgogne.*
D'azur à la fasce d'or, accompagnée en chef de trois croix de chevalier avec leurs anneaux d'argent, et en pointe de trois fers de dard aussi d'argent renversés. *Alias* de gueules à la fasce d'or, accompagnée en chef de trois croisettes pattées d'argent et de deux besants d'or, et en pointe de trois fers de dard renversés du même.

Cette famille se divise en deux branches. L'aînée se compose de cinq frères : Charles d'Haranguier de Quincerot, chanoine de la cathédrale de Bourges; Emmanuel d'Haranguier de Quincerot, chef d'escadron d'artillerie; Léon d'Haranguier de Quincerot, sous-inspecteur des forêts; Alfred d'Haranguier de Quincerot. Ils ont cinq sœurs.

La seconde branche a pour chef Hippolyte d'Haranguier de Quincerot, directeur des ponts-et-chaussées, qui a six fils : Edmond d'Haranguier de Quincerot. officier de la Légion d'honneur, lieutenant-colonel d'artillerie, sous-directeur à Bourges; Émile d'Haranguier de Quincerot, officier de la Légion d'honneur, chef d'escadron, au 16ᵉ régiment d'artillerie; Auguste d'Haranguier de Quincerot; Henri d'Haranguier de Quincerot, sous-inspecteur des forêts; Félix d'Haranguier de Quincerot, officier de marine; Xavier d'Haranguier de Quincerot, curé de la paroise de Saint-Bonnet à Bourges.

HARCOURT D'OLONDE. *Normandie.*

De gueules à deux fasces d'or; sur le tout, un écusson d'azur à une fleur de lys d'or.

Cette grande famille, a donné son nom au bourg avec château situés dans l'élection de Bayeux, en Normandie, autrefois marquisat sous le nom de Thury, érigé en duché par Louis XIV, l'an 1700 et en duché-pairie en novembre, 1709, en faveur de Henri de Harcourt, maréchal de France.

Harcourt, l'une des plus grandes et des plus illustres maisons de France, a donné, quatre maréchaux de France, deux évêques et nombre d'autres illustrations. Elle descend de Turchetil, second fils de Tarf, seigneur de Turqueville, petit-fils de Bernard, surnommé le Danois, gouverneur de Normandie en 912, parent de Rollon, ses membres portaient déjà en 1338 le titre de comte.

Divisée en deux branches, la première, branche ducale, a pour chef de nom et d'armes, François, duc d'Harcourt, qui a sa résidence d'été au château de Thury-Harcourt, département du Calvados et sa résidence d'hiver, à Paris. Il a un fils, Henri d'Harcourt.

Cette branche compte encore d'autres représentants: Louis, marquis d'Harcourt, à Paris, le marquis d'Harcourt, au château de Saint-Eusoge, par Rogny, département de l'Yonne; Pierre, comte d'Harcourt; Jean, comte d'Harcourt, officier de la Légion d'honneur, capitaine de vaisseau, à Paris, qui a un fils, Eugène d'Harcourt; le comte d'Harcourt, au château de Melz, par Villiers-Saint-Georges, département de Seine-et-Marne, et à Paris; Bernard d'Harcourt, officier de la Légion d'honneur, ancien ministre de France à Stuttgard, vice président de la Société d'agriculture, à Provins, département de Seine-et-Marne.

La branche d'Olonde, a pour chef, le marquis d'Harcourt-d'Olonde, au château d'Olonde, par La Haye-du-Puyts, département de la Manche, qui a trois fils : Bernard, Emmanuel et Amédée d'Harcourt d'Olonde.

HARDELAY. *Normandie.*

D'azur à trois mains senestrée d'or et une rose posée en cœur.

D'Hardelay, unique représentant de la famille, réside au château d'Ymarre, par Boos, département de la Seine-Inférieure.

HARDY DES ALLEURES. *Bretagne.*

D'argent à quatre aiglons d'azur, membrés et becqués d'or.

Présumée appartenir à la même branche que celle dont nous allons résumer l'histoire sous le nom de Hardy-de-Saint-Omer. Cette famille est représentée par Albert Hardy-des-Alleures, à Cherbourg.

HARDY DE LA LARGÈRE. *Bretagne.*

D'azur à deux épées d'or passés en sautoir; au chef d'hermines.

L'unique représentant du nom, est Hardy de la Largère, juge d'instruction à Laval, département de la Mayenne.

HARDY DE SAINT-OMER. *Normandie.*

De gueules au chevron rompu d'or, accompagné de quatre lions d'argent, deux en chef, deux en pointe. Couronne : de comte.

Devise : *Nec imbellem feroces progenerunt leporem leones.*

La famille qui porte ces belles armes et cette fière devise est très ancienne. Elle a pour ancêtres un des compagnons de Guillaume-le-Conquérant, son compatriote, dans la conquête de l'Angleterre, où sa branche a fait souche et dont un représentant fut dernièrement membre du ministère de la Grande-Bretagne. De la souche commune se sont détachés plusieurs rameaux. Hardy des Ruiseaux, Hardy de la Pilonière, provenant de la même branche, Hardy du Bocage, qui a formé la branche anglaise, originaire, comme son nom l'indique de la petite province du Bocage, dont la capitale était Vire, patrie de Guillaume-le-Conquérant. C'est également à cette branche qu'appartiennent les Hardy-de-Saint-Omer, seigneurs en Bocage, de Vernon, de Monttauduc, de la Dunerie, de Champvallon, du Grandchamp, de Bout-du-Bois, etc. Ils appartenaient à la paroisse de Canappeville et se répandirent dans l'Angoumois et la Saintonge, puis dans la Guyenne, où ils s'allièrent aux familles nobles de Dampiere, de Castelnau-d'Auras, etc. Un d'eux, Hardy de Bois-Blanc, passa, sous Louis XV, à la Nouvelle-Orléans (Louisiane), en qualité d'intendant.

Un des Hardy du Bocage avait déjà passé aux Antilles françaises, dès le commencement de la colonisation, sous Louis XIII. Hardy de la Trousse, gendre du marquis de Flamarens, était alors gouverneur du Louvre.

Les principaux titres de la maison remontent aux années 1563, 1570, 1585, 1601, 1603, etc.

Le chef de nom et d'armes, Hardy de Saint-Omer, ancien président du conseil général de la Martinique est maire du canton de Lamentin.

HARENG DE LA CONDAMINE. *Forez*

D'azur à trois croissants d'or en bande, les cornes regardant l'angle dextre du chef.

Cette belle famille qui descend des premiers seigneurs de la Roue-Saint-Anselme, ce qu'atteste l'enquête de 1517 et qui compte de nombreux services militaires a donné un doyen et deux chanoines-comtes au chapitre noble de Saint-Pierre et Saint-Chef de Vienne, en Dauphiné. Elle est représentée par le marquis d'Harenc de la Condamine, à son château, à Ampuis, par Condrieu, département du Rhône.

HARGENVILLIERS. *Languedoc, Picardie.*

D'hermines papelonnées de gueules.

Cette famille n'a qu'un représentant : d'Hargenvilliers, au château de Montanguier, par Lavaur, département du Tarn.

HARIVEL DE MÉZIÈRES (LE) *France.*

De gueules à trois roses d'or.

Cette famille est représentée par Le Harivel de Mézières, chevalier de la Légion d'honneur, commissaire de la poudrerie du Ripault, département d'Indre-et-Loire.

HARMAND D'ABANCOURT. *France.*

Coupé : le premier parti à dextre d'azur à l'orle de huit étoiles d'or; à senestre au signe de baron, préfet de l'empire; le deuxième, de sinople au pélican avec sa piété d'or.

Cette famille a deux représentants : le vicomte Harmand d'Abancourt, chevalier de la Légion d'honneur, greffier en chef honoraire de la cour des comptes, à Paris; le baron Harmand d'Abancourt, conseiller référendaire à la cour des comptes, à Paris.

HARNOIS. *Normandie.*

De gueules au chevron d'argent, accompagné en pointe d'un casque ou heaume posé de front, droit, fermé et grillé du même.

Harnois ou Arnois, ancienne famille noble du pays de Caux, de Normandie, généralité de Rouen, élection de Montivilliers, paroisse de Bornambusc, remonte à Vivien Harnois ou Arnois, écuyer, seigneur de Plainesève, qui épousa en 1420, Perrette-des-Haies-de-Boigueroult-d'Épinay. Elle est représentée dans la contrée dont elle est originaire, par d'Harnois, au château de Bornambusc, par Goderville, département de la Seine-Inférieure.

HARSCOUËT. *Bretagne.*

D'azur à trois coquilles d'argent, posées 2 et 1.

Cette famille a trois représentants : le comte Harscouët de Saint-Georges, au château de Keronic, par Pluvigner, département du Morbihan; le vicomte Harscouët de Saint-Georges, au château de Rongouët, près Lendévant, même département, et la douairière Harscouët de Keringan, à Saint-Brieuc.

HASTIER DE JOLIVETTE. *Bourbonnais.*

D'azur au croissant d'argent accompagné de trois étoiles du même.

Cette famille a trois représentants : Auguste et Paul de Hastier de Jolivette, et de Hastier de Jolivette, à Moulins.

HASTREL. *Picardie, La Rochelle.*

D'azur au chevron d'or accompagné en chef de deux molettes d'éperon de même et en pointe d'une tête de levrier d'argent, colletée de gueules.

Cette famille, qui a donné Simon de Hastrel, écuyer, seigneur des Bouleaux, un des hommes d'armes du roi qui se signala le plus sous la conduite de Robert de la Marck, duc de Bouillon, maréchal de France, lors du siége de la ville de Péronne, que le duc de Nassau fut obligé de livrer en 1536, est représentée par Ludovic d'Hastrel, sous-commissaire de la marine à Rochefort.

HATON DE LA GOUPILLIÈRE. *Tours.*

D'argent à l'aigle de sable couronnée de même et accompagnée de trois étoiles, une en chef et deux en flancs ; le tout entouré de deux palmes passées en sautoir aussi de sable.

Cette famille a trois représentants : de Haton de la Goupillière, chevalier de la Légion d'honneur, ingénieur des mines, à Paris ; de Haton de la Goupillière, président de chambre de la cour d'appel, à Paris ; de Haton de la Goupillière, greffier en chef au tribunal civil de la Flèche.

HAU DE STAPLANDE. *Flandre.*

D'azur au chevron d'argent surmonté d'une étoile à

dix rais d'or, accompagnée de trois mains de carnation tenant chacune une poignée d'épis d'or, tigés du même, les deux du chef affrontées.

Cette famille est représentée par Ernest Hau de Staplande, à Bergues, département du Nord, qui a un fils et deux filles, et par Hau de Staplande, chevalier de la Légion d'honneur, lieutenant de vaisseau.

HAUBERSART. *Flandre.*

D'azur au chevron d'or chargé de deux épées appointées de sable, accompagné en chef de deux étoiles d'or et en pointe d'une balance d'argent.

Cette famille est représentée par le comte d'Haubersart, à Paris.

HAUCOURT. *Cambraisis.*

D'argent semé de billettes de gueules, au lion de même brochant sur le tout.

Cetre branche de la maison des comtes de Mailly, séparée en 1503 par un mariage, a trois représentants : d'Haucourt, avoué, chevalier de la Légion d'honneur, à Pontivy, département du Morbihan; d'Haucourt, juge au tribunal civil à Fourgères, département d'Ille-et-Vilaine; d'Haucourt, percepteur à Guéméné, département du Morbihan.

HAUDOIN D'EUILLY. *Picardie.*

De gueules au chevron d'or accompagné de trois têtes de mores à longs cheveux de sable, tournées à dextre, tortillées d'or.

L'unique représentant du nom, d'Haudoin d'Euilly, est ancien conseiller-général de la province d'Oran, à Saint-Denis-du-Sig, Algérie.

HAUDRY. *Ile-de-France, Beauce.*

D'azur à la gerbe d'or, chargé à senestre d'une aigle de profil fixant un soleil naissant, le tout d'or. — D'azur à une croix fleuronnée, cantonnée aux 1 et 4 d'un croissant ; aux 2 et 3 d'une étoile, le tout d'argent.

Cette famille a deux représentants : d'Haudry de Soucy, officier de la Légion d'honneur, inspecteur des finances, à Paris ; d'Haudry de Janvry, commandeur de la Légion d'honneur, ancien conseiller d'État, à Paris.

HAUGOUMAR DES PORTES. *Bretagne.*

De gueules au chevron d'argent, accompagné de trois losanges du même ; *Alias* d'argent à trois fasces de sinople.

L'unique représentant du nom, d'Haugoumar des Portes, réside à Lamballe, département des Côtes-du-Nord.

HAULLES (DES). *Alençon.*

D'argent au chevron d'azur accompagné de trois lionceaux de gueules posés 2 et 1.

Cette famille normande, originaire de l'élection de Conches et que Lachenaye-Desbois mentionne sous le nom de de la Haülle, est représentée par des Haulles, à Nogent-le-Phaye, par Chartres.

HAUMONT. *Toulouse, Montauban.*

De gueules parti d'un trait : au 1 à une montagne d'or ; au 2 à une montagne d'argent accolée d'azur à deux chevrons d'argent, accompagnée en pointe d'une molette du même.

Cette famille a deux représentants : d'Haumont, au château de Boyé, par Castelnau-Montratier, département du Lot ; d'Haumont, à Toulouse.

HAUSSMANN. *Paris.*

Écartelé : aux 1 et 4 d'azur à la tour crénelée de trois pièces d'argent, ouverte et ajourée de gueules, maçonnée de sable et terrassée de sinople ; au 2 des barons militaires ; au 3 de gueules à la grappe de raisin tigée et feuillée au naturel ; à la fasce d'argent brochant sur la tige ; à la croix d'or brochant sur les quatre quartiers, chargée au centre d'un écusson d'argent bordé d'or à deux épées en sautoir d'azur, pointées en bas.

L'unique représentant du nom, le baron d'Haussmann, commandeur de la Légion d'honneur, est ancien sénateur, ancien préfet de la Seine, à Paris.

HAUSSONVILLE (Cléron d'). *Champagne, Bavière.*

D'or à la croix de gueules frettée d'argent.

La terre et baronnie d'Haussonville, dans le duché de Lorraine, diocèse de Toul, a donné son nom aux familles qui l'ont possédée depuis Simon, fils de Dragon de Nancy, seigneur de Lenoncourt, vivant au douzième siècle. Le dernier représentant du nom, comte de Haussonville, a sa résidence d'été au château de Gurcy, par Donnemarie, département de Seine-et-Marne, et sa résidence d'hiver à Paris.

HAUSSY. *Artois.*

De gueules au lion d'or armé et lampassé d'azur.

Cette famille a trois représentants : de Haussy de Robécourt, au château de Robécourt, par Vesle, département de la Somme; de Haussy de Robécourt, à Paris; de Haussy, à Chartres.

HAUTECLOCQUE. *Normandie, Artois.*

NORMANDIE. D'azur au chevron d'or accompagné de trois cloches d'argent.

ARTOIS. D'argent à la croix de gueules chargée de cinq coquilles d'or.

La terre et seigneurie de Hauteclocque a donné son nom à une famille du pays d'Artois, au comté de Saint-Pol, ancienne et illustre qui remonte à Wilbert de Hauteclocque, mentionné dans une charte de l'abbaye de Ar-Saint-Jean d'Amiens, de l'an 1174, et dans une autre charte de l'abbaye de Cercamps, en avril 1179. Elle compte de nos jours dix-sept représentants, dont l'aîné, le baron de Hauteclocque, réside au château de Royon, par Fruges, département du Pas-de-Calais.

HAUTECOURT. *Paris.*

D'or à deux bandes ondées d'azur.

L'unique représentant du nom, d'Hautecourt, est maire à Martainneville, par Oisemont, département de la Somme.

HAUTEFORT. *Normandie, Périgord, Provence.*

D'or à trois fasces hautes de sable, posées 2 et 1, les pointes en haut.

Cette famille établie en Provence sur la fin du XVIe siècle, qui tire son origine de la ville de Caen, en Normandie, où vivait à la fin du XVe siècle Jean Hautefort, capitaine d'un des vaisseaux du roi, qualifié noble et écuyer, compte aujourd'hui cinq représentants: le comte d'Hautefort, au château de Champien, par

Roye, département de la Somme ; d'Hautefort, au château de Frestoy, par Guiscard, département de l'Oise ; d'Hautefort, chevalier de la Légion d'honneur, inspecteur des postes, à Nancy ; Armand-Alexis-Emmanuel d'Hautefort, chevalier de la Légion d'honneur, chef d'escadrons au 10e régiment de chasseurs à cheval ; d'Hautefort, à Paris.

HAUTERIVE (Blanc de Lanautte d'). *Provence.*
Parti : au 1 écartelé d'argent et d'azur, qui est de Blanc ; au 2 de gueules au chevron d'or accompagné en pointe d'un cygne d'argent sur une mer de sable ; au chef d'argent chargé d'un croissant d'azur.

On compte quatre représentants de cette famille : le comte d'Hauterive, officier de la Légion d'honneur, à Paris et au château de Neuville, à Saint-Germain, par Dormans, département de la Marne ; le vicomte d'Hauterive, à Paris ; le baron d'Hauterive, à Paris ; d'Hauterive, inspecteur des lignes télégraphiques, à Orléans.

HAUTEVILLE. *Dauphiné.*
D'or au lion de gueules.
Cette famille a deux représentants : le marquis d'Hauteville, au château d'Hauteville, par le Ribay, département de la Mayenne ; d'Hauteville, juge à Mortain, département de la Manche.

HAUTEVILLE. *Paris.*
D'azur à une haute montagne d'argent sur laquelle il y a une ville du même.
Cette famille a trois représentants : d'Hauteville, à Strasbourg ; d'Hauteville, à Lyon ; Eugène d'Hauteville, à Lyon.

HAUTEVILLE. *Normandie.*

D'argent à trois fasces de sable chargées d'un croissant de gueules; à la bordure du même.

Cette famille a pour chef de nom et d'armes Raoul-Félix de Hauteville, juge au tribunal civil de Mortain (Manche). Il a un fils : Robert-Guiscard Tancrède; il a aussi un frère : Alphonse de Hauteville.

HAUTPOUL. *Languedoc.*

D'or à deux fasces de gueules; à six coqs de sable posés 3, 2, et 1.

Pierre Raimond de Hautpoul, le premier de sa race dont on ait connaissance, paraît avec éclat dans l'histoire. Il signa en 1084 avec le comte Raimond, la vicomtesse Hermingarde et quelques autres seigneurs, l'acte de réunion de l'abbaye de Saint-Bazilles de Nîmes à l'abbaye de la Chaise-Dieu. Compagnon de Raimond de Saint-Gilles en Terre-Sainte lors de la première croisade en 1095, sa maison était dès lors considérée comme étant une des plus illustres de la province, dont la plupart étaient maisons souveraines.

Cette grande famille compte aujourd'hui cinq représentants : le marquis d'Hautpoul, à Toulouse ; le comte d'Hautpoul, au château de Belesta, par Castelnau, département du Tarn ; d'Hautpoul, au château de Salottes, par Gaillac, département du Tarn ; d'Hautpoul, maire à Seyre, par Villefranche, département de la Haute-Garonne ; le comte d'Hautpoul de la Terrasse, à Toulouse.

HAVELT (Crépin du). *Artois.*

D'azur à la bande d'or chargée de trois étoiles de sable, accompagnée en chef d'une bande d'or et en pointe d'un dextrochère armé d'argent, cloué d'or, mouvant de senestre, tenant une épée d'argent montée d'or, posée en bande.

L'unique représentant du nom, baron Crépin du Havelt, chevalier de la Légion d'honneur, conseiller général de l'Yonne, maire de Saint-Puits, a sa résidence d'été au château du Barres, par Saint-Sauveur, département de l'Yonne, et sa résidence d'hiver à Paris.

HAY DE SLADE. *Bretagne, Normandie.*

Bretagne. D'argent à trois écussons de gueules, posés 2 et 1.

Normandie. D'argent à trois têtes de maures de sable, posés 2 et 1.

Hay, en Normandie, originaire du pays de Caux, a donné Nicolas Hay, écuyer, seigneur de Saint-Barthélemy, mort en 1523. La famille compte de nos jours deux représentants : Hay de Slade, au château de Garlaine, par Derval, département de la Loire-Inférieure ; Hay de Slade, chevalier de la Légion d'honneur, enseigne de vaisseau, à Toulon.

HAY DE NÉTUMIÈRES. *Bretagne.*

De sable au lion morné d'argent.

Cette famille n'est plus représentée que par le marquis Hay de Nétumières, au château des Roches, par Vitré, département d'Ille-et-Vilaine.

HAYE DU MESNY (DE LA). *Picardie.*

D'azur au flambeau d'argent allumé de gueules posé en pal, entortillé d'une couleuvre aussi d'argent.

Cette famille est représentée par de la Haye du Mesny, directeur des douanes à La Roche-sur-Yon.

HAYE (DE LA). *Poitou, Bretagne, Paris, Normandie.*

Poitou. De gueules au croissant d'or accompagné de six étoiles de même.

Bretagne. D'argent au léopard de sable. — De gueules à la croix tréflée d'hermines.

Paris. De sinople à la fasce d'argent chargée d'une merlette du champ.

Normandie. Parti de gueules et d'argent; au chef de sable chargé de trois besants d'or.

Cette famille a huit représentants : le marquis de la Haye-Montbault, au château de Dubruc, par Bressuires, département des Deux-Sèvres; le vicomte de la Haye, à Angers ; le comte de la Haye Saint-Hilaire, à Rennes; de la Haye, à Rennes ; le vicomte Louis de la Haye-Cormenin, commandeur de la Légion d'honneur, membre de l'Institut, à Paris et au château de la Motte, par Montargis, département du Loiret ; le baron Louis de la Haye-Cormenin, au château de Chailleuse, par Senan, département de l'Yonne ; de la Haye-Jousselin, au château de Fond-des-Bois, par Derval, département de la Loire-Inférieure; de la Haye, président du tribunal civil, à Péronne.

HAYS (DU). *Artois.*

De sable à trois épieux d'argent.

Cette famille a trois représentants : Geoffroy-Marie-Alphonse-Auguste du Hays, au château de Mont-Eventé, par Béthune, département du Pas-de-Calais; Yves-Maurice-Charles-Sylvain du Hays, au château d'Erin, près Heuchin; Emmanuel-Thérèse-César-Venant du Hays, au château de Courset, près Desvres, même département.

HÉBERT. *Normandie.*

D'azur à trois grenades d'or, ouvertes de gueules, non tigées, posées 2 et 1.

Originaire de Normandie et comptant parmi ses ancêtres un lieutenant-général, cordon rouge, et un contre-amiral, chevalier de Saint-Louis, cette famille, dont les titres remontent à l'an 1557, a pour représentants trois frères issus du mariage du chevalier Hébert de la Pleignière avec la fille du baron de Grady de Jemeppe de Chavagne.

HÉBERT. *Normandie, Languedoc.*

NORMANDIE. D'azur à deux palmes d'or passées en sautoir, accompagnées de deux de même, une en chef, une en pointe.

LANGUEDOC. D'azur au cerf d'or passant sur une terrasse de même.

Cette famille dont le nom était fort répandu en Normandie et désignait des maisons distinctes est représentée par le comte Hébert de Beauvoir, au château d'Ecalles-Allick, par Yvetot, département de la Seine-Inférieure, et par Hébert de Vanlay, caissier à la recette générale à Agen.

HÉBRAIL. *Languedoc.*

D'azur à deux lièvres courants d'or l'un sur l'autre.

L'unique représentant du nom, marquis d'Hébrail, réside au château de Canast, par Castelnaudary, département de l'Aude.

HÉBRAIS DE LAGRANGE. *Dauphiné.*

D'or au chevron d'azur, accompagné en pointe d'un lion de sable et un chef d'azur chargé de trois merlettes d'or.

Ces armes sont décrites dans l'*Armorial général*, manuscrit n° 18008, de la Bibliothèque de Bourgogne, à Bruxelles.

Les principaux membres de la famille d'Hébrais de Lagrange ont été : Marc-Antoine, écuyer de Son Altesse Monseigneur le prince de Condé, en 1686, et son fils, autre Marc-Antoine, capitaine-châtelain d'Astarac, en 1761. Ils sont cités, avec leurs armes, dans le manuscrit n° 18008. Relativement au titre d'écuyer de Condé, il existe trois pièces officielles : 1° l'enregistrement au greffe du bureau de Romans, Dauphiné, décembre 1686 ; 2° *État de la France* pour la maison du roi et les maisons royales, de 1686 à 1723 ; 3° contrat de mariage, en date du 7 juin 1722, du fils de l'écuyer avec Constance de Sagasan, où les titres et qualités de son père sont énoncés.

Pour ce qui a trait à la réception de capitaine-châtelain d'Astarac, on peut consulter la vérification de cette réception au greffe du bureau d'Auch (Guyenne), à la date du 21 avril 1761.

Le chef de nom et d'armes, d'Hébrais de Lagrange, réside à Montauban.

HÉBRARD. *Quercy, Limousin.*

D'azur à trois molettes d'éperon à huit pointes posées 2 et 1 ; au chef échiqueté d'or et de gueules.

D'Hébrard, unique représentant du nom, réside au château de Torcy, par Fruges, département du Pas-de-Calais.

HÉBRARD. *Languedoc, Limousin.*

De gueules au lion d'or armé de sable ; à la bande du même brochant sur le tout, chargée, pour quelques branches de trois étoiles d'or.

Cette famille a deux représentants : d'Hébrard, commandeur de la Légion d'honneur, conseiller municipal à Marmande, département de Lot-et-Garonne; d'Hebrard de Veyrinas, au château de Veyrinas, par Nexon, département de la Haute-Vienne.

HÉBRAY DE POUZALS. *France.*

Écartelé : aux 1 et 4 de gueules à la tour crénelée d'or; aux 2 et 3 d'azur à une étoile d'argent.

Cette famille est représentée par d'Hébray de Pouzals, conseiller général, maire à Verdun, département de Tarn-et-Garonne.

HECQUET DE ROQUEMONT. *Abbeville.*

De gueules à un pélican avec ses petits dans son aire, d'or; au chef du même chargé de trois croisettes aussi d'or.

L'unique représentant du nom, de Hecquet de Roquemont, chevalier de la Légion d'honneur, est président de chambre à Amiens.

HECTOR DE TIRPOIL. *Anjou et Poitou.*

D'azur à trois tours d'or.

Cette famille établie en Anjou à la fin du quatrième siècle, et dont le nom figure antérieurement dans plusieurs chartes du Poitou et de la Guienne prouva sa filiation suivie depuis Etienne Hector, écuyer, seigneur de Tirpoil et de la Rimonière en 1409 (archives de la noblesse de France par Lainé, tome VIII).

Elle a été maintenue dans sa noblesse en 1641 et en 1166.

Elle a fourni plusieurs officiers de terre et de mer. Entre autres, Jean-Charles comte d'Hector, lieutenant-général des armées navales, grand-croix de l'ordre de Saint-Louis, sous Louis XV et Louis XVI.

En 1795, il était colonel au service du gouvernement anglais, du *régiment d'Hector* qui prit part à l'expédition de Quiberon.

La famille est représentée par Georges - Charles, comte d'Hector de Tirpoil, au château de Tirpoil, près Vihiers, département de Maine-et-Loire.

HÉDOUVILLE. *Ile-de-France, Picardie, Champagne.*

D'or au chef d'azur, chargé d'un lion léopardé d'argent, lampassé de gueules.

Cette famille est représentée par d'Hédouville, chevalier de la Légion d'honneur, chanoine honoraire, à Soissons.

HECKEREN. *Flandre.*

D'or à la croix de gueules.

Le baron de Heckeren, officier de la Légion d'honneur, sénateur, unique représentant de la famille, réside à Paris.

HEEMS (Van). *Flandre.*

D'or à quatre bandes de gueules; au chef cousu d'or chargé d'un lion léopardé de sable, armé et lampassé de gueules.

L'unique représentant du nom, Van Heems, dont la famille reçut concession du titre de baron, le 21 octobre 1736, est percepteur à Grand-Fresnoy, canton d'Estrées-Saint-Denis, département de l'Oise.

HEILLY. *Picardie.*

De gueules à cinq fasces d'or posées en bande. Couronne : de marquis. Heaume : à sept grilles ou posé de fasce. Cimier : une tête de sanglier. Supports : deux lions accroupis.

Cri : « *Heilly, Heilly.* »

Cette famille, une des plus anciennes de Picardie, est connue dès le huitième siècle par Karl d'Heilly, pair et duc de Charlemagne en 778 ; par des chartes de 1136, mentionnant entre autres : Gautier d'Heilly, comte d'Amiens, fils d'autre Gautier d'Heilly et d'Élisabeth d'Encre ; messire Eustache d'Heilly, bienfaiteur des abbayes de Saint-Lucien de Beauvais ; Thibaud d'Heilly, 43e évêque d'Amiens en 1183.

Le nom des d'Heilly a été donné en dehors de la branche directe à une branche de la maison de Créqui, sortie, en 1210, de Philippe, second fils issu du mariage d'Alix d'Heilly avec le baron de Créqui. En 1438, par une clause du testament d'Agnès d'Heilly en faveur de sa cousine Marie, femme de Jean de Pisseleu, la terre d'Heilly passe dans la famille de Pisseleu, alliée par la suite, deux fois aux d'Heilly.

Grandement alliée, la maison d'Heilly qui a donné trois évêques et le maréchal de France Jacques III, maréchal de Guyenne, tué à Azincourt, dont le père Jacques II eut la vie sauve à Nicopolis, du sultan Bajazet en considération de sa bravoure, a pour chef de nom et d'armes Léonce-Charles-Joseph, marquis d'Heilly, chevalier de la Légion d'honneur, officier du Médjidié, décoré de Mentana, capitaine d'état-major, marié à demoiselle Marie de Brolac, fille d'Amable et de Louise de Matharel, dont une fille, Anne-Éléonore. Résidence, au château de Chantelauze, département du Puy-de-Dôme.

Deux autres rameaux sont également représentés

par Cyr d'Heilly, à Compiègne et Octave d'Heilly, à Paris.

HÉLIAND D'EMPOIGNÉ. *Anjou, Maine, Touraine.*

D'or à trois aigles d'azur becquées et onglées de gueules, posées 2 et 1.

Cette famille se divise en trois branches. L'aînée n'a pas d'hoir mâle; elle est représentée par la comtesse douairière d'Héliand et sa fille Catherine, fille de la Charité, au château de l'Isle-du-Gast, en Saint-Frambault, département de la Mayenne.

La première branche cadette est représentée par René d'Héliand et Marguerite d'Héliand, qui a épousé René de Boissy, à Paris.

La deuxième branche cadette, dite de Morton, a plusieurs représentants : 1° Louis-Jacques, qui, de son mariage avec Candide Poulaine de la Forestrie, a un fils, Joseph, et réside au château de Beaucé, par Solesme (Sarthe); 2° Charles-Louis, au château de Morton, à Saint-Denis-d'Anjou (Mayenne), veuf de Marie-Bernardine Aprix de Morienne, dont il a deux enfants : Charles et Marie; 3° Guillaume et Anne, enfants de Guillaume, décédé; 4° Aimé-Louis, marié à Cécile Coutard de Souvré, et leurs filles, Cécile et Berthe, au château de Martigné, à Saint-Denis-d'Anjou; 5° Joséphine-Louise.

HELLOT DE BONNEMARE. *Rouen.*

D'argent au chevron de gueules entouré de quatre étoiles du même.

L'unique représentant du nom, Hellot de Bonnemare, réside au château de Dauphrie, par Beuzeville, département de l'Eure.

HELLOUIN DE MENIBUS. *Normandie.*

D'azur au chevron d'or accompagné de deux étoiles du même en chef et d'un fer de lance d'argent en pointe.

Cette famille, qui a donné d'Hellouin, écuyer, seigneur de Creuilly, en Normandie, élection de Valogne et d'Hellouin de Courcy-Creuilly, colonel du régiment de Tournaisis, en 1761, officier distingué, est représentée par Edouard-Georges d'Hellouin de Menibus, commandeur de la Légion d'honneur, général de brigade à la section de réserve, et par Arthur-Henri-Charles d'Hellouin de Menibus, officier de la Légion d'honneur, colonel commandant de place à Rochefort.

HÉLY D'OISSEL. *France.*

D'azur à la croix d'argent, chargée de cinq ancres de sable posées 1, 3 et 1 et cantonnée de quatre fers de lance d'or; au franc quartier de baron pris dans le conseil d'État.

On compte cinq représentants de cette famille : le baron Hély d'Oissel, officier de la Légion d'honneur, conseiller à la cour de cassation, à Paris, qui a sa résidence d'été au château de Villiers, par Poissy, département de Seine-et-Oise; Jean Hély d'Oissel, chevalier de la Légion d'honneur, maître des requêtes au conseil d'État, membre du conseil général de Seine-et-Oise, maire de Poissy, Paris; Paul Hély d'Oissel, à Paris; Étienne Hély d'Oissel, à Paris; Roger Hély d'Oissel, à Paris.

HÉMARD DE LA CHARMOYE. *Lorraine.*

D'azur au chevron d'argent, accompagné en chef de deux étoiles d'or et en pointe d'une rose tigée et feuillée de même.

Cette famille, dont était Pierre de Hémard, seigneur de Denonville, gentilhomme de la Chambre du roi, qui eut un fils, Charles de Hémard, licencié ès lois, conseiller au grand conseil, par provisions données à Mons, le 1er avril 1529, est représentée par le baron d'Hémard de la Charmoye, au château de Louvois, par Ay, département de la Marne.

HÉMERIC. *Languedoc.*

D'azur à l'émerillon d'argent perché sur un tronc d'arbre d'or.

Cette famille est représentée par d'Hémeric, au château de Saint-Pierre, par Béziers, département de l'Hérault.

HÉMERY. *Ile-de-France.*

De gueules à trois coquilles d'or posées 2 et 1; au chef abaissé de même.

Cette famille qui remonte à Jean d'Hémery, seigneur d'Arcis, vivant avec sa femme, Jeanne de Serginnes, en 1430, et dont était Julie d'Hémery, reçue sur preuves à Saint-Cyr, en octobre 1686, est représentée par d'Hémery, conseiller général de la Charente, au château de Labrégement, près Ruffec.

HENIN DE CHEREL. *France.*

D'or, au chevron de gueules accompagné de trois roses du même.

L'unique représentant du nom d'Henin de Cherel réside au château de Longuetoise, à Chalo-Saint-Mars, département de Seine-et-Oise.

HENNET DE BERNOVILLE. *Principauté de Liége, Picardie, Versailles, Paris.*

D'azur à trois roses d'argent posées 2 et 1.

Cette famille, originaire de Liége, s'établit au milieu du xviie siècle, à Landrecies, où existait une branche collatérale du même nom. En 1650, son représentant, Charles Hennet, était mayeur héréditaire de la ville. Plus tard, cette famille se fixa à Maubeuge et à Bavay, où elle occupa les places de prévôt subdélégué, etc. Un de ses membres, souche de la branche de Bernoville, fut conseiller au parlement de Flandre. Un autre était député aux États-généraux, etc.

Ses principales alliances ont été contractées avec les familles des Monts, Frans de la Chapelle, de Walleyns, de Laing, baron Taviel, de Montfort, comte de la Ferté, de la famille la Ferté Meun ou Meung, alliée aux Molé et aux ducs de Ridières, marquis d'Hautpoul, etc.

Les représentants vivants de la famille sont en 1873 :

1° Trois fils de feu A. Hennet de Bernoville et de demoiselle Fanny Hennet de Baret, sa veuve : Alexis-Armand-Martial Hennet de Bernoville, à Versailles, né en 1811, marié, ayant trois filles et un fils, Paul Hennet de Bernoville ; Jules-Ferdinand Hennet de Bernoville, né en 1823, au château de Bernoville, près Guise, département de l'Aisne, marié, qui a une fille ; Hippolyte-Amédée Hennet de Bernoville, né en 1826, conseiller référendaire à la Cour des comptes, marié à Mademoiselle d'Hautpoul, dont deux filles.

2° Deux filles, dont une mariée à Amaury de Raveneau, au château de Noyal, près Guise, département de l'Aisne ; un fils, Fernand, et l'autre sans alliance, au château de Bernoville.

HENNEZEL. *Lorraine.*
D'or à une tour de sable.

Cette famille a trois représentants : d'Hennezel, au château de Peule, par Bains, département des Vosges; d'Hennezel, au château de Bettancourt, par Charmes, même département; d'Hennezel, au château de Monthureux-sur-Saône, même département.

HENNEZEL D'ORMOIS. *Bohême, Lorraine.*

De gueules à trois glands montants d'argent posés deux et un, avec un croissant du même en abîme.

Originaire de Bohême, établie en Lorraine depuis le quatorzième siècle, cette famille qui s'y est alliée avec les maisons de l'ancienne chevalerie et s'est constamment maintenue par des grands fiefs et des dignités militaires, est aujourd'hui représentée par d'Hennezel d'Ormois, officier de la Légion d'honneur, ingénieur en chef des mines, au chemin de fer de l'Est, à Paris.

HENNIN. *Flandre.*

D'azur à une demi-fleur de lis d'or défaillante à senestre, surmontée de trois molettes du même rangées en chef.

Cette famille est représentée par d'Hennin, inspecteur des contributions indirectes à Mâcon, département de Saône-et-Loire.

HENRI. *Lyon.*

De sable au croissant d'argent accompagné de trois besants du même, chargés chacun d'un trèfle de sinople, deux en chef et un en pointe.

L'unique représentant du nom, d'Henri, réside à Lille.

HENRIET. *Tours.*

D'azur au croissant d'argent accosté de deux épis d'or.

Cette famille est représentée par d'Henriet, à Paris, et par d'Henriet, également à Paris.

HENRION. *France.*

Ecartelé : au 1 d'azur à trois étoiles d'or; au 2 des barons tirés de l'armée; au 3 d'argent au lévrier rampant de sable, accolé d'or; au 4 d'azur au dextrochère armé, mouvant d'une nuée au flanc senestre; le tout d'argent et tenant un foudre de gueules à pointe d'argent. (Les livrées aux couleurs de l'écu.)

Henrion, de Ville-Claye (Meuse), baron de l'Empire, par décret du 16 août 1813, général de brigade, grand-officier de la Légion d'honneur, suivant lettres-patentes du 24 janvier 1814, est la souche de cette famille.

Elle a deux représentants : le baron Henrion, chevalier de la Légion d'honneur, procureur de la république en retraite, à Montmédy, ancien membre du conseil général de la Meuse; Henrion, conseiller de préfecture de la Drôme.

HENRY. *France.*

Coupé au 1 parti : à dextre d'azur au casque à l'antique taré de profil d'or; à senestre de gueules à l'épée en pal d'argent; au 2 de sable, à la cuirasse d'or, percée et ensanglantée de gueules; l'écu timbré d'une couronne de baron.

Cette famille est représentée par le baron Henry, qui a sa résidence d'été au château de Louhans, par Montbozon, département de la Haute-Saône, et celle d'hiver, à Besançon.

HENRY. *Bretagne.*

D'azur au lion d'or lampassé de gueules. — D'argent

à la fasce d'azur chargée d'une étoile d'or et accompagnée de trois roses de gueules.

Cette famille a cinq représentants : Henry de Cantalouze, au château des Restes, par Toulouse ; Henry de Conflans ; Henry de Navenne, à Paris ; Henry de Vallande, au château de Bois-Martin, par Pessac, département de la Gironde.

HENRYS D'AUBIGNY. *Lorraine.*

D'azur à trois épis d'or, tigés et feuillés d'argent et accompagnés en chef d'un soleil du second.

Devise : *Providentiâ totum hoc opus est.*

Cette famille est représentée par le marquis d'Henrys d'Aubigny, au château de Montvaillant, par Tramayes, département de Saône-et-Loire.

HÉRAIL DE BRISIS. *Bourgogne, Auvergne.*

D'or au chêne de sinople.

Hérail de Brisis, unique représentant du nom, réside à Rodez, département de l'Aveyron.

HERBAIS. *Flandre.*

Écartelé : aux 1 et 4 d'argent semé de tourteaux d'azur, au lion de gueules, couronné d'or brochant sur le tout ; aux 2 et 3 de sable semé de fleurs de lis d'or.

Cette famille est représentée par Henri-Alphonse-Alexandre vicomte d'Herbais de Thun de Cambrai, au château de Thun-Saint-Martin, département du Nord.

HERBEL. *Lorraine.*

D'azur à un groseiller arraché d'or, accompagné de trois roses de même, deux en chef et une en pointe.

Cette famille est uniquement représentée par d'Herbel, au château de Grignon, par Charmes, département des Vosges.

HERBELOT. *France.*

D'azur au chevron d'or, accompagné de trois glands de même.

On compte deux représentants de cette famille : le colonel d'Herbelot, commandeur de la Légion d'honneur, à Paris; d'Herbelot, chevalier de la Légion d'honneur, à Paris.

HERBEMONT. *Champagne.*

D'azur à trois bandes d'or.

Le comte d'Herbemont, unique représentant du nom, réside au château de Charmoix, par Moussay, département de la Meuse.

HERCÉ. *Maine et Bretagne.*

D'azur à trois herses d'or posées 2 et 1.

Cette famille dont il est parlé dans l'*Armorial de France* et dont était Jean Ier, seigneur du lieu et des Loges, vivant vers l'an 1500, a trois représentants : le comte de Hercé, au château de Montguerrey, par Ernée, département de la Mayenne ; le comte de Hercé à Paris; le comte de Hercé, au château de Bellevue, par Puancé, département de Maine-et-Loire.

HÉRICART DE THURY. *Ile-de-France.*

D'or à la montagne de sinople, mouvante de la pointe, chargé de six flammes d'argent posées 3, 2 et 1, surmontée de trois fusées d'azur mouvantes du sommet de la montagne, celle du milieu un peu plus haut que les deux autres; au chef de gueules chargé de trois étoiles d'argent.

Cette famille a plusieurs représentants : le vicomte d'Héricart de Thury; le vicomte d'Héricart de Thury, ancien officier de marine; l'abbé d'Héricart de Thury; Henri d'Héricart de Thury, capitaine d'artillerie; le comte d'Héricard de Thury, inspecteur des lignes télégraphiques, à Paris; le vicomte d'Héricart de Thury, à Orthez, département des Basses-Pyrénées.

HÉRICOURT. *Picardie, Beauvoisis.*

PICARDIE. D'argent à la croix de gueules, chargée de cinq coquilles du champ.

BEAUVOISIS. D'or au chef d'hermines.

La terre de Héricourt, située dans le comté de Saint-Pol, a donné son nom à cette famille ancienne qui remonte à Baudouin de Héricourt, premier du nom, seigneur de Héricourt et de Blingiel, vivant en 1380, et qui compte aujourd'hui trois représentants : le comte de Héricourt, chef de nom et d'armes, à Paris; le comte de Héricourt, au château de Carrieul, par Vimy, département du Pas-de-Calais; le comte de Héricourt, au château de Saint-Martin, par Pontoise, département de Seine-et-Oise.

HÉRISSON DE BEAUVOIR. *Bretagne.*

D'argent à trois hérissons de sable.

On ne rencontre plus qu'un seul représentant de cette famille : Hérisson de Beauvoir, directeur du télégraphe, à Brest.

HÉRISSON DE POLASTRON. *Gascogne, Champagne.*

Parti : au 1 de gueules au hérisson au naturel passant sur une terrasse de sinople; au chef cousu d'azur chargé de trois roses d'argent; au 2 d'argent au lion de sable armé et lampassé de gueules.

Originaire de la Gascogne, une branche de cette famille, établie en Champagne, fut maintenue dans sa noblesse par arrêts du 14 juillet 1667 et du 3 mars 1668.

On retrouve en France trois représentants de cette famille : Alfred d'Hérisson de Polastron, ancien conseiller de préfecture du Haut-Rhin; Edmond d'Hérisson de Polastron, ancien officier de marine, à Toulouse ; Maurice d'Hérisson de Polastron, à Lyon.

HÉRON DE VILLEFOSSE. *Ile-de-France.*

D'azur au chevron d'or, accompagné de trois grenades tigrées, feuillées et cretées de même, ouvertes de gueules, posées deux en chef et une en pointe.

Etablie à Paris au seizième siècle, cette famille a donné Jacques-Philippe Héron de la Thuillerie, écuyer, conseiller du roi, secrétaire et contrôleur-général de la cavalerie légère de France, en deçà des monts, et depuis, par autres lettres du 5 mars 1694, pourvu de l'office d'écuyer, conseiller-secrétaire du roi, maison et couronne de France et de ses finances. Elle est aujourd'hui représentée par le baron Héron de Villefosse, au château de Fel, par Chambois, département de l'Orne ; par René Héron de Villefosse, à Lafosse-sous-Chartranges, par la Ferté-Gaucher, département de Seine-et-Marne ; et par Etienne Héron de Villefosse, à Auvers, département de la Nièvre.

HÉROUVILLE. *Normandie.*

De gueules à deux jumelles d'argent.

C'est encore en Normandie qu'on retrouve les représentants de cette famille : le marquis d'Hérouville, au château de Fontaine, par Nonancourt, département de l'Eure ; d'Hérouville, ou château de Haute-Maison, par Vitré, département d'Ille-et-Vilaine.

HERREWIN. *Flandre.*

Coupé : au 1 d'or au lion de sable lampassé de gueules ; au 2 de sable à trois molettes d'or mal ordonnées, posées 1 et 2.

Ancienne et distinguée, cette famille compte plusieurs représentants entre autres Jacques Herrewyn, à Dunkerque et Pierre Herrewyn, officier de la Légion d'honneur, officier supérieur en retraite, directeur de l'asile départemental, à Gorze, département de la Moselle.

HERTE DE HAILLES. *Picardie.*

D'azur à trois soucis d'or, tigés et feuilletés de même.

Jean de Herte, seigneur de la Montoye, trésorier de France, en Picardie, anobli par lettres du mois d'octobre 1594, est la souche de cette famille que représente aujourd'hui de Herte de Hailles, propriétaire, à Amiens, département de la Somme.

HERTEL DE COURNOYER. *Canada, Guyane française.*

De sinople à la herse d'or.

De Hertel de Cournoyer, chef de nom et d'armes, réside à Macouria, Guyane française ; un autre représentant du nom réside à Versailles.

HERVÉ DE BEAULIEU. *Bretagne.*

D'argent à trois trèfles de sable.

Hervé de Beaulieu, unique représentant du nom, réside au château de Tondrie, par Paimbœuf.

HERVÉ DE PENHOAT. *Bretagne.*

Échiqueté d'or et de gueules; au croissant d'or en abîme.

L'unique représentant du nom, Hervé de Penhoat, est vérificateur de l'enregistrement, à Paris.

HERVÉ DE SAINT-GERMAIN. *Alençon.*

D'argent à une fasce de gueules et une bordure de sable chargée de huit besants d'or.

On ne connaît également qu'un représentant de cette famille : d'Hervé de Saint-Germain, chevalier de la Légion d'honneur, conseiller-général, député, à Villedieu, département de la Manche.

HERVEY-SAINT-DENYS. *France.*

D'azur à la hure de sanglier d'or, allumée, armée et lampassée de gueules.

Cette famille a pour unique représentant le marquis d'Hervey-Saint-Denis, au château de Bréau, par Dourdan, département de Seine-et-Oise. Il a sa résidence d'hiver à Paris.

HERRY DE MAUPAS. *France.*

D'or à un lion de sable.

Anatole d'Herry de Maupas, unique représentant du nom, réside au château de la Guérinière, à Autrèche, département d'Indre-et-Loire.

HESPEL. *Hainaut, Artois.*

Écartelé : aux 1 et 4 d'or à trois ancolies d'azur; aux 2 et 3 d'argent au chevron parti d'or et d'azur.

Cette grande famille, un des beaux noms de la noblesse, a six représentants : le comte d'Hespel, chef de nom et d'armes, maire de Wavrin ; Antoine-Timoléon d'Hespel, au château de Boudues, à Lille, qui a deux enfants; Alban d'Hespel, frère d'Antoine, au château de Lompret, qui a un fils; Edmond, comte d'Hespel, maire d'Haubourdin, tous quatre dans le département du Nord; Fernand, comte d'Hespel, à Tournay; d'Hespel de Flinques, au château de Premesques, même département que ses parents de France.

HEU. *Picardie*.

D'or à la croix denchée de sable, cantonnée de quatre trèfles de sinople.

Une famille puissante de ce nom, qui empruntait son nom à la ville de Huy, près de Liége, et qui portait de gueules, à la bande d'argent, chargée de trois coquilles de sable, s'est éteinte en 1560. Celle qui nous occupe est représentée par de Heu, directeur des transmissions des lignes télégraphiques.

HEUREUX. *Provence*.

D'azur à la croix de Saint-André d'or, accompagnée en chef et en pointe d'une étoile d'or; à dextre et à sénestre d'un croissant d'argent. Couronne de marquis.

Tenants : deux sauvages armés de leur massue.
Devise : *Patriæ non nobis*.

Province originaire : Champagne, Franche-Comté.

Charles d'Hozier, garde de l'*Armorial général de France*, délivra en 1699 un certificat de noblesse à Louis d'Heureux, lieutenant des galères du roi. Sur ce certificat sont peintes les armoiries ci-dessus.

La maison d'Heureux est aujourd'hui représentée par : Oscar-Jules d'Heureux et Frédéric, son fils, négociants, résidant à la Trinidad (colonie anglaise); par

Ernest-Joseph-Nicolas d'Heureux, chevalier de la Légion d'honneur, commissaire de la marine, ex-ordonnateur et commandant des îles Saint-Pierre et Miquelon (Terre-Neuve), qui réside à Paris; par Alphonse-Hyacinthe-Louis d'Heureux, négociant à Sissek (Autriche).

HEURTAULT DE SAINT-CHRISTOPHE. *Tours*.

De sable à un calice d'or environné de deux palmes d'argent.

L'*Armorial de France*, registre IV, parle d'une autre famille de Heurtault de Lammerville, qui porte d'azur, à trois têtes d'aigle d'or, arrachées et posées 2 et 1. Celle qui nous occupe est représentée par de Heurtault de Saint-Christophe, au château de Saint-Christophe en Bazelle, département de l'Indre.

HIBON DE FROHEN. *Picardie*.

Parti : au 1 d'azur au pal d'argent, chargé de trois tours de gueules et accosté de quatre jambes de lion d'or, qui est de Brancas ; au 2 d'argent à trois bustes de reines de carnation couronnées, qui est de Hibon.

Jacques Hibon, sire de Frohen, partit pour la Croisade de 1096 (Dom Grenier). — Robert de Hibon, 1178, coseigneur de Flers, Picardie (titre de l'église de Soissons). — Guillaume de Hibon, chevalier, 1212, du consentement de Pierre, son fils, transporte ses droits à l'église de Saint-Etienne (titre de Gaucher de Châtillon, comte de Saint-Pol). — Jehan de Hibon, seigneur de Quesnoy, haut-justicier, 1245. — Thibaut Hibon, qualifié monseigneur, 1247, et son fils Jehan, seigneur de Villers (titre du sire de Gaucourt). — Jehan de Hibon, chevalier, seigneur de Campsart, fonde l'église et l'hospice, à Campsart, 1314 (Charte de Philippe le Bel). — Richard Hibon, seigneur de Frohen, fait les preuves de sa famille, 1493, avant la lieutenance générale en Bourbonnais.

François de Hibon, seigneur de Frohen, 1574, fait les mêmes preuves devant les commissaires généraux du Roi. Preuves en 1695 et 1697 pour Saint-Cyr.

En 1846, Ferdinand de Hibon, comte de Frohen, grand'croix de l'Ordre du Christ, commandeur de l'Ordre de Saint-Grégoire-le-Grand, par clause de son contrat de mariage avec la duchesse Yolande de Brancas et par testament de son beau-père, a été substitué aux noms, titres et armes de Bufile de Brancas, duc de Brancas, duc de Villars et de Lauraguais, premier gentilhomme chrétien, pair de France, grand d'Espagne de 1re classe, prince-comte de Forcalquier, prince de Nisare, dernier représentant mâle de sa maison, par volonté expresse du dernier hoir mâle.

Il a, de son mariage, trois enfants : 1° Henri, reconnu grand d'Espagne de 1re classe et duc de Brancas, par lettres-patentes de la reine Isabelle, en date du 28 août 1867; 2° Yolande-Marie-Julie; 3° Mathilde-Marie-Fernande. Résidences : Château des Tournelles, par Faremoutiers (Seine-et-Marne) et Paris.

HIBON DE LA FRESNAYE. *Picardie*.

De gueules au hibou d'or; au chef du même chargé d'une guivre d'azur, accostée de deux croisettes du même.

Devise : *Sapit qui vigilat*.

Cette famille est représentée par Hibon de la

Fresnaye, juge à Montreuil, département du Pas-de-Calais.

HIL DE LA JOUARDAIS (du). *Bretagne.*

D'azur au chevron d'argent, accompagné en chef de deux étoiles du même, et en pointe d'une rencontre de taureau d'or.

L'unique représentant du nom, du Hil de la Jouardais, est juge de paix, à Saint-Jean-Brevelay, département du Morbihan.

HILLERIN. *Touraine.*

De gueules à trois roses d'argent.

Cette famille est représentée par de Hillerin, au château de Puysec, par Fontenay-le-Comte, département de la Vendée.

HINNISDAL. *Liége, Artois.*

De sable au chef d'argent chargé de trois merles de sable.

L'empereur Charles VI accorda à François d'Hinnisdal, seigneur de Betho, Alei, Grontasche, etc., par lettres du 10 février 1723, le titre de comte, applicable pour lui et ses descendants des deux sexes, sur l'une de ses terres des Pays-Bas. Sa descendance est représentée par le comte d'Hinnisdal, membre du conseil général de la Somme, qui a sa résidence d'été au château de Reignière-Ecluse, par Bernay-du-Ponthieu, département de la Somme, et celle d'hiver, à Paris. Elle est aussi représentée par le comte Henry d'Hinnisdal, à Paris.

HIS. *Rouen, Paris.*

Rouen. De sable à deux épées d'argent passées en

sautoir, accompagnées de quatre billettes de même.

PARIS. D'azur à un chevron d'or, accompagné en pointe d'un vol d'argent; au chef cousu d'azur chargé d'un soleil d'or, accosté de deux étoiles du même.

Cette famille a trois représentants : le baron His de Buttenval, grand officier de la Légion d'honneur, ancien sénateur, à Paris ; His de Buttenval, à Versailles.

HOCHEDÉ DE LA PINSONNAIS. *Bretagne.*

D'azur au chef d'argent, chargé de trois trèfles de sinople.

L'unique représentant du nom, d'Hochedé de la Pinsonnais, réside au château de la Pinsonnais, par Nozaz, département de la Loire-Inférieure.

HOCQUART DE TURTOT *Bretagne*

De gueules à trois roses d'argent.

Le comte Hocquart de Turtot, unique représentant du nom, réside à Paris.

HOLLANDE. *Lorraine.*

D'argent au chevron de gueules chargé d'un croissant du champ.

On retrouve en France deux représentants du nom : d'Hollande, à Versailles; d'Hollande, curé à Ailly-le-Haut-Clocher, département de la Somme.

HOMME DE BRAUX. *Dauphiné.*

D'azur à une fasce d'argent.

Cette famille est représentée par de l'Homme de Braux, à Paris.

HONDT-NOLLET. *Flandre.*

D'or à trois chiens courants de sable.

D'Hondt-Nollet, unique représentant du nom, réside à Tourcoing, département du Nord.

HONT. *Flandre.*

De gueules au lévrier rampant d'argent, colleté et bouclé d'or.

L'unique représentant du nom, en France, d'Hont, est médecin à Commines, département du Nord.

HOPITAL (DE L'). *Bretagne.*

D'argent, à la bande de gueules chargée au milieu d'un coq d'argent, membré, crêté et barbé d'or, accosté vers le chef d'une merlette de sable.

Lachenaye-Dubois mentionne cette famille bretonne, représentée de nos jours par de l'Hôpital, chevalier de la Légion d'honneur, ancien maire à Évreux.

HORDAIN (DE OU D'). *Cambrésis, Hainaut.*

D'or au chef d'argent, au lion de gueules, brochant.

Cette famille, selon d'Outreman, Gélicq, de Ligne, Le Carpentier, descend légitimement d'un puiné des anciens comtes d'Ostrevant, châtelains héréditaires de Valenciennes, neveux des comtes de Hainaut.

A la seigneurie d'Hordain, autrefois de Hordaing, était attachée la dignité héréditaire de sénéchal d'Ostrevant, ou de Bouchain.

Le cri de guerre de cette famille était : « Ostrevant au Sénescals. »

Froissart, dans ses chroniques, parle de plusieurs personnages de cette famille.

Les comtes d'Ostrevant portaient « d'argent au lion

d'azur, » et ceux de Valenciennes, progéniteurs de ceux-ci : « de sinople au lion d'or. »

A une charte originale de mai 1240, conservée aux archives du département du Nord, fonds de Marchiennes, pend le sceau de Adam, seigneur de Hordain, sénéchal d'Ostrevant, sans armorial : le chef, au lieu d'être gravé en relief, l'a été en creux ; il est chargé d'un demi-lion issant. Les armes diffèrent un peu de celles plus haut indiquées, que les Hordain adoptèrent quelques années après.

Hugues, donc, seigneur d'Ostrevant et châtelain de Valenciennes, eut un frère, nommé Jehan, qui fut seigneur de Bernissart, de Hordaing, d'Aubercicourt, etc. Ce Jean procréa trois fils, dont l'un, nommé Jehan, fit la branche des seigneurs de Bernissart ; Watier fit celle des seigneurs d'Aubercicourt, et Adam fit celle des seigneurs de Hordaing et des sénéchaux héréditaires d'Ostrevant. Celui-ci est mentionné avec son fils Godin, dans une charte de Hugues, chastelain de Cambray, sous l'année 1065 ; dans une autre charte d'Anselme, comte d'Ostrevant, l'an 1096 ; enfin, dans une troisième charte de l'an 1122, où l'on voit que Godin, milès de Hordaing, eut pour frère aîné Regnier, qui fut seigneur de Hordaing et seneschal héréditaire d'Ostrevant, et pour puîné, Watier, qui fut apanagé des terres de Dechy, etc.

Comte de Hainaut. — Comte d'Ostrevant (fils puîné du comte de Hainaut).

Jean d'Ostrevant (fils puîné du comte d'Ostrevant), seigneur de Bernissart, de Hordaing, d'Aubercicourt.

Adam de Hordaing, sénéchal d'Ostrevant (année 1065, charte de Hugues, châtelain de Cambray).

Renier ou Regnier de Hordaing, sénéchal (1096, 1122, charte d'Anselme, comte d'Ostrevant).

Adam de Hordaing, qui prend aussi le nom de Adam (Dapifer) de Bouchain (chartes années 1158, 1182).

Adam de Horden, sénéchal de Bouchain (Dapifer), chartes 1186, 1187).

Gérars de Hordain, sénescaus de Bouchain ou d'Ostrevant (chartes 1200, 1210).

Manassès de Hordaing, sénéchal (chartes août 1213, 1216, 1228, 1230).

Adam de Hordaing, sénéchal (chartes 1232, 1240, 1241, 1256, 1258, 1260).

Jehan de Hordain (fils du sénéchal et sénéchal), dit le grans sire (chartes 1260, 1269, 1273, 1277, 1281, 1282, 1284).

Robert de Hordaing, sénéchal (chartes 1301, 1311, 1314).

Adam de Hordaing, sénéchal (chartes année 1331).

Jehan de Hordaing, châtelain d'Oisy (chartes 1333, 1348), et Ferri de Hordaing (chartes 1332, 29 novembre 1341.

Jehan de Hordain, chevalier (chartes années 1386, 1391, 1396, 1397, 1048).

Nicolas de Hordain (registre aux bourgeois d'Arras), année 1443).

Jacques de Hordain (7 juin 1435, 1446, registre aux bourgeois de Douai).

Jean de Hordain (archives de Douai et registre aux bourgeois de Lille, 1472, 1498, 1500).

Pierre de Hordain (année 1531, registre du fonds de la cathédrale de Cambray).

Quentin de Hordaing ou d'Hordaing, échevin (années 1556, 1563, 1566, ventes, partages).

Claude de Hordain, échevin (1571, 1608, cath. Cambray, ventes, transaction.

Jacques de Hordain ou d'Hordain, échevin (années 1610, 1626, 1627, 1633, mariages, ventes).

Jacques de Hordain, échevin (1646, 1651, 1653, mariage, ventes, partage).

Nicolas d'Hordain ou de Hordain (7 février 1691 31 décembre 1700, deux mariages).

Roch d'Hordain (années 1748, 1782, baptême, mariage).

Louis d'Hordain (années 1802, 1824, naissance, mariage).

Émile d'Hordain (années 1827, 1858, naissance, mariage).

Les chartes originales susdatées reposent, pour la plupart, aux archives départementales du Nord, Fonds de : Vicogne, Saint-Aubert, Saint-Géri, Flines, Anchin, Saint-André-du-Cateau-Cambrésis, Cisoing, Chambre des comptes, Marchiennes, etc.

28 juillet 1200, charte de Hainaut, à Mons. Gérars de Hordain est un des seigneurs qui concourent à l'établissement des coutumes du comté de Hainaut.

Décembre 1332, charte de Ferri ou Frédéric de Hordain, vend au comte de Hainaut les hommages du seigneur de Montigni, pour la terre de Hornain; du seigneur de Roisin, pour la terre de Haussi; du seigneur de Mastaing, pour celle de Mastaing. (Fonds de la Chambre des comptes.) Ces cessions indiquent combien était importante la terre de Hordain, puisqu'elle avait de tels arrière-fiefs.

Jehan de Hordain fut l'un des chevaliers présents au tournoi de Kunner, en Frise, l'an 1396, sous la bannerole de Aubert, comte de Hainaut et de Hollande.

La terre de Hordain passa dans les mains du vidame de Chartres, qui, en 1362 (quelques années seulement après qu'il en eut pris possession), la vendit à Simon de Lalaing, chevalier, grand bailli de Hainaut. Il ne paraît pas que la dignité héréditaire de sénéchal d'Ostrévant, ait figuré dans le titre d'acquisition, cependant l'acheteur s'attribue cette dignité dans des actes de 1373 et 1374.

Les villes, forteresses, droit de justice, seigneurie, dépendances et appartenances de Hordain en Ostrevant, après avoir été successivement possédés par Guillaume et Jean de Lalaing, passèrent entre les mains de Raoul de Créquy, écuyer, seigneur de Molyens et de Villers-en-Boscage, qui, à la Noël 1441, les céda à Guillaume de Lalaing, seigneur de Bugnicourt.

Le 14 mars 1656, Claire-Eugénie de Sainte-Aldegonde, ayant hérité, par la mort de messire Lamoral François de Sainte-Aldegonde, de cette terre, ainsi que de celles de Bugnicourt, etc., s'en déshérita, en déclarant que son intention était qu'elles fussent vendues après son décès.

Dans une charte du 19 août 1717, contenant relief de fief à Aniche, par le comte d'Oisy, la comtesse de Sainte-Aldegonde s'attribue les titres de grande sénéchale d'Ostrevant, dame de Hordain, comme étant aux droits de François de Sainte-Aldegonde.

La famille de Hordain ou Hordaing est aujourd'hui représentée par :

Louis d'Hordain, résidant à Montrichard (Loir-et-Cher).

Émile d'Hordain, résidant à Longjumeau (Seine-et-Oise).

FIN DU TOME QUATRIÈME

ANNOTATION

BOUCHER DE BRÜCHER (COMTE LE) (1).

Écartelé : aux 1 et 4 d'azur au porc-épic d'or surmonté d'une main gantée d'argent; aux 2 et 3 d'azur aux trois roses d'argent. Couronne : de marquis. Supports : deux épées croisées.

Devise : *Qui s'y frotte s'y pique.*

Cette famille compte des officiers généraux, des mestres de camp de cavalerie, plusieurs chevaliers de Saint-Louis. Jean-Marie-Nicolas le Boucher de Brücher, chevalier de Saint-Louis, mestre de camp de cavalerie, grand prévôt de la connétablie, inspecteur général des maréchaussées de France, fut blessé deux fois et se distingua dans les campagnes de Bohême et de Wesphalie sous Louis XV, qui, en récompense, le décora de la croix de Saint-Louis.

Le comte Marie-Louis-Fernand le Boucher de Brücher, unique représentant actuel de la famille, camérier d'honneur de Sa Sainteté le pape Pie IX, chevalier de plusieurs ordres étrangers, a été reçu chevalier de justice de l'Ordre insigne et militaire de Saint-Étienne de Toscane, sur preuves vérifiées par le conseil de l'Ordre, et se trouve par sa mère, Anne-Pulchérie de Berter de Roussas, arrière-petit-neveu du chevalier de Folard et du comte Hubert de Folard, le Nestor de la diplomatie française, dont le nom s'éteint dans la

(1) Cette notice a été omise au t. II, pages 28 et suivantes.

famille de Roussas. Les comtes de Bertet, barons de Roussas, desquels il descend du côté maternel, ont fourni des fondateurs et supérieurs généraux d'ordres (entre autres François de Bertet, maître de camp qui, après voir servi avec distinction sous Louis XIII et Louis XIV, entra dans l'ordre des Carmes, où il vécut aussi saint religieux qu'il avait été vaillant capitaine. — Le R. P. de Bertet, fondateur et supérieur généra des missionnaires de Sainte-Garde, né le 5 août 1671, mort en mars 1739); des secrétaires généraux des papes, plusieurs illustrations militaires et des chevaliers de Saint-Louis.

C'est encore dans la maison de Brücher que s'est fondue la famille de Raussière par Julie de Raussière mariée au comte Alexandre-Charles-Marie le Boucher de Brücher, fille unique de Constantin de Raussière de la Roquette, commissaire des guerres, chevalier de Saint-Louis et nièce de Louis de Raussière, mort sans enfants, commissaire ordonnateur des guerres, chevalier de Saint-Louis et de Charles III d'Espagne, qui fut nommé intendant général des troupes françaises, de l'expédition de Minorque et Gibraltar en 1781.

Résidences : château de Courthezon et de Picoulette (Vaucluse). — Château de l'Argeallas et de Raussas (Drôme).

www.ingramcontent.com/pod-product-compliance
Lightning Source LLC
Chambersburg PA
CBHW060652170426
43199CB00012B/1764